Computer Algorithm
& Brain up

조성갑 Ph.D 지음

21세기사

세계 10대 기업 중 IT기반의 소프트웨어를 응용한 구글, 야후, MS등이 5개의 회사를 차지하는 대변혁의 전환기는 새로이 부상하는 트랜드와 기술을 여하히 받아들이고 활용하느냐의 성패가 국가의 경제 위상을 크게 좌우한다.

보기술의 발달은 정치, 경제, 사회는 물론이고 개인의 삶의 방식, 기업과 조직의 생사에도 커다란 비중을 차지하고 있다. 미국 뉴욕시는 빅데이타 기술을 적용하여 탈루세금 54억 달러를 찾아냈고 구글은 무인 자동차를 개발하였다.

3D산업, 무인자동차, 드론(Drone), 전자화폐(FinTech), MOOC(Massive Online Open Course), 원격진료, Deep Learning, 전자정부, 로봇, 커넥티드 홈, IOT, AI, Block Chain등의 출현과 이의 개발 및 활용 여하에 따라서 개인 기업 국가의 경쟁력 지수와 발전의 속도를 가늠하게 될 것이며 이는 통신기술과 정보기술(SW)이 결합하여 나타난 새로운 영역이라고 할 수 있다.

이렇게 나타난 새로운 영역은 정보의 개발과 이용에 있으며 이 생성 된 정보는 일정한 프래트폼(Plat Form)을 통해서 실생활에 활용되어지며 세계 10대 기업 중에 6개 기업(아마존, 구글, MS, Face Book, Yahoo, IBM)이다 이 기업들은 질 좋은 소프트웨어를 개발하여 세계시장을 선점한 것이다.

소프트웨어의 개발은 상상력 사고력 논리력에 바탕을 둔 학문이며 이를 목적과 목표에 맞게 컴퓨터를 통하여 실현하는 것이다 여기에 가장 기초가 되는 논리력(Algorithm)과 사고력(Computational Thinking)이 경쟁력있는 소프트웨어를 개발하는 데 가장 중요한 요소인 것이다.

따라서 미국 영국 인도 일본을 비롯한 거의 모든 국가가 유치원 초등학교부터 정규교과로 정하고 이와 같은 훈련과 교육을 통하여 창의력이 발현된 것이다.
우리나라도 이를 실시하고 있으나 기능적인 요소가 강한 코딩(Coding)에 치우치고 있어 아쉬움이 있으며 논리설계와 실행학습은 인내와 창의성을 요구하기에 배우기에 매우 딱딱하고 지루하여 중간에 포기하는 경우가 많다.

이를 현장에서 지켜 본 필자는 조금 더 재미있고 지루하지 않게 하기 위하여 과학적인 생각이나 다르게 상상하면 답이 나오는 순발력과 고차원의 Brain up을 요구하는 문장을 삽입하고 인생의 좌우명이나 멘토에게서나 들을 수 있는 내용 그리고 중국에서 내려오는 고전을 탈피하여 직장이나 가정에서 현대생활에 맞는 사자성어와 한편의 시를 창작하여 공부 중에 휴식 겸 머리를 식힐 시간으로 활용하고자 올려놓았다.

본서가 모든 산업과 국가가 정보 프래트홈의 확보하여 어떻게 이용 하느냐에 달라질 이용 목적과 그 효과를 이해하고 이를 통한 개발이나 솔루션에 관심이 있는 학생이나 실무자에게 다소나마 참고가 되었으면 다행이며 특히 한판암 교수님과 한윤경 IBM선배님의 저서와 IBM. 유니시스 등 입사시험에 출제 되거나 참고서에 있는 내용을 참고문헌으로 편저하였다.

그리고 저자가 평소에 쓴 서정시와 21세기용 고사성어를 담고 알고리즘 공부에 지루하고 지칠 수 있는 점을 착안하여 역 논리와 와 순발력을 활용해야만 하는 송인성 선배님의 야송 유모어를 넣어 지루함을 반감시킬 수 있게 하였다.

끝으로 본서를 출판할 수 있도록 도와주신 도서출판 21세기사 이범만 사장님과 출판국의 후의에 감사드린다.

저자 조성갑

도형 유추 테스트

도형 유추 테스트에 관하여

이 테스트는 도표나 그림에 대한 추리 능력을 평가하기 위한 것이다. 설명 없이 나타낸 그림 상호 간의 연관성을 찾는, 즉 시각적인 추리와 이해 능력을 테스트한다. 각 테스트마다 왼쪽에 A, B, C 항이 있고, 그 오른쪽에 1~5 로 표시된 항이 있다. 먼저 B가 A와 어떤 연관이 있는가 를 찾아야 한다.

예를 들어 A,B,C항이 모두 색갈을 가진 그림이라 하자. A, B 2 개 항의 관계를 알아 낸 다음 C를 본다. C는 A,B항이 관련된 것과 같은 형태로 숫자항의 어느 하나와 관련되어 있다. 만일 A,B 항이 검은색이고 C가 회색이라면 답은 회색인 그림이라야 한다. 이 문제들은 그림의 방향 이나 회전, 변형 등을 유의하면 쉽게 문제를 해결할 수 있을 것이다.

〔회전의 예〕

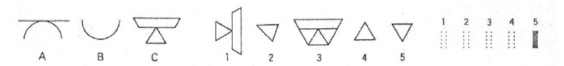

위의 예에서 B는 A의 아래 반원만이 180° 회전한 것을 알 수 있다. 4 번은 C의 아래 부분인 삼각형 이지만 180° 회전하지 않았기 때문에 정답일 수가 없다. 따라서 이 문제는 5 번이 정답 이다.

〔변형의 예〕

위에서 2 번은 A,B그림에서와 같이 빈 곳이 채워졌지만 변형이 없기 때문에 틀린다(5 번도 맞 다고 생각되겠지만 A,B그림의 관계에 없는 사각형이 위쪽에 있기 때문에 정답이 아님).
정답은 4 번이다.

[참고] 답을 하나하나 따져 보는 것은 실제로 큰 도움이 되지 않으므로 이 시험은 될 수 있는 한 빨리하도록 해야 한다. 이 시험은 능력 평가의 최선의 척도로서 시각적인 인지력의 준비가 요구된다. 처음에 매우 어렵다고 생각되더라도 왜, 어떻게 그림들이 연관되어 있는가를 알아내 야한다. 완전히 이해될 때까지 연습하면 곧 익숙해질 것이다.

도형 유추 테스트에 대한 주의점

1. 예문을 잘 볼 것. 요구하는 점이 무엇인지를 알고 난 후에 시험을 시작할 것.
2. 각 문제를 주의깊게 볼 것.
    제일 먼저 처음 두 그림 (즉 A,B)의 관계를 알아 낸 후 셋째 그림 C와의 유사점을 찾아내어
    1 ~ 5 항에서 답을 찾을 것.
3. 그림의 방향이나 회전, 변형에 유의할 것.
4. 처음 연습할 때는 시험지를 실제로 회전시키면서 하고 어느 정도 숙달된 후에는 마음속으로
    할 수 있도록 할 것.(계속 시험지를 돌려가면서 하게 되면 속도가 느려진다.)
5. 될 수 있는 한 빨리 하라. 머리로 생각하는 대신 시각적으로 빨리 인식할 수 있는 능력을
    기를 것.
6. 처음 봐서 해결이 불가능하더라도 침착할 것. 정확한 답을 얻기 위해서는 침착하고 객관적
    인 태도가 요구된다.
7. A와 B사이에 나타난 관계가 C와 1 ~5 중 어느 하나와도 꼭 있음을 잊지 말 것.
8. 문제 분석에 너무 많은 시간의 낭비는 불리하다는 것을 인식할 것.
이 테스트는 얼마만큼 빨리 해결할 수 있는가를 평가한다. 어려운 문제는 다음으로 미루고 쉬
    운 것부터 할 것.
9. 이 문제가 생소하고 혼란되더라도 공포감을 갖지 말 것. 침착하게 계속 노력함으로써 곧 쉽
    게 이해할 수 있을 것이다.
10. 정답이라고 확신할 때까지 답란에 기입하지 말 것.
11. 적성 검사에서는 과도한 추측은 불리하기 때문에 광범위 한 추측은 하지 말 것.

도형 유추 테스트시작하기 전에 다음 예를 공부하라
【 예 】
지시 사항 : A, B, C 로 나타낸 그림이 있고 다음에 1~5의 그림이
있다. 그림 A,B는 어떤 면에서든 서로 연관성을 갖고 있고 그와같은
연관성이 C와 숫자로 표기된 1~5 의 그림 중 하나에도 있다.
A,B그림이 갖고 있는 연관성을 기초로 하여 C그림과 1 ~5 의 그림
중에서 A, B와 같은 연관성이 있는 것을 골라 답란에 표시 하라.

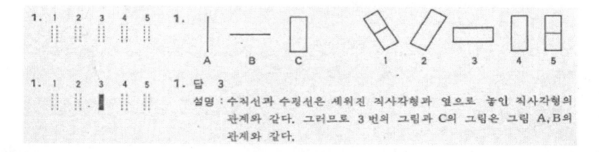

도형 유추 테스트 1

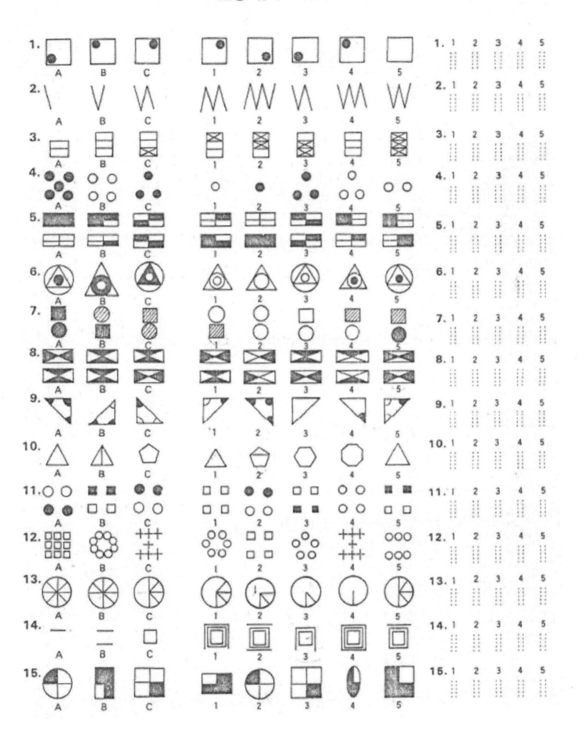

도형 유추 테스트 2

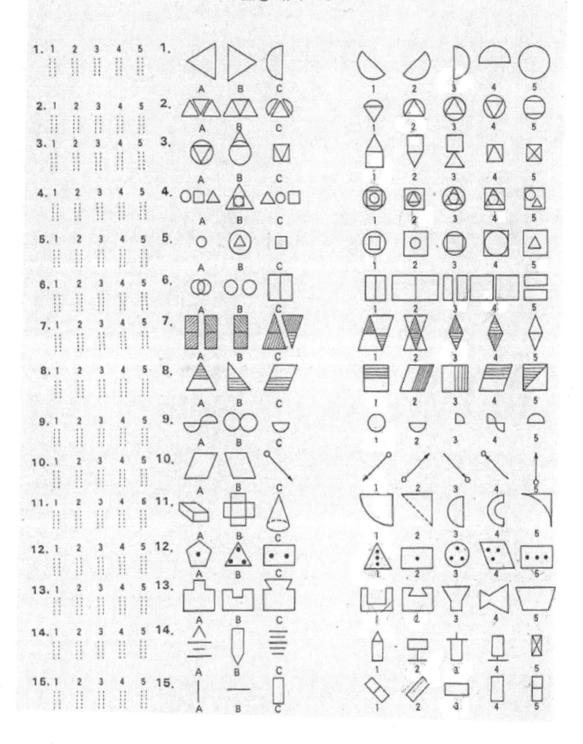

도형 유추 테스트 3

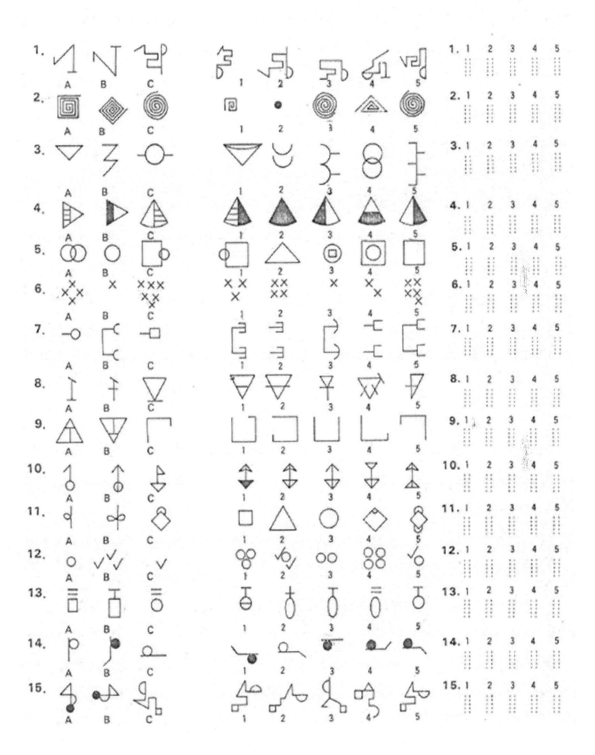

도형 유추 테스트 2

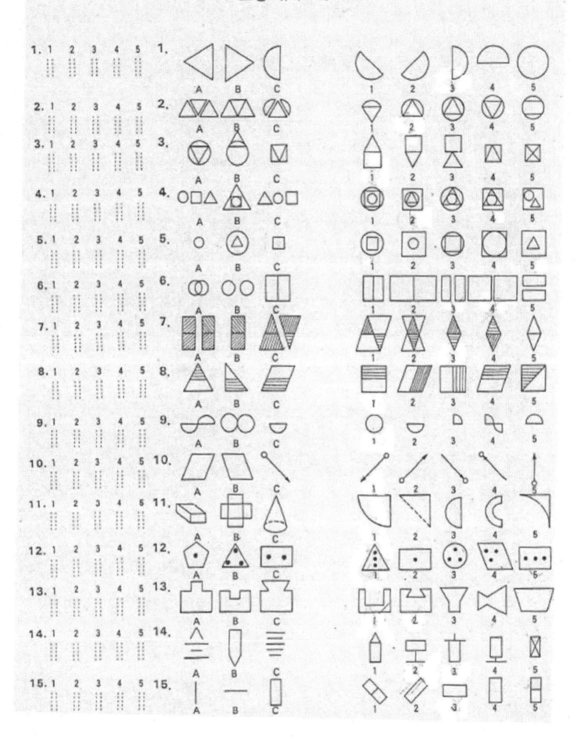

도형 유추 테스트 3

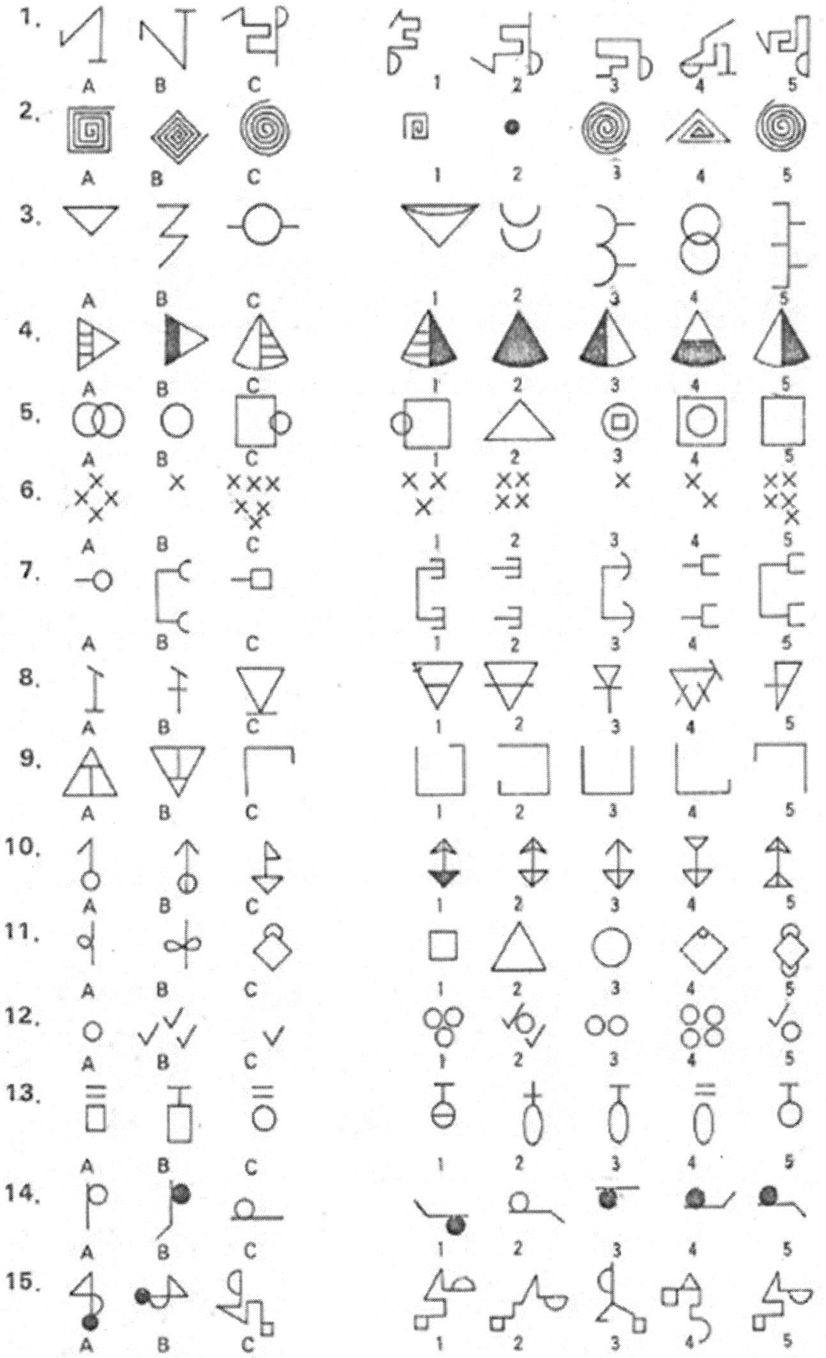

1.	1	2	3	4	5
2.	1	2	3	4	5
3.	1	2	3	4	5
4.	1	2	3	4	5
5.	1	2	3	4	5
6.	1	2	3	4	5
7.	1	2	3	4	5
8.	1	2	3	4	5
9.	1	2	3	4	5
10.	1	2	3	4	5
11.	1	2	3	4	5
12.	1	2	3	4	5
13.	1	2	3	4	5
14.	1	2	3	4	5
15.	1	2	3	4	5

도형 유추 테스트 4

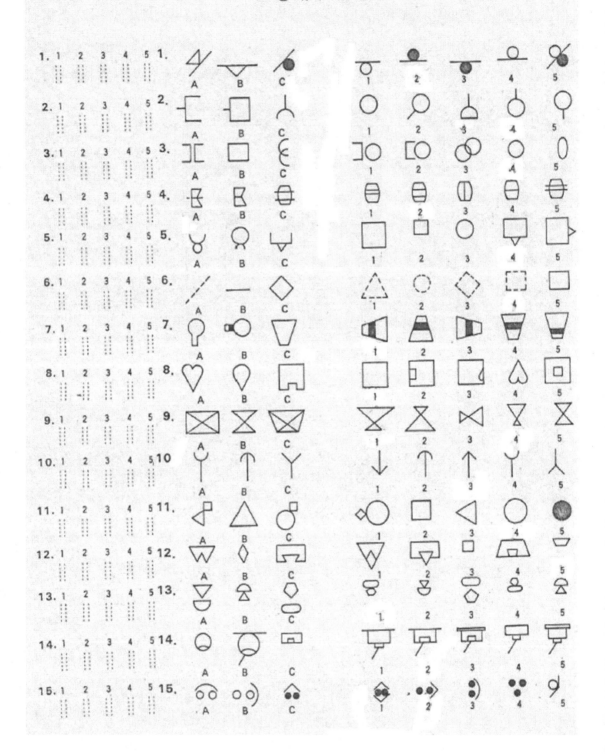

도형 유추 테스트 5

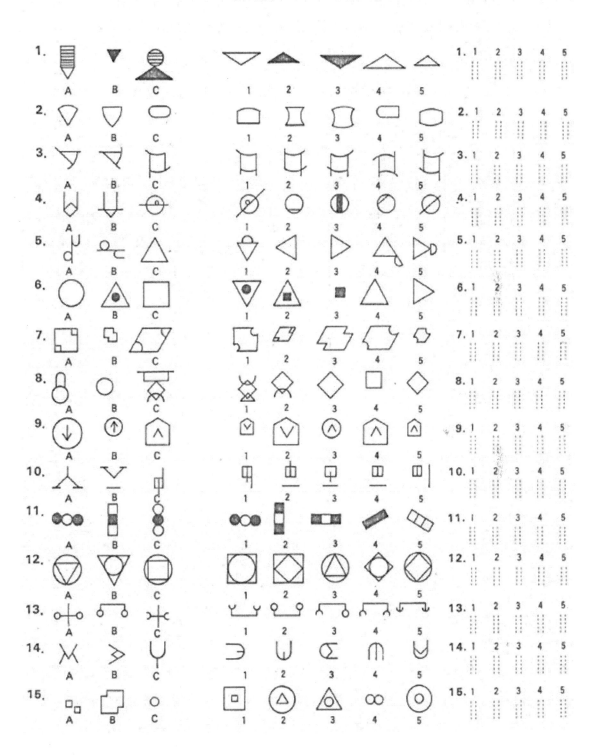

정답 및 해설

도형 유추 테스트 1

1. (2) 2. (5) 3. (3) 4. (5) 5. (1)
6. (4) 7. (1) 8. (5) 9. (1) 10. (2)
11. (3) 12. (1) 13. (3) 14. (3) 15. (4)

도형 유추 테스트 2

1. (3) 2. (2) 3. (1) 4. (2) 5. (5)
6. (4) 7. (3) 8. (1) 9. (1) 10. (1)
11. (1) 12. (1) 13. (2) 14. (3) 15. (3)

도형 유추 테스트 3

1. (4) 2. (5) 3. (5) 4. (2) 5. (3)

6. (2) 7. (5) 8. (5) 9. (1) 10. (2)
11. (3) 12. (1) 13. (4) 14. (1) 15. (5)

도형 유추 테스트 4

1. (2) 2. (4) 3. (4) 4. (2) 5. (4)
6. (4) 7. (1) 8. (1) 9. (4) 10. (3)
11. (4) 12. (5) 13. (1) 14. (2) 15. (2)

도형 유추 테스트 5

1. (2) 2. (3) 3. (3) 4. (5) 5. (5)
6. (1) 7. (5) 8. (1) 9. (4) 10. (2)
11. (5) 12. (1) 13. (3) 14. (5) 15. (1)

"The most important thing is keep personal ethical behavior
in their home and the other all the time."

인생에서 가장 중요한 것은 어디에 있거나 윤리의식 있는
언행을 하여야 하는 것이다

숫자 계열 테스트

숫자 계열, 테스트에 관하여

일련의 연속되는 숫자가 제시되면 그 다음에 와야 할 숫자를 찾으면 된다. 전체 숫자가 어떤 규칙에 따라 배열되어 있는가를 알아내는 것이 이 테스트의 해결점이다. 예를 들면
1 , 2 , 3 , 4 , 5로 연속되는 숫자의 다음에 와야 할 숫자는 6 이 와야 됨을 쉽게 알 수 있다. 이 문제에서는 공식 없이도 어떻게 숫자들이 배열되어 있는지를 알 수가 있다. 그러나 좀더 복잡 해지면 공식화해서 해결점을 찾아야 한다.
그러므로 위의 연속된 수들은 1(+1), 2(+1), 3(+1), 4(+1), 5(+1)과 같은 규칙이 있다. 따라서 6 이란 다음 수를 찾을 수 있는 것이다.
주어진 식에 따라 변한다는 것을 생각하며 답란에서 찾아보아 답이 없으면 즉시 다른 방법으로 해결점을 찾아야 한다.
예를 들어 18, 6, 12, 4, 8 답 (A) 1 (B) 2 (C) 4 (D) 8 (E) 16일 때 이 문제는 18(÷3), 6 (×2), 12 (÷3) , 4 (×2) 8 12 (÷3)으로 풀 수도 있다. 그러면 그 다음에는 2 2 3 가 와야 하지만 주어진 답에는 없다. 그러므로 다른 방법 18(-12), 6(+6), 12(-8), 4(+4), 8(-4)이 되어 4라고 풀 수 있다. 따라서 (C) 4 가 정답이 된다.

숫자 계열 테스트에 대한 주의점

1. 숫자간의 관계를 수학적으로 표시해 볼 것. 이때 어떤 계열에 있어서 (+ 2) (X 3) 또는 (―5) 등의 비율로 변화되었다면 그 다음에 와야 할 것을 쉽게 알 수 있을 것이다.
2. 한 문제 속에서도 혼합된 변화가 있을 수 있다는 것도 알아둘 것.
3. 처음 발견했던 문제 배열간의 관계에서 나온 답이 주어진 답란에 없을 때는 또 다른 관계를 찾아볼 것.
4. 계열된 숫자를 입속으로 말해봄으로써 눈으로 잘 포착할 수 없었던 문제를 발견할 수 있을 것이다.
5. 처음 발견했던 해결점이 꼭 옳다고 고집하지 말 것. 잘 안 되면 즉시 포기하고 다른 해결점을 찾도록 해야 한다.

6. 한 문제에 너무 많은 시간을 낭비하지 말 것. 세 번 반복해서 해결점을 찾지 못하면 다음 문제를 풀 것.
7. 빨리 풀 수 없다고 당황하지 말고 거듭 연습하면 크게 향상된다.

숫자 계열 테스트를 시작하기 전에 다음 예를 공부하라

【 예 】

지시 사항 : 다음 문제는 논리적인 순서로 배열된 연속된 수가 있고 그 순서에 따라 다음에 와야 할 수가 A~E중에 나타나 있다. 맞는 답을 찾아 답란에 표시하면 된다.

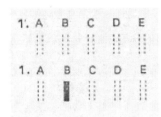

1. 4 8 5 10 7 14 11 (A) 17 (B) 22 (C) 8 (D)21 (E)33

답 : (B) 22 정답은 22이므로 답란의 B에 표시하면 된다
설명 : 이 수열은 다음과 같이 표현한다.
4(×2) 8(-3) 5(×2) 10(-3) 7(×2) 14(-3) 11(×2)
그러므로 다음에 올 수는 22이다.

숫자 계열 테스트 1

1. 9 8 7 6 8 10   (A) 4   (B) 7   (C) 12   (D) 14   (E) 16

2. 15 20 4 20 15   (A) 4   (B) 10   (C) 16   (D) 20   (E) 25

3. 3 1 4 2 5 3   (A) 2   (B) 4   (C) 6   (D) 8   (E) 10

4. 2 4 6 8 3 5 7 9   (A) 1   (B) 4   (C) 7   (D) 9   (E) 10

5. 2 8 4 16 8   (A) 10   (B) 12   (C) 14   (D) 24   (E) 32

6. 6 9 27 24 8 11   (A) 8   (B) 14   (C) 21   (D) 33   (E) 61

7. 2 4 6 12 14   (A) 6   (B) 10   (C) 16   (D) 24   (E) 28

8. 2 4 5 8 16 15 18   (A) 10   (B) 14   (C) 19   (D) 28   (E) 36

9. 2 6 4 12 10   (A) 4   (B) 8   (C) 12   (D) 30   (E) 36

10. 6 9 5 1   (A) 1   (B) 5   (C) 6   (D) 9   (E) 13

11. 40 45 9 45 40 45   (A) 5   (B) 8   (C) 9   (D) 50   (E) 225

12. 1 4 7 10 8 6 4 5   (A) 3   (B) 6   (C) 7   (D) 9   (E) 10

13. 2 4 6 5 10 12 11   (A) 4   (B) 6   (C) 10   (D) 18   (E) 22

14. 4 12 6 18 9   (A) 6   (B) 12   (C) 21   (D) 27   (E) 36

15. 1 3 5 7 9   (A) 3   (B) 6   (C) 8   (D) 11   (E) 13

	A	B	C	D	E
1.					
2.					
3.					
4.					
5.					
6.					
7.					
8.					
9.					
10.					
11.					
12.					
13.					
14.					
15.					

숫자 계열 테스트 2

1. A B C D E 1. 1 2 4 8 16 (A) 20 (B) 24 (C) 28 (D) 30 (E) 32

2. A B C D E 2. 3 6 9 11 13 14 (A) 15 (B) 16 (C) 17 (D) 18 (E) 19

3. A B C D E 3. 2 4 12 14 42 (A) 16 (B) 24 (C) 36 (D) 42 (E) 44

4. A B C D E 4. 12 9 6 3 9 15 (A) 4 (B) 8 (C) 15 (D) 21 (E) 26

5. A B C D E 5. 16 14 11 7 (A) 2 (B) 3 (C) 4 (D) 5 (E) 6

6. A B C D E 6. 2 3 4 6 8 10 13 (A) 6 (B) 8 (C) 11 (D) 15 (E) 16

7. A B C D E 7. 3 7 6 10 9 (A) 3 (B) 5 (C) 8 (D) 12 (E) 13

8. A B C D E 8. 12 10 8 10 8 6 (A) 4 (B) 8 (C) 10 (D) 12 (E) 14

9. A B C D E 9. 2 4 6 8 11 (A) 11 (B) 14 (C) 16 (D) 18 (E) 20

10. A B C D E 10. 7 6 5 8 11 10 (A) 5 (B) 8 (C) 9 (D) 11 (E) 13

11. A B C D E 11. 1 3 6 18 (A) 10 (B) 16 (C) 21 (D) 30 (E) 36

12. A B C D E 12. 1 2 4 2 5 9 (A) 4 (B) 5 (C) 6 (D) 7 (E) 8

13. A B C D E 13 5 10 15 3 8 (A) 2 (B) 4 (C) 13 (D) 18 (E) 20

14. A B C D E 14. 3 6 8 9 12 (A) 4 (B) 8 (C) 11 (D) 14 (E) 16

15. A B C D E 15. 1 2 3 5 7 9 12 (A) 15 (B) 16 (C) 17 (D) 18 (E) 19

숫자 계열 테스트 3

1. 7 8 6 9 5 10   (A) 2 (B) 4 (C) 8 (D) 11 (E) 12   1. A B C D E

2. 8 4 2 6 12 8   (A) 4 (B) 8 (C) 12 (D) 16 (E) 20   2. A B C D E

3. 1 9 3 6 5 3   (A) 0 (B) 3 (C) 4 (D) 7 (E) 9   3. A B C D E

4. 10 5 8 4 8 4   (A) 2 (B) 4 (C) 5 (D) 9 (E) 11   4. A B C D E

5. 3 9 3 6 3 9   (A) 1 (B) 3 (C) 6 (D) 9 (E) 27   5. A B C D E

6. 3 6 10 2 8   (A) 3 (B) 5 (C) 8 (D) 11 (E) 15   6. A B C D E

7. 8 6 10 8 14 12   (A) 8 (B) 10 (C) 13 (D) 20 (E) 32   7. A B C D E

8. 3 4 7 2 9   (A) 1 (B) 5 (C) 8 (D) 12 (E) 18   8. A B C D E

9. 4 9 5 7 6 5 7   (A) 3 (B) 4 (C) 7 (D) 8 (E) 9   9. A B C D E

10. 2 4 12 3 15   (A) 4 (B) 5 (C) 12 (D) 18 (E) 21   10. A B C D E

11. 2 4 8 3 6 12 4   (A) 2 (B) 4 (C) 6 (D) 8 (E) 16   11. A B C D E

12. 6 12 18 3 9   (A) 1 (B) 6 (C) 15 (D) 21 (E) 24   12. A B C D E

13. 1 7 3 5 5 3 7   (A) 1 (B) 2 (C) 4 (D) 7 (E) 9   13. A B C D E

14. 18 36 12 8   (A) 6 (B) 10 (C) 13 (D) 16 (E) 40   14. A B C D E

15. 25 5 20 5 15 5   (A) 5 (B) 10 (C) 15 (D) 20 (E) 30   15. A B C D E

숫자 계열 테스트 4

1. A B C D E   **1.** 8 13 9 3   (A) 1 (B) 3 (C) 8 (D) 6 (E) 15

2. A B C D E   **2.** 2 5 8 12 16 21   (A) 22 (B) 23 (C) 26 (D) 28 (E) 30

3. A B C D E   **3.** 5 3 4 6 4 5   (A) 2 (B) 4 (C) 6 (D) 7 (E) 9

4. A B C D E   **4.** 3 12 3 7 3   (A) 3 (B) 5 (C) 7 (D) 12 (E) 15

5. A B C D E   **5.** 6 4 8 10 5   (A) 3 (B) 5 (C) 8 (D) 10 (E) 12

6. A B C D E   **6.** 10 3 5 20 9 5 30 3 9   (A) 7 (B) 8 (C) 40 (D) 1 (E) 100

7. A B C D E   **7.** 7 11 16 22 29 37   (A) 39 (B) 3 (C) 50 (D) 43 (E) 46

8. A B C D E   **8.** 2 3 9 10 100 101   (A) 900 (B) 27 (C) 202 (D) 10201 (E) 1111

9. A B C D E   **9.** 3 6 4 8 6 12   (A) 15 (B) 10 (C) 24 (D) 32 (E) 14

10. A B C D E   **10.** 8 6 10 8 14 12   (A) 8 (B) 10 (C) 13 (D) 20 (E) 32

11. A B C D E   **11.** 25 25 22 22 19 19   (A) 18 (B) 17 (C) 16 (D) 15 (E) 14

12. A B C D E   **12.** 8 9 11 14 18 23   (A) 25 (B) 26 (C) 27 (D) 28 (E) 29

13. A B C D E   **13.** 14 2 12 4 10 6   (A) 5 (B) 6 (C) 7 (D) 8 (E) 9

14. A B C D E   **14.** 40 42 39 44 38 46   (A) 37 (B) 38 (C) 41 (D) 43 (E) 45

15. A B C D E   **15.** 18 20 10 12 4 6   (A) 0 (B) 2 (C) 5 (D) 8 (E) 12

숫자 계열 테스트 5

1. 5 6 4 12 3 8   (A) 1 ·(B) 2   (C) 3   (D) 4   (E) 5   1. A B C D E

2. 30 28 25 29 34 28   (A) 21 (B) 26 (C) 27 (D) 31 (E) 32   2. A B C D E

3. 8 16 24 32 40 48   (A) 64 (B) 72 (C) 96 (D) 62 (E) 56   3. A B C D E

4. 6 18 36 108 216 648   (A) 1946 (B) 1944 (C) 1296 (D) 1056 (E) 960   4. A B C D E

5. 2 6 18 54 162 486   (A) 1556 (B) 496 (C) 1286 (D) 1458 (E) 1600   5. A B C D E

6. 10 15 12 17 14 19   (A) 16 (B) 24 (C) 21 (D) 15 (E) 18   6. A B C D E

7. 10 18 15 23 20 28   (A) 23 (B) 24 (C) 25 (D) 36 (E) 30   7. A B C D E

8. 7 11 16 22 26 31   (A) 32 (B) 34 (C) 36 (D) 37 (E) 39   8. A B C D E

9. 15 13 11 14 17 15   (A) 11 (B) 12 (C) 13 (D) 14 (E) 16   9. A B C D E

10. 15 11 7 14 10 6   (A) 4 (B) 6 (C) 8 (D) 10 (E) 12   10. A B C D E

11. 48 24 20 10 6 3   (A) 2 (B) 1 (C) 0 (D) −1 (E) −2   11. A B C D E

12. 2 6 12 36 72 216   (A) 288 (B) 376 (C) 432 (D) 476 (E) 648   12. A B C D E

13. 1 2 4 8 16 32   (A) 48 (B) 56 (C) 64 (D) 80 (E) 96   13. A B C D E

14. $\frac{1}{16}$ $\frac{1}{4}$ $\frac{1}{2}$ 2 4 16   (A) 24 (B) 32 (C) 48 (D) 64 (E) 80   14. A B C D E

15. 90 45 50 25 30 15   (A) 16 (B) 18 (C) 20 (D) 10 (E) 5   15. A B C D E

정답 및 해설

숫자 계열 테스트 1

1. (C) 12

$$\begin{array}{ccccccc} & -1 & -1 & -1 & +2 & +2 & +2 \\ 9 & 8 & 7 & 6 & 8 & 10 & 12 \end{array}$$

2. (D) 20

$$\begin{array}{cccccc} & +5 & +5 & \times5 & -5 & +5 \\ 15 & 20 & 4 & 20 & 15 & 20 \end{array}$$

3. (C) 6

$$\begin{array}{ccccccc} & -2 & +3 & -2 & +3 & -2 & +3 \\ 3 & 1 & 4 & 2 & 5 & 3 & 6 \end{array}$$

4. (B) 4

$$\begin{array}{ccccccccc} & +2 & +2 & +2 & -5 & +2 & +2 & +2 & -5 \\ 2 & 4 & 6 & 8 & 3 & 5 & 7 & 9 & 4 \end{array}$$

5. (E) 32

$$\begin{array}{cccccc} & \times4 & +2 & \times4 & +2 & \times4 \\ 2 & 8 & 4 & 16 & 8 & 32 \end{array}$$

6. (D) 33

$$\begin{array}{ccccccc} & +3 & \times3 & -3 & +3 & +3 & \times3 \\ 6 & 9 & 27 & 24 & 8 & 11 & 33 \end{array}$$

7. (E) 28

$$\begin{array}{cccccc} & \times2 & +2 & \times2 & +2 & \times2 \\ 2 & 4 & 6 & 12 & 14 & 28 \end{array}$$

8. (E) 36

$$\begin{array}{cccccccc} & \times2 & +1 & +3 & \times2 & -1 & +3 & \times2 \\ 2 & 4 & 5 & 8 & 16 & 15 & 18 & 36 \end{array}$$

9. (D) 30

$$\begin{array}{cccccc} & \times3 & -2 & \times3 & -2 & \times3 \\ 2 & 6 & 4 & 12 & 10 & 30 \end{array}$$

10. (C) 6

$$\begin{array}{ccccc} & +3 & -4 & +5 & \times6 \\ 6 & 9 & 5 & 1 & 6 \end{array}$$

11. (C) 9

$$\begin{array}{ccccccc} & +5 & +5 & \times5 & -5 & +5 & +5 \\ 40 & 45 & 9 & 45 & 40 & 45 & 9 \end{array}$$

12. (B) 6

$$\begin{array}{ccccccccc} & +3 & +3 & +3 & -2 & -2 & -2 & +1 & +1 \\ 1 & 4 & 7 & 10 & 8 & 6 & 4 & 5 & 6 \end{array}$$

13. (E) 22

$$\begin{array}{ccccccccc} & \times2 & +2 & -1 & \times2 & +2 & -1 & \times2 \\ 2 & 4 & 6 & 5 & 10 & 12 & 11 & 22 \end{array}$$

14. (D) 27

$$\begin{array}{cccccc} & \times3 & +2 & \times3 & +2 & \times3 \\ 4 & 12 & 6 & 18 & 9 & 27 \end{array}$$

15. (D) 11

$$\begin{array}{cccccc} & +2 & +2 & +2 & +2 & +2 \\ 1 & 3 & 5 & 7 & 9 & 11 \end{array}$$

숫자 계열 테스트 2

1. (E) 32

$$\begin{array}{cccccc} & \times2 & \times2 & \times2 & \times2 & \times2 \\ 1 & 2 & 4 & 8 & 16 & 32 \end{array}$$

2. (A) 15

$$\begin{array}{ccccccc} & +3 & +3 & +2 & +2 & +1 & +1 \\ 3 & 6 & 9 & 11 & 13 & 14 & 15 \end{array}$$

3. (E) 44

$$\begin{array}{cccccc} & +2 & \times3 & +2 & \times3 & +2 \\ 2 & 4 & 12 & 14 & 42 & 44 \end{array}$$

4. (D) 21

$$\begin{array}{ccccccc} & -3 & -3 & -3 & +6 & +6 & +6 \\ 12 & 9 & 6 & 3 & 9 & 15 & 21 \end{array}$$

5. (A) 2

$$\begin{array}{ccccc} & -2 & -3 & -4 & -5 \\ 16 & 14 & 11 & 7 & 2 \end{array}$$

6. (E) 16

$$\begin{array}{cccccccc} & +1 & +1 & +2 & +2 & +2 & +3 & +3 \\ 2 & 3 & 4 & 6 & 8 & 10 & 13 & 16 \end{array}$$

7. (E) 13

$$\begin{array}{cccccc} & +4 & -1 & +4 & -1 & +4 \\ 3 & 7 & 6 & 10 & 9 & 13 \end{array}$$

8. (B) 8

$$\begin{array}{ccccccc} & -2 & -2 & +2 & -2 & -2 & +2 \\ 12 & 10 & 8 & 10 & 8 & 6 & 8 \end{array}$$

9. (B) 14

$$\begin{array}{cccccc} & +2 & +2 & +2 & +3 & +3 \\ 2 & 4 & 6 & 8 & 11 & 14 \end{array}$$

10. (C) 9

$$\begin{array}{ccccccc} & -1 & -1 & +3 & +3 & -1 & -1 \\ 7 & 6 & 5 & 8 & 11 & 10 & 9 \end{array}$$

11. (E) 36

$$\begin{array}{ccccc} & \times3 & \times2 & \times3 & \times2 \\ 1 & 3 & 6 & 18 & 36 \end{array}$$

12. (B) 5

```
    +1  +2  -2  +3  +4  -4
  1   2   4   2   5   9   5
```

13. (C) 13

```
    +5  +5  ÷5  +5  +5
  5   10  15  3   8   13
```

14. (D) 14

```
    +3  +2  +1  +3  +2
  3   6   8   9   12  14
```

15. (A) 15

```
    +1  +1  +2  +2  +2  +3  +3
  1   2   3   5   7   9   12  15
```

숫자 계열 테스트 3

1. (B) 4

```
    +1  -2  +3  -4  +5  -6
  7   8   6   9   5   10  4
```

2. (A) 4

```
    -4  ÷2  +4  ×2  -4  ÷2
  8   4   2   6   12  8   4
```

3. (D) 7

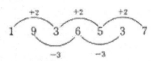

4. (D) 9

```
    ÷2  +3  ÷2  +4  ÷2  +5
  10  5   8   4   8   4   9
```

5. (B) 3

```
    ×3  ÷3  +3  -3  ×3  ÷3
  3   9   3   6   3   9   3
```

6. (E) 15

```
    +3  +4  ÷5  +6  +7
  3   6   10  2   8   15
```

7. (D) 20

```
    -2  +4  -2  +6  -2  +8
  8   6   10  8   14  12  20
```

8. (E) 18

```
    +1  +3  -5  +7  +9
  3   4   7   2   9   18
```

9. (A) 3

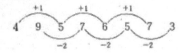

10. (E) 21

```
    +2  ×3  ÷4  ×5  +6
  2   4   12  3   15  21
```

11. (D) 8

12. (C) 15

```
    +6  +6  ÷6  +6  +6
  6   12  18  3   9   15
```

13. (A) 1

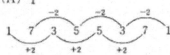

14. (C) 13

```
    ×2  ÷3  -4  +5
  18  36  12  8   13
```

15. (B) 10

```
    ÷5  ×4  ÷4  ×3  ÷3  ×2
  25  5   20  5   15  5   10
```

숫자 계열 테스트 4

1. (D) 6

```
    +5  -1  ÷3  ×2
  8   13  9   3   6
```

2. (C) 26

```
    +3  +3  +4  +4  +5  +5
  2   5   8   12  16  21  26
```

3. (D) 7

```
    -2  +1  +2  -2  +1  +2
  5   3   4   6   4   5   7
```

4. (D) 12

```
    ×4  ÷4  +4  -4  ×4
  3   12  3   7   3   12
```

5. (A) 3

```
    -2  ×2  +2  ÷2  -2
  6   4   8   10  5   3
```

6. (C) 40

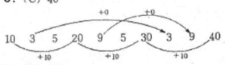

7. (E) 46

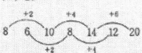

$$\begin{array}{ccccccc} +4 & +5 & +6 & +7 & +8 & +9 \\ 7 & 11 & 16 & 22 & 29 & 37 & 46 \end{array}$$

8. (D) 10201

$$\begin{array}{cccccc} +1 & \cdot\cdot 2 & +1 & \cdot\cdot 2 & +1 \\ 2 & 3 & 9 & 10 & 100 & 101 & 10201 \end{array} (\cdot\cdot : \text{제곱})$$

9. (B) 10

$$\begin{array}{cccccc} \times 2 & -2 & \times 2 & -2 & \times 2 & -2 \\ 3 & 6 & 4 & 8 & 6 & 12 & 10 \end{array}$$

10. (D) 20

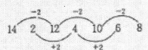

$$\begin{array}{ccccccc} & +2 & & +4 & & +6 \\ 8 & 6 & 10 & 8 & 14 & 12 & 20 \\ & & +2 & & +4 \end{array}$$

11. (A) 16

$$\begin{array}{ccccccc} & -3 & & -3 & & -3 \\ 25 & 25 & 22 & 22 & 19 & 19 & 16 \\ & 2 & & 2 & & 2 \end{array}$$

12. (E) 29

$$\begin{array}{ccccccc} +1 & +2 & +3 & +4 & +5 & +6 \\ 8 & 9 & 11 & 14 & 18 & 23 & 29 \end{array}$$

13. (D) 8

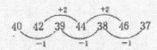

$$\begin{array}{ccccccc} & -2 & & -2 & & -2 \\ 14 & 2 & 12 & 4 & 10 & 6 & 8 \\ & & +2 & & +2 \end{array}$$

14. (A) 37

$$\begin{array}{ccccccc} & & +2 & & +2 \\ 40 & 42 & 39 & 44 & 38 & 46 & 37 \\ & -1 & & -1 & & -1 \end{array}$$

15. (A) 0

$$\begin{array}{ccccccc} & +2 & & +2 & & +2 \\ 18 & 20 & 10 & 12 & 4 & 6 & 0 \\ & & -10 & & -8 & & -6 \end{array}$$

숫자 계열 테스트 5

1. (B) 2

$$\begin{array}{cccccc} +1 & -2 & \times 3 & +4 & +5 & -6 \\ 5 & 6 & 4 & 12 & 3 & 8 & 2 \end{array}$$

2. (A) 21

$$\begin{array}{cccccc} -2 & -3 & +4 & +5 & -6 & -7 \\ 30 & 28 & 25 & 29 & 34 & 28 & 21 \end{array}$$

3. (E) 56

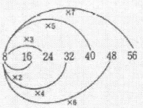

$$\begin{array}{ccccccc} & & & & & & \times 7 \\ & & & & \times 5 \\ & & \times 3 \\ 8 & 16 & 24 & 32 & 40 & 48 & 56 \\ \times 2 \\ \times 4 \\ & \times 6 \end{array}$$

4. (C) 1296

$$\begin{array}{cccccc} \times 3 & \times 2 & \times 3 & \times 2 & \times 3 & \times 2 \\ 6 & 18 & 36 & 108 & 216 & 648 & 1296 \end{array}$$

5. (D) 1458

$$\begin{array}{cccccc} \times 3 & \times 3 & \times 3 & \times 3 & \times 3 & \times 3 \\ 2 & 6 & 18 & 54 & 162 & 486 & 1458 \end{array}$$

6. (A) 16

$$\begin{array}{cccccc} +5 & -3 & +5 & -3 & +5 & -3 \\ 10 & 15 & 12 & 17 & 14 & 19 & 16 \end{array}$$

7. (C) 25

$$\begin{array}{cccccc} +8 & -3 & +8 & -3 & +8 & -3 \\ 10 & 18 & 15 & 23 & 20 & 28 & 25 \end{array}$$

8. (D) 37

$$\begin{array}{cccccc} +4 & +5 & +6 & +4 & +5 & +6 \\ 7 & 11 & 16 & 22 & 26 & 31 & 37 \end{array}$$

9. (C) 13

$$\begin{array}{cccccc} -2 & -2 & +3 & +3 & -2 & -2 \\ 15 & 13 & 11 & 14 & 17 & 15 & 13 \end{array}$$

10. (E) 12

$$\begin{array}{cccccc} -4 & -4 & \times 2 & -4 & -4 & \times 2 \\ 15 & 11 & 7 & 14 & 10 & 6 & 12 \end{array}$$

11. (D) −1

$$\begin{array}{cccccc} \div 2 & -4 & \div 2 & -4 & \div 2 & -4 \\ 48 & 24 & 20 & 10 & 6 & 3 & -1 \end{array}$$

12. (C) 432

$$\begin{array}{cccccc} \times 3 & \times 2 & \times 3 & \times 2 & \times 3 & \times 2 \\ 2 & 6 & 12 & 36 & 72 & 216 & 432 \end{array}$$

13. (C) 64

$$\begin{array}{cccccc} \times 2 & \times 2 & \times 2 & \times 2 & \times 2 & \times 2 \\ 1 & 2 & 4 & 8 & 16 & 32 & 64 \end{array}$$

14. (B) 32

$$\begin{array}{cccccc} \times 4 & \times 2 & \times 4 & & \times 2 & \times 4 & \times 2 \\ \frac{1}{16} & \frac{1}{4} & \frac{1}{2} & 2 & 4 & 16 & 32 \end{array}$$

15. (C) 20

$$\begin{array}{cccccc} \div 2 & +5 & \div 2 & +5 & \div 2 & +5 \\ 90 & 45 & 50 & 25 & 30 & 15 & 20 \end{array}$$

문자 계열 테스트

문자 계열 테스트에 관하여

문자 계열에 있어서 연속되는 일련의 문자가 주어지면 그 다음에 와야 할 문자를 찾으면 된다. 일련의 문자가 어떠한 형태로 배열되어 있는가를 알아 내는게 이 문제의 해결 방법이 된다. 예를 들면 문자 계열이 A, B, C, D일 때 다음에 와야 할 문자는 E인 것을 알 수 있다. 이것을 수학적으로 표현하면 A(+ 1), B(+ 1), C(+ 1), D(+ 1) 이다. 따라서 E라고 나타낼 수 있다.

한 계열에서도 번갈아 변화가 일어나는 등 다양하다. 즉, BRCPDNE는 $B R C P D N E$ 와 같이 실제로 2개의 뒤섞인 순서로 되어 있다. 이 문제에서는 (+ 1)의 순서로 올라가는 B, C, D, E와 (- 2) 순서로 내려가는 R, P, N 이 있다. 그러면 -2 차례인 L 이 온다는 것을 알 수 있다. 따라서 A~Z까지 영문자를 순서대로 써 놓고 해결점을 찾는 것도 한 방법이 된다.

문자 계열 테스트에 대한 주의점

1. 알파벳 영문자가 어떤 계열에 있어서 (+2) (X 3) 또는 (-5)등으로 변화되었다면 그 다음에 와야 할 문자를 찾는 것은 쉽게 알 수 있다.
2. 한 문제 속에서도 다양한 변화를 갖는 것이 있음을 알아둘 것.
3. 생각했던 배열에서 나온 답이 주어진 답란에 없을 때에는 다른 방법을 취할 것.
4. 계열의 문자를 입속으로 읽어보면 눈에 즉시 떠오르지 않는 문제를 발견하게 되는 수도 있다.
5. 처음 발견했던 방법으로 고집하지 말 것. 잘 안 되면 포기하지 말고 다른 해결점을 찾는다.
6. 한 문제에 너무 많은 시간을 허비하지 말 것.
7. 빨리 풀리지 않는다고 당황하지 말고 거듭 연습하게 되면 향상된다.

3 . 1 영문자 계열 테스트

영문자 계열 테스트를 시작하기 전에 다음 예를 공부하라.

【 예 】

지시 사항 : 왼쪽의 문자들은 어떤 논리적 순서에 따라 배열되어 있다. 그 순서에 따라 다음에 와야 할 문자를 1 ~ 5 번 중에서 골라 답란에 표시 하라.

1. Q B N D K F H

(1) E (2) G (3) H (4) J (5) K

답 : (3) H. 정답은 H이므로 답란 3 에 표시하면 된다.

설명 : 이 문자 계열은 다음과 같이 교체되면서 나타나는 2개의 변화로 이루어졌다.

QNKH 계열에서는 (ㅡ3) 의 순서로, BDF 는 (+2)의 순서로 되어 있다. 그래서 2개의 계열이 교체되면서 변화되는 상태에 따라 다음에 올 문자는 H인 것을 알 수 있다.

3. 2 한글 자음 계열 테스트

한글 자음 계열 테스트를 시작하기 전에 다음 예를 공부하라.

【 예 】

지시 사항 : 왼쪽의 자음들은 어떤 논리적 순서에 따라 배열되어 있다. 그 순서에 따라 다음에 와야 할 문자를 1~5 번 중에서 골라 답란에 표시하라.

1. ㄱ ㄷ ㅁ ㅅ ㅈ ㅋ   (1)ㅊ (2)ㅇ (3)ㅂ (4)ㄹ (5)ㅍ

답 (5) ㅍ 즉, 정답은 ㅍ 이므로 답란 5에 표시하면 된다.

설명 : 이 자음의 계열을 알기 위하여 자음의 순서에 따라

ㄱ ㄴ ㄷ ㄹ ㅁ ㅂ ㅅ ㅇ ㅈ ㅊ ㅋ ㅌ ㅍ ㅎ 을 써 놓고 보면 다음과 같이 한 자씩 건너뛰어 나타나고 있다.

따라서 ㅋ 다음 다음 문자는 ㅍ자가 오게 됨을 알 수 있다.

영문자 계열 테스트 1

1. EEFGGHII   (1) F   (2) G   (3) H   (4) I   (5) J

2. AZAYBZBYC   (1) A   (2) C   (3) X   (4) Y   (5) Z

3. DEFDEFGHI   (1) D   (2) E   (3) F   (4) G   (5) H

4. CDEXYZFGHXYZ   (1) I   (2) J   (3) K   (4) L   (5) M

5. DEFDEGDE   (1) D   (2) F   (3) G   (4) H   (5) I

6. ABCXABCYABC   (1) A   (2) B   (3) X   (4) Y   (5) Z

7. FGBHIBJKB   (1) B   (2) C   (3) L   (4) M   (5) N

8. TSRTSRTS   (1) R   (2) S   (3) T   (4) V   (5) W

9. ARBSCTARB   (1) A   (2) B   (3) C   (4) R   (5) S

10. BCCDEEFG   (1) E   (2) F   (3) G   (4) H   (5) I

11. EFHIKL   (1) M   (2) N   (3) O   (4) P   (5) Q

12. ABCCDEFFG   (1) C   (2) F   (3) G   (4) H   (5) I

13. AMNBOPC   (1) D   (2) E   (3) P   (4) Q   (5) R

14. TTTSSRQQQP   (1) O   (2) P   (3) Q   (4) R   (5) S

15. DDFFHHJJ   (1) I   (2) J   (3) K   (4) L   (5) M

영문자 계열 테스트 2

	1	2	3	4	5			(1)	(2)	(3)	(4)	(5)
1.						1.	MNMNKLOPOPKL	K	O	P	Q	R
2.						2.	CDDEEEFFF	E	F	G	H	J
3.						3.	GFED	B	C	F	G	H
4.						4.	DFHJL	J	K	L	M	N
5.						5.	ABCIJDEFIJ	G	H	I	J	K
6.						6.	EGGELGHELGHI	E	G	I	J	L
7.						7.	BCBDEDFGFHI	F	G	H	J	K
8.						8.	AABABCCDC	C	D	E	F	G
9.						9.	AIBCIDEF	C	F	G	H	I
10.						10.	CEHL	O	P	Q	R	S
11.						11.	ABDEHIMN	P	Q	R	S	T
12.						12.	BECFDGE	E	F	G	H	I
13.						13.	AGBHC	D	F	G	H	I
14.						14.	ADHKO	P	Q	R	S	T
15.						15.	EFGHJKLNO	P	Q	R	S	T

영문자 계열 테스트 3

1. AEIBF   (1) C   (2) D   (3) G   (4) I   (5) J

2. AEDHG   (1) H   (2) I   (3) J   (4) K   (5) L

3. ZDWGT   (1) H   (2) I   (3) J   (4) K   (5) L

4. ZEIYFJXG   (1) I   (2) J   (3) K   (4) L   (5) M

5. CQRENVG   (1) V   (2) W   (3) X   (4) Y   (5) Z

6. KSJTIUH   (1) V   (2) W   (3) X   (4) Y   (5) Z

7. RSJTUHVW   (1) C   (2) D   (3) E   (4) F   (5) G

8. IEAJFBK   (1) C   (2) D   (3) E   (4) F   (5) G

9. HEBIFCJ   (1) G   (2) H   (3) I   (4) J   (5) K

10. NJFMICL   (1) D   (2) H   (3) I   (4) J   (5) M

11. DEGHJK   (1) N   (2) C   (3) I   (4) M   (5) P

12. AEBF   (1) A   (2) D   (3) G   (4) C   (5) F

13. FHJLIFC   (1) A   (2) C   (3) D   (4) E   (5) F

14. EEEGFFG   (1) E   (2) F   (3) G   (4) H   (5) I

15. LNPRQPONP   (1) B   (2) D   (3) Q   (4) R   (5) U

	1	2	3	4	5
1.					
2.					
3.					
4.					
5.					
6.					
7.					
8.					
9.					
10.					
11.					
12.					
13.					
14.					
15.					

영문자 계열 테스트 4

	1	2	3	4	5										
1.						1. GTIVK	(1) M	(2) O	(3) T	(4) V	(5) X
2.						2. AJTBKUCL	(1) D	(2) E	(3) L	(4) M	(5) V
3.						3. ACBDFHGI	(1) H	(2) I	(3) J	(4) K	(5) L
4.						4. ADGJMP	(1) Q	(2) R	(3) S	(4) T	(5) U
5.						5. ABFGKLPQ	(1) S	(2) T	(3) U	(4) V	(5) W
6.						6. ZWXUVST	(1) P	(2) Q	(3) E	(4) S	(5) T
7.						7. NZIYCXKWF	(1) F	(2) J	(3) M	(4) V	(5) Y
8.						8. AGLPS	(1) R	(2) T	(3) U	(4) V	(5) X
9.						9. AZEXIVMT	(1) Q	(2) R	(3) S	(4) N	(5) O
10.						10. ADBFDIGM	(1) K	(2) L	(3) M	(4) N	(5) U
11.						11. CDXWEFGVUHIJK	(1) N	(2) P	(3) R	(4) S	(5) T
12.						12. PPNUUPJJRBB	(1) S	(2) T	(3) U	(4) V	(5) W
13.						13. AABBAABCBAABCDB	(1) A	(2) B	(3) C	(4) D	(5) E
14.						14. AZDYGWJTM	(1) P	(2) Q	(3) R	(4) S	(5) T
15.						15. TOXTOWPTOMRD	(1) S	(2) T	(3) U	(4) V	(5) W

영문자 계열 테스트 5

1. BDFJBDFLBDF (1) B (2) H (3) N (4) L (5) O

2. XYZBDGJN (1) O (2) P (3) Q (4) R (5) S

3. MPBNQCORD (1) E (2) N (3) O (4) S (5) P

4. EEEGFFG (1) E (2) F (3) G (4) H (5) I

5. MMMPPRTTTV (1) R (2) T (3) V (4) W (5) X

6. FFFFHJJJL (1) M (2) N (3) O (4) P (5) Q

7. LMLLMMMLLLMMMM (1) L (2) M (3) N (4) O (5) P

8. LNONMOP (1) L (2) M (3) O (4) Q (5) R

9. BLMCDNOPEFG (1) B (2) H (3) I (4) Q (5) S

10. GTIVK (1) M (2) O (3) T (4) V (5) X

11. RSTBDFVXZH (1) A (2) G (3) K (4) N (5) U

12. MNOPMOQSM (1) M (2) P (3) R (4) V (5) Z

13. MNPSOJ (1) B (2) D (3) G (4) K (5) L

14. KMNMLNO (1) L (2) N (3) O (4) P (5) Q

15. BDGKJL (1) K (2) M (3) O (4) P (5) Q

	1	2	3	4	5
1.					
2.					
3.					
4.					
5.					
6.					
7.					
8.					
9.					
10.					
11.					
12.					
13.					
14.					
15.					

한글 자음 계열 테스트 1

1. 1 2 3 4 5   1. ㅁ ㅁ ㅂ ㅅ ㅅ ㅇ ㅈ ㅈ   (1)ㅂ (2)ㅅ (3)ㅇ (4)ㅈ (5)ㅊ

2. 1 2 3 4 5   2. ㄱ ㅎ ㄱ ㅍ ㄴ ㅎ ㄴ ㅍ ㄷ   (1)ㄱ (2)ㄷ (3)ㅌ (4)ㅍ (5)ㅎ

3. 1 2 3 4 5   3. ㄹ ㅁ ㅂ ㄹ ㅁ ㅂ ㅅ ㅇ ㅈ   (1)ㄹ (2)ㅁ (3)ㅂ (4)ㅅ (5)ㅇ

4. 1 2 3 4 5   4. ㄷ ㄹ ㅁ ㅌ ㅍ ㅎ ㅂ ㅅ ㅇ ㅌ ㅍ ㅎ   (1)ㅈ (2)ㅊ (3)ㅋ (4)ㅌ (5)ㅍ

5. 1 2 3 4 5   5. ㄹ ㅁ ㅂ ㄹ ㅁ ㅅ ㄹ ㅁ   (1)ㄹ (2)ㅂ (3)ㅅ (4)ㅇ (5)ㅈ

6. 1 2 3 4 5   6. ㄱ ㄴ ㄷ ㄹ ㄱ ㄴ ㄷ ㅍ ㄱ ㄴ ㄷ   (1)ㄱ (2)ㄴ (3)ㅌ (4)ㅍ (5)ㅎ

7. 1 2 3 4 5   7. ㅂ ㅅ ㄴ ㅇ ㅈ ㄴ ㅊ ㅋ ㄴ   (1)ㄴ (2)ㄷ (3)ㅌ (4)ㅍ (5)ㅎ

8. 1 2 3 4 5   8. ㅎ ㅍ ㅌ ㅎ ㅍ ㅌ ㅎ ㅍ   (1)ㅂ (2)ㅍ (3)ㅎ (4)ㅊ (5)ㅋ

9. 1 2 3 4 5   9. ㄱ ㅍ ㄴ ㅎ ㄷ ㅂ ㄱ ㅍ ㄴ   (1)ㄱ (2)ㄴ (3)ㄷ (4)ㅍ (5)ㅎ

10. 1 2 3 4 5   10. ㄴ ㄷ ㄹ ㅁ ㅂ ㅅ   (1)ㅁ (2)ㅂ (3)ㅅ (4)ㅇ (5)ㅈ

11. 1 2 3 4 5   11. ㅁ ㅂ ㅇ ㅈ ㅋ ㅌ   (1)ㅍ (2)ㅎ (3)ㅂ (4)ㄷ (5)ㄴ

12. 1 2 3 4 5   12. ㄱ ㄴ ㄷ ㄷ ㄹ ㅁ ㅂ ㅂ ㅅ   (1)ㄷ (2)ㅂ (3)ㅅ (4)ㅈ (5)ㅇ

13. 1 2 3 4 5   13. ㄱ ㅈ ㅊ ㄴ ㅋ ㅌ ㄷ   (1)ㅍ (2)ㄹ (3)ㅎ (4)ㅁ (5)ㅂ

14. 1 2 3 4 5   14. ㅂ ㅂ ㅂ ㅁ ㅁ ㄹ ㄷ ㄷ ㄷ ㄴ   (1)ㄱ (2)ㄴ (3)ㄷ (4)ㄹ (5)ㅁ

15. 1 2 3 4 5   15. ㄹ ㄹ ㅂ ㅂ ㅇ ㅇ ㅈ ㅈ   (1)ㅈ (2)ㅊ (3)ㅋ (4)ㅌ (5)ㅎ

한글 자음 계열 테스트 2

1. ㅅㅇㅅㅇㅁㅂㅈㅊㅊㅊㅁㅂ　　(1)ㅁ　(2)ㅈ　(3)ㅊ　(4)ㅋ　(5)ㅌ　　1. 1　2　3　4　5

2. ㄷㄹㄹㅁㅁㅁㅂㅂ　　(1)ㅁ　(2)ㅅ　(3)ㅂ　(4)ㅇ　(5)ㅊ　　2. 1　2　3　4　5

3. ㅅㅂㅁㄹㄷ　　(1)ㅇ　(2)ㅅ　(3)ㅂ　(4)ㄱ　(5)ㄴ　　3. 1　2　3　4　5

4. ㄹㅂㅇㅊㅌ　　(1)ㅎ　(2)ㅌ　(3)ㅈ　(4)ㅍ　(5)ㅊ　　4. 1　2　3　4　5

5. ㄱㄴㄷㅈㅊㄹㅁㅂㅈㅊ　　(1)ㅇ　(2)ㅅ　(3)ㅈ　(4)ㅊ　(5)ㅋ　　5. 1　2　3　4　5

6. ㅇㅈㅅㅊㅂㅋㅁ　　(1)ㅌ　(2)ㅍ　(3)ㄹ　(4)ㅎ　(5)ㄷ　　6. 1　2　3　4　5

7. ㄴㄷㄴㄹㄲㄸㄹㅅㅂㅇㅈ　　(1)ㅂ　(2)ㅅ　(3)ㅇ　(4)ㅊ　(5)ㄱ　　7. 1　2　3　4　5

8. ㄲㄱㄴㄱㄴㄷㄷㄹㄷ　　(1)ㄷ　(2)ㅁ　(3)ㅂ　(4)ㄹ　(5)ㅅ　　8. 1　2　3　4　5

9. ㄱㅈㄴㄷㅈㄹㅁㅂ　　(1)ㅇ　(2)ㄷ　(3)ㅅ　(4)ㅂ　(5)ㅈ　　9. 1　2　3　4　5

10. ㄱㄷㄹㅂㅇㅈㅋㅍ　　(1)ㄷ　(2)ㅁ　(3)ㅅ　(4)ㅎ　(5)ㅍ　　10. 1　2　3　4　5

11. ㄱㄴㄹㄷㅁㅂㅇㅅ　　(1)ㅊ　(2)ㅈ　(3)ㅋ　(4)ㅌ　(5)ㅍ　　11. 1　2　3　4　5

12. ㄴㅁㄷㅂㄹㅅㅁ　　(1)ㅁ　(2)ㅂ　(3)ㅅ　(4)ㅇ　(5)ㅈ　　12. 1　2　3　4　5

13. ㄱㅅㄴㅇㄷ　　(1)ㅈ　(2)ㅂ　(3)ㅅ　(4)ㅇ　(5)ㄹ　　13. 1　2　3　4　5

14. ㄱㄷㄴㅂㅅㅈㅌ　　(1)ㅇ　(2)ㅍ　(3)ㅅ　(4)ㅁ　(5)ㅋ　　14. 1　2　3　4　5

15. ㄴㅍㄷㄹㄹㅋ　　(1)ㅅ　(2)ㅇ　(3)ㅊ　(4)ㅂ　(5)ㅁ　　15. 1　2　3　4　5

한글 자음 계열 테스트 3

1. 1 2 3 4 5   1. ㄱ ㅁ ㅈ ㄴ ㅂ   (1) ㅋ (2) ㅌ (3) ㅍ (4) ㅊ (5) ㅈ

2. 1 2 3 4 5   2. ㄱ ㅁ ㄹ ㅇ ㅅ   (1) ㅇ (2) ㅋ (3) ㅊ (4) ㅌ (5) ㅈ

3. 1 2 3 4 5   3. ㅍ ㅊ ㅋ ㅇ ㅈ   (1) ㅁ (2) ㄷ (3) ㅂ (4) ㄴ (5) ㅌ

4. 1 2 3 4 5   4. ㅎ ㄲ ㅊ ㅅ ㅂ   (1) ㄴ (2) ㅋ (3) ㄹ (4) ㅁ (5) ㄷ

5. 1 2 3 4 5   5. ㄷ ㄹ ㅁ ㄴ ㄱ   (1) ㅂ (2) ㅅ (3) ㅇ (4) ㅈ (5) ㅊ

6. 1 2 3 4 5   6. ㄱ ㄷ ㅁ ㅅ ㅂ ㄹ   (1) ㄱ (2) ㅅ (3) ㄹ (4) ㄴ (5) ㅊ

7. 1 2 3 4 5   7. ㄷ ㄹ ㅂ ㅅ ㅈ ㅊ   (1) ㅍ (2) ㅌ (3) ㅋ (4) ㅊ (5) ㅇ

8. 1 2 3 4 5   8. ㄱ ㅁ ㄴ ㅂ ㄷ ㅅ   (1) ㅁ (2) ㅂ (3) ㄹ (4) ㅅ (5) ㅈ

9. 1 2 3 4 5   9. ㅂ ㅇ ㅊ ㅌ ㅈ ㅂ   (1) ㄴ (2) ㄹ (3) ㅁ (4) ㅈ (5) ㄷ

10. 1 2 3 4 5   10. ㅁ ㅁ ㅁ ㅅ ㅂ ㅂ ㅅ   (1) ㅅ (2) ㅁ (3) ㅇ (4) ㅈ (5) ㅂ

11. 1 2 3 4 5   11. ㅍ ㅈ ㄲ ㅌ ㅇ   (1) ㄷ (2) ㄹ (3) ㅁ (4) ㅎ (5) ㅅ

12. 1 2 3 4 5   12. ㅎ ㅍ ㅋ ㅊ ㅅ ㅂ   (1) ㄱ (2) ㄹ (3) ㄴ (4) ㅁ (5) ㄷ

13. 1 2 3 4 5   13. ㄴ ㄷ ㅎ ㅁ ㅂ ㅍ   (1) ㅋ (2) ㅌ (3) ㄱ (4) ㅇ (5) ㅎ

14. 1 2 3 4 5   14. ㄱ ㄴ ㄷ ㅁ ㅂ ㅅ ㅈ   (1) ㅊ (2) ㅋ (3) ㅋ (4) ㄱ (5) ㄹ

15. 1 2 3 4 5   15. ㄱ ㄹ ㅁ ㅇ ㅈ ㅌ   (1) ㅎ (2) ㅇ (3) ㄴ (4) ㄷ (5) ㅍ

정답 및 해설

영문자 계열 테스트 1

1. (5) J

$$E \overset{+0}{E} \overset{+1}{F} \overset{+1}{G} \overset{+0}{G} \overset{+1}{H} \overset{+1}{I} \overset{+0}{I} \overset{+1}{J}$$

2. (5) Z

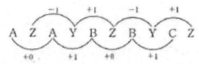

A Z A Y B Z B Y C Z

3. (4) G

D E F D E F G H I G

4. (1) I

C D E X Y Z F G H X Y Z I

5. (4) H

D E F D E G D E H

6. (5) Z

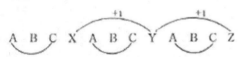

A B C X A B C Y A B C Z

7. (3) L

F G B H I B J K B L

8. (1) R

T S R T S R T S R

9. (5) S

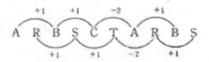

A R B S C T A R B S

10. (3) G

$$B \overset{+1}{C} \overset{+0}{C} \overset{+1}{D} \overset{+1}{E} \overset{+0}{E} \overset{+1}{F} \overset{+1}{G} \overset{+0}{G}$$

11. (2) N

$$E \overset{+1}{F} \overset{+2}{H} \overset{+1}{I} \overset{+2}{K} \overset{+1}{L} \overset{+2}{N}$$

12. (4) H

$$A \overset{+1}{B} \overset{+1}{C} \overset{+0}{C} \overset{+1}{D} \overset{+1}{E} \overset{+1}{F} \overset{+0}{F} \overset{+1}{G} \overset{+1}{H}$$

13. (4) Q

A M N B O P C Q

14. (2) P

$$T \overset{-1}{T} \overset{+0}{T} \overset{-1}{S} \overset{-1}{S} R \overset{-1}{Q} \overset{+0}{Q} Q P P$$

15. (4) L

$$D \overset{+2}{D} \overset{+2}{F} \overset{+2}{F} \overset{+2}{H} \overset{+2}{H} \overset{+2}{J} J L$$

영문자 계열 테스트 2

1. (4) Q

M N M N K L O P O P K L Q
+1 -1 +1 +1 -1 +1
+1 +1

2. (2) F

C D D E E F F F
+1 +1 +1
1 2 3 4

3. (2) C

$$G \overset{-1}{F} \overset{-1}{E} \overset{-1}{D} \overset{-1}{C}$$

4. (5) N

$$D \overset{+2}{F} \overset{+2}{H} \overset{+2}{J} \overset{+2}{L} \overset{+2}{N}$$

5. (1) G

A B C I J D E F I J G

6. (1) E

E G G E L G H E L G H I E

7. (3) H

+1 −1 +2 +1 −1 +2 +1 −1 +2 +1 −1
B C B D E D F G F H I H

8. (2) D

+0 +1 −1 +1 +1 +0 +1 −1 +1
A A B A B C C D C D

9. (5) I

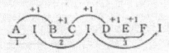

A I B C I D E F I

10. (3) Q

+2 +3 +4 +5
C E H L Q

11. (4) S

+1 +2 +1 +3 +1 +4 +1 +5
A B D E H I M N S

12. (4) H

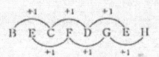

B E C F D G E H

13. (5) I

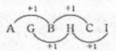

A G B H C I

14. (3) R

+3 +4 +3 +4 +3
A D H K O R

15. (2) Q

E F G H J K L N O Q

1. (5) J

+4 +4 −7 +4 +4
A E I B F J

2. (4) K

+4 −1 +4 −1 +4
A E D H G K

3. (3) J

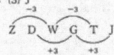

Z D W G T J

4. (1) I

C D E X Y Z F G H X Y Z I
+1 +1 +1 +1
+1 +1

5. (4) H

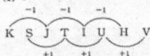

D E F D E G D E H

6. (1) V

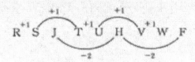

K S J T I U H V

7. (4) F

R S J T U H V W F
+1 +1 +1 +1
−2 −2

8. (5) G

−4 −4 +9 −4 −4 +9 −4
I E A J F B K G

9. (1) G

−3 −3 +7 −3 −3 +7 −3
H E B I F C J G

10. (2) H

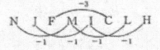

N J F M I C L H

11. (3) I

+1 +2 +1 +2 +1 +2
D E G H J K M

12. (4) C

+1 +1
A E B F C
+1

13. (4) E

+2 +2 +2 −3 −3 −3 +2
F H J L I F C E

14. (3) G

+1 +1
E E E G F F G G
3 2 1

15. (4) R

+2 +2 +2 −1 −1 −1 −1 +2 +2
L N P R Q P O N P R

영문자 계열 테스트 4

1. (4) X

+2 +2
G T I V K X
+2 +2

2. (5) V

+1 +1
A J T B K U C L V
+1 +1 +1 +1

3. (4) K

+2 −1 +2 +2 +2 −1 +2 +2
A C B D F H G I K

4. (3) S

+3 +3 +3 +3 +3 +3
A D G J M P S

5. (3) U

+1 +4 +1 +4 +1 +4 +1 +4
A B F G K L P Q U

6. (2) Q

−3 +1 −3 +1 −3 +1 −3
Z W X U V S T Q

7. (4) V

−5 −6 +8 −5
N Z I Y C X K W F V
−1 −1 −1 −1

8. (3) U

+6 +5 +4 +3 +2
A G L P S U

9. (1) Q

+4 +4 +4 +4
A Z E X I V M T Q
−2 −2 −2

10. (1) K

+2 +3 +4
A D B F D I G M K
+1 +2 +3 +4

11. (5) T

+1 +1
C D X W E F G V U H I J K T
−1 −1 −1 −1

12. (2) T

+5 −11 −8
P P N U U P J J R B B T
+2 +2 +2

13. (1) A

+8 +9 +0
A A B B A A B C B A A B C D B A
2 3 4

14. (1) P

−1 −2 −3 −4
A Z D Y G W J T M P
+3 +3 +3 +3

15. (2) T

1 2 3
T O X T O W P T O M R D T

영문자 계열 테스트 5

1. (3) N

$\overset{+2}{}\overset{+2}{}\overset{+4}{}\quad\overset{+2}{}\overset{+2}{}\overset{+6}{}\quad\overset{+2}{}\overset{+2}{}\overset{+8}{}$

B D F J B D F L B D F N

2. (4) R

$\overset{+1}{}\overset{+1}{}\overset{+2}{}\overset{+2}{}\overset{+3}{}\overset{+3}{}\overset{+4}{}\overset{+4}{}$

X Y Z B D G J N R

3. (5) P

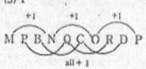

M P B N O C O R D P

all + 1

4. (3) G

$\overset{3}{}\quad\overset{1}{}\quad\overset{2}{}\quad\overset{1}{}\quad\overset{1}{}$

E E E G F F G G

5. (3) V

$\overset{3}{}\quad\overset{2}{}\quad\overset{1}{}\quad\overset{3}{}\quad\overset{2}{}$

M M M P P R T T V V

6. (2) N

F F F F $\overset{+2}{H}$ $\overset{+2}{J}$ J J $\overset{+2}{L}$ $\overset{+2}{N}$

7. (2) M

$\overset{+1}{L}\overset{-1}{M}\overset{+1}{L}L$ $\overset{}{M}M\overset{}{M}$ $\overset{-1}{L}L\overset{+1}{L}$ M M M M

8. (3) O

$\overset{+2}{L}\overset{+1}{N}\overset{-1}{O}\overset{-1}{N}\overset{+2}{M}\overset{+1}{O}\overset{-1}{P}O$

9. (4) Q

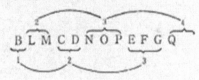

B L M C D N O P E F G Q

10. (5) X

$\overset{+2}{G}\ T\ \overset{+2}{I}\ V\ K\ X$

11. (3) K

$\overset{+1}{R}\overset{+1}{S}T\overset{+2}{B}\overset{+2}{D}F\overset{+2}{V}\overset{+2}{X}Z\overset{+3}{H}K$

12. (2) P

$\overset{+1}{M}\overset{+1}{N}\overset{+1}{O}\overset{-3}{P}\overset{+2}{M}\overset{+2}{O}\overset{+2}{Q}\overset{-6}{S}\overset{+3}{M}P$

13. (2) D

$\overset{+1}{M}\overset{+2}{N}\overset{+3}{P}\overset{-4}{S}\overset{-5}{O}\overset{-6}{J}D$

14. (2) N

$\overset{+2}{K}\overset{+1}{M}\overset{-1}{N}\overset{-1}{M}\overset{+2}{L}\overset{+1}{N}\overset{-1}{O}N$

15. (3) O

$\overset{+2}{B}\overset{+3}{D}\overset{+4}{G}\overset{-1}{N}\overset{+2}{J}\overset{+3}{L}O$

한글 자음 계열 테스트 1

1. (5) ㅊ **2.** (5) ㅎ **3.** (4) ㅅ **4.** (1) ㅈ
5. (4) ㅇ **6.** (5) ㅎ **7.** (3) ㅌ **8.** (1) ㅌ
9. (5) ㅎ **10.** (3) ㅅ **11.** (2) ㅎ **12.** (5) ㅇ
13. (1) ㅍ **14.** (2) ㄴ **15.** (4) ㅌ

한글 자음 계열 테스트 2

1. (4) ㅋ **2.** (3) ㅂ **3.** (5) ㄴ **4.** (1) ㅎ
5. (2) ㅅ **6.** (1) ㅌ **7.** (3) ㅇ **8.** (4) ㄹ
9. (5) ㅈ **10.** (4) ㅎ **11.** (2) ㅈ **12.** (4) ㅇ
13. (1) ㅈ **14.** (2) ㅍ **15.** (5) ㅁ

한글 자음 계열 테스트 3

1. (4) ㅊ **2.** (2) ㅋ **3.** (3) ㅂ **4.** (5) ㄷ
5. (1) ㅂ **6.** (4) ㄴ **7.** (2) ㅌ **8.** (3) ㄹ
9. (5) ㄷ **10.** (1) ㅅ **11.** (2) ㄹ **12.** (3) ㄴ
13. (4) ㅇ **14.** (1) ㅊ **15.** (5) ㅍ

Every day reshape myself,
For the more,
twice re-thinking lead to the almost perfecting myself

날마다 새롭게, 그리고 하루에도 두 번씩 새롭게

수학 기호 테스트

수학 기호 테스트에 관하여

여기서는 논리적인 사고 능력을 평가하기 위하여 수학 기호를 사용하고 있다. 먼저 수학적인 설명이나 조건과 결론을 제시한 다음 그 결론이 옳은가, 틀리는가 아니면 결정할 수 없는가를 판단하도록 한다. 다음은 여기에서 사용되는 기호들이다.

$=$	같다.	$\geq$	같거나 보다 크다.
$>$	보다 크다.	$\leq$	같거나 보다 작다.
$<$	보다 작다.	$\neq$	같지 않다.

수학 기호 테스트에 대한 주의점

1. 먼저 주어진 수학 기호를 충분히 이해할 것.
2. 수학 기호 테스트의 형태를 이해할 것. 의심이 나면 예문을 다시 공부할 것. 조건이 없는 결론은 무의미한 것이므로 답은 조건과 결론에 근거를 두었음을 명심하여야 한다.
3. 글자의 순서에 유의할 것.
   $X > Y > Z$의 조건을 주고 결론이 $Z > X$라면 조건에는 X가 Z보다 앞에 있으나 결론에서는 그 순서가 바뀌었다는 것을 알아야 한다. Z는 X보다 크지 않고 작다는 결론이 나온다.
4. 각 글자와 기호를 속으로 읽어 볼 것. 그렇게 하면 관계를 빨리 알아내고 뜻을 집약할 수 있을 것이다.
5. 시간 제한을 두지 않는 시험일지라도 한 문제에 많은 시간을 낭비하지 말 것. 쉬운 문제부터 푼 다음 어려운 문제를 할 것.
6. 조급하게 답을 얻으려고 서둘지 말 것. 쉬운 문제인 것 같더라도 각 문제를 주의깊게 다루고 부주의에서 생기는 잘못을 피할 것.
7. 시간 제한이 없으면 다 끝낸 다음에 모든 답을 모두 다시 검토하는 것을 잊지 말 것.
   만일 시간 제한이 있을 때에는 될 수 있는 한 많은 답을 검토할 것. 흔히 수학 기호 테스트에서는 다른 프로그램 적성 검사와는 달리 시간 제한이 없다. 그러나 빠르게 처리하도록 노력해 야 한다. 이런 방법으로 논리적인 인식력을 기른다면 이 테스트뿐만 아니라 적성 검사 전체 문제를 푸는데도 큰 도움이 될 것이다.

【 예 】

수학 기호 테스트를 하기 전에 다음 예를 공부하라.

지시 사항 : 다음에 수학적인 설명이나 조건과 결론이 제시되어 있다. 나타 난 결론이 (A) 옳음(correct) (B) 틀림(incorrect) (C) 결정할 수 없음(not determinable) 중 어느 것인지 판단하여 답란 에 표시 하라.

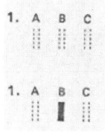

조 건	결 론
1. X=Y=Z	X〉Z

(A) Correct   (B) incorrect   (C) not determinable

답 : (B) incorrect 답은 incorrect이므로 답란 B에 표시하면 된다.
설명 : X가 Y와 같고 Y는 Z와 같다면 X와 Z도 같아야 한다. 그러므로 X가 Z보다 더 크다고 한 것은 틀린다

수학 기호 테스트 1

조 건	결 론

1. $X < Y > Z$ $X < Z$ 1. A B C

    (A) correct   (B) incorrect   (C) not determinable

2. $X \neq Y > Z$ $X > Z$ 2. A B C

    (A) correct   (B) incorrect   (C) not determinable

3. $X \geq Y \geq Z$ $Z \geq X$ 3. A B C

    (A) correct   (B) incorrect   (C) not determinable

4. $X \neq Y \neq Z$ $X \neq Z$ 4. A B C

    (A) correct   (B) incorrect   (C) not determinable

5. $X = Y \neq Z$ $X \neq Z$ 5. A B C

    (A) correct   (B) incorrect   (C) not determinable

6. $X = Y = Z$ $X > Z$ 6. A B C

    (A) correct   (B) incorrect   (C) not determinable

7. $W \geq X = Y \geq Z$ $Z \neq W$ 7. A B C

    (A) correct   (B) incorrect   (C) not determinable

8. $W = X \leq Y \geq Z$ $Z \geq W$ 8. A B C

    (A) correct   (B) incorrect   (C) not determinable

9. $W \neq X \neq Y = Z$ $Z \neq W$ 9. A B C

    (A) correct   (B) incorrect   (C) not determinable

10. $W = X = Y = Z$ $Y = W$ 10. A B C

    (A) correct   (B) incorrect   (C) not determinable

수학 기호 테스트 2

			조 건	결 론

1. A   B   C

1. $W=X=Y<Z$ $Z<W$

     (A) correct   (B) incorrect   (C) not determinable

2. A   B   C

2. $W≥X≥Y≠Z$ $Z≤W$

     (A) correct   (B) incorrect   (C) not determinable

3. A   B   C

3. $W≠X≤Y≤Z$ $W≠Z$

     (A) correct   (B) incorrect   (C) not determinable

4. A   B   C

4. $W=X=Y≠Z$ $Z≠X$

     (A) correct   (B) incorrect   (C) not determinable

5. A   B   C

5. $W=X≠Y : Z$ $Z≠W$

     (A) correct   (B) incorrect   (C) not determinable

6. A   B   C

6. $W≤X<Y<Z$ $Z<W$

     (A) correct   (B) incorrect   (C) not determinable

7. A   B   C

7. $W>X≥Y>Z$ $Z≤W$

     (A) correct   (B) incorrect   (C) not determinable

8. A   B   C

8. $W≤X≥Y≥Z$ $Z≥W$

     (A) correct   (B) incorrect   (C) not determinable

9. A   B   C

9. $W<X=Y=Z$ $Z<W$

     (A) correct   (B) incorrect   (C) not determinable

10. A   B   C

10. $W≤X≤Y=Z$ $Z≥X$

     (A) correct   (B) incorrect   (C) not determinable

수학 기호 테스트 3

조 건	결 론	

1. $X \leq Y \geq Z$ $Z = X$

(A) correct   (B) incorrect   (C) not determinable

2. $W \leq X \neq Y \leq Z$ $Y \neq W$

(A) correct   (B) incorrect   (C) not determinable

2. A B C

3. $W = X = Y < Z$ $Z \neq W$

(A) correct   (B) incorrect   (C) not determinable

3. A B C

4. $W > X \geq Y = Z$ $Z > W$

(A) correct   (B) incorrect   (C) not determinable

4. A B C

5. $W = X \geq Y > Z$ $Z \leq W$

(A) correct   (B) incorrect   (C) not determinable

5. A B C

6. $W = X \geq Y = Z$ $Z \leq W$

(A) correct   (B) incorrect   (C) not determinable

6. A B C

7. $W = X = Y \neq Z$ $Z \neq W$

(A) correct   (B) incorrect   (C) not determinable

7. A B C

8. $X < Y \neq Z$ $X < Z$

(A) correct   (B) incorrect   (C) not determinable

8. A B C

9. $X \geq Y \leq Z$ $X \geq Z$

(A) correct   (B) incorrect   (C) not determinable

9. A B C

10. $X \leq Y = Z$ $Z \leq X$

(A) correct   (B) incorrect   (C) not determinable

10. A B C

수학 기호 테스트 4

	조 건	결 론

1. A B C

1. $X<Y>Z$ $X=Z$

(A) correct   (B) incorrect   (C) not determinable

2. A B C

2. $X>Y=Z$ $X>Z$

(A) correct   (B) incorrect   (C) not determinable

3. A B C

3. $X=Y\geqq Z$ $X \neq Z$

(A) correct   (B) incorrect   (C) not determinable

4. A B C

4. $X=Y>Z$ $X \leq Z$

(A) correct   (B) incorrect   (C) not determinable

5. A B C

5. $X>Y \neq Z$ $X<Z$

(A) correct   (B) incorrect   (C) not determinable

6. A B C

6. $X \neq Y=Z$ $X>Z$

(A) correct   (B) incorrect   (C) not determinable

7. A B C

7. $X \neq Y<Z$ $X<Z$

(A) correct   (B) incorrect   (C) not determinable

8. A B C

8. $X<Y \neq Z$ $X \leq Z$

(A) correct   (B) incorrect   (C) not determinable

9. A B C

9. $X \geqq Y>Z$ $X>Z$

(A) correct   (B) incorrect   (C) not determinable

10. A B C

10. $X \geqq Y \neq Z$ $X \neq Z$

(A) correct   (B) incorrect   (C) not determinable

수학 기호 테스트 5

조 건   결 론

1. $X=Y\geq Z$ $Z\geq X$

  (A) correct   (B) incorrect   (C) not determinable

2. $X=Y\geq Z$ $Z\neq X$

  (A) correct   (B) incorrect   (C) not determinable

3. $X>Y\geq Z$ $Z\leq X$

  (A) correct   (B) incorrect   (C) not determinable

4. $X\geq Y\leq Z$ $Z>X$

  (A) correct   (B) incorrect   (C) not determinable

5. $X\leq Y\leq Z$ $Z=X$

  (A) correct   (B) incorrect   (C) not determinable

6. $X>Y\geq Z$ $Z\neq X$

  (A) correct   (B) incorrect   (C) not determinable

7. $X<Y\leq Z$ $Z>X$

  (A) correct   (B) incorrect   (C) not determinable

8. $X<Y\leq Z$ $Z\leq X$

  (A) correct   (B) incorrect   (C) not determinable

9. $X\leq Y+Z$ $Z>X$

  (A) correct   (B) incorrect   (C) not determinable

10. $X=Y=Z$ $Z<X$

  (A) correct   (B) incorrect   (C) not determinable

1. A B C
2. A B C
3. A B C
4. A B C
5. A B C
6. A B C
7. A B C
8. A B C
9. A B C
10. A B C

정답 및 해설

수학 기호 테스트 1

1. (C) not determinable
2. (C) not determinable
3. (B) incorrect
4. (C) not determinable
5. (A) correct
6. (B) incorrect
7. (C) not determinable
8. (C) not determinable
9. (C) not determinable
10. (A) correct

수학 기호 테스트 2

1. (B) incorrect
2. (C) not determinable
3. (C) not determinable
4. (A) correct
5. (A) correct
6. (B) incorrect
7. (B) incorrect
8. (C) not determinable
9. (B) incorrect
10. (A) correct

수학 기호 테스트 3

1. (C) not determinable
2. (C) not determinable
3. (A) correct
4. (B) incorrect

5. (B) incorrect
6. (A) correct
7. (A) correct
8. (C) not determinable
9. (C) not determinable
10. (B) incorrect

수학 기호 테스트 4

1. (C) not determinable
2. (A) correct
3. (C) not determinable
4. (B) incorrect
5. (C) not determinable
6. (C) not determinable
7. (C) not determinable
8. (C) not determinable
9. (A) correct
10. (A) correct

수학 기호 테스트 5

1. (B) incorrect
2. (B) incorrect
3. (B) incorrect
4. (C) not determinable
5. (C) not determinable
6. (A) correct
7. (A) correct
8. (B) incorrect
9. (C) not determinable
10. (B) incorrect

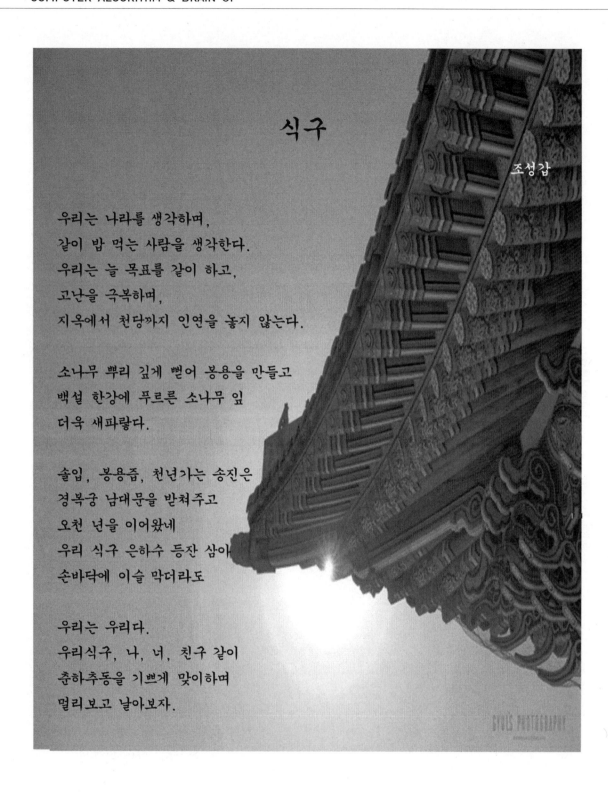

식구

조성갑

우리는 나라를 생각하며,
같이 밥 먹는 사람을 생각한다.
우리는 늘 목표를 같이 하고,
고난을 극복하며,
지옥에서 천당까지 인연을 놓지 않는다.

소나무 뿌리 깊게 뻗어 봉용을 만들고
백설 한강에 푸르른 소나무 잎
더욱 새파랗다.

솔입, 봉용즙, 천년가는 송진은
경복궁 남대문을 받쳐주고
오천 년을 이어왔네
우리 식구 은하수 등잔 삼아
손바닥에 이슬 막더라도

우리는 우리다.
우리식구, 나, 너, 친구 같이
춘하추동을 기쁘게 맞이하며
멀리보고 날아보자.

수학 추리 테스트

수학 추리 테스트에 관하여

이 테스트에서는 실제로 어떤 답을 계산하는 다른 수학 시험과는 다르다. 여기서 요구되는 것은 문제 해결의 가장 좋은 방법을 나타낸 식이 있는 답을 주어진 답 중에서 찾는 것이다. 그러므로 이 테스트는 프로그래머들이 실제로 다루는 문제들과 같은 성격의 것이다. 프로그래머는 문제 해결 방법을 컴퓨터에 지시만하고 실제 계산은 컴퓨터가 한다.

이 문제를 푸는데 고도의 수학 지식이 요구되는 것은 아니다. 문맥의 전후 관계를 분명하게 계통적으로 잘 분석한다면 대부분 문제들을 쉽게 풀 수 있을 것이다. 실제 프로그래머 시험에 나오는 문제보다 더 많은 문제류 수록했다.

모든 문제를 풀어 보고 끝난 후에 어려운 문제를 검토하고 각 테스트마다 채점하라.

수학 추리 테스트에 대한 주의점

1. 시험 직전에 지시 사항을 잘 이해하여야 한다. 이 시험은 각 문제를 해결하는데 가장 좋은 방법을 찾아내는 것이다.
2. 최대한으로 주의를 집중할 것.
   성공 여부는 명료하게 생각할 수 있는 능력에 따라 좌우된다.
3. 신속 정확하게 할 것.
   시험 시간은 제한이 있는 것이다.
4. 마지막 값을 구하려고 하지 말 것. 여기에서는 계산 능력 테스트보다는 문제 해결 과정의 능력을 평가하는데 목적 이 있다.
5. 시간을 절약하려고 세세한 면을 외면하지 말 것. 중요하지 않은 것 같은 항목이 때로는 문제 해 결점이 될 수도 있다. 문제를 주의 깊게 읽고 각 내용이 왜 주어졌는가를 알아내도록 할 것.
6. 복잡한 문제에 많은 시간을 낭비하지 말 것. 어려우면 다음 문제로 넘어가고 시간의 여유가 있으면 다시 풀어 볼 것.

수학 추리 테스트를 시작하기 전에 다음 예를 공부하라.

【 예 】

지시 사함 : 아래 각 문제에서는 문제 해결을 위한 가장 적합한 식을 나타낸 답을 4개 답 중에서 찾아 답란에 표시한다.

이 테스트는 마지막 값을 계산해 내는 것이 아님을 명심해야 한다.

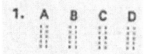

1. 어떤 공장에 300명의 남자와 200명의 여자가 일하고 있다. 남자의 반수는 급료의 2배 수당을 받고 10시간 특근을 한다. 일주에 40시간 정상 노동을 했다면 그 공장의 전체 노동 시간은 얼마이겠는가?

(A) $H = \dfrac{9X}{4}$ 　　　　(C) $H = 500X(40) + 300X(5)$

(B) $H = 40X\dfrac{500}{2}$ 　　　(D) $H = 5X\left(\dfrac{3X}{2} \times 40\right)$

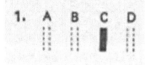

답 : (C) $H = 500X(40) + 300X(5)$

설명 : 사람수를 X로 가정하면 남자 300명과 여자 200명은 500X이다. 10시 간을 더 일한 남자의 반수는 300명이 5 시간 일한 것과 같다. 그러므로 500X(40)+300X(5)이란 답이 나온다.

수학 추리 테스트 1

1. 택시 요금이 처음 1마일에 X원, 다음 매마일마다 Y원씩이다. Z원의 돈으로는 얼마나 멀리 갈 수 있는가? 단, X<Z 이다.

   (A) $\dfrac{Z}{Y} - \dfrac{X}{Y}$ (B) $1 + \dfrac{Z-X}{Y}$ (C) $\dfrac{Z}{X+Y}$ (D) $\dfrac{Z}{X-Y}$

   1. A B C D

2. 초속 88피트인 자동차는 X분에 얼마만큼 갈 수 있는가?

   (A) 88X피트 (B) $\dfrac{88X}{60}$피트 (C) $\dfrac{60X}{88}$피트 (D) 60·X·88피트

   2. A B C D

3. 한 여점원은 주급 X달러에 판매량의 2%의 수당을 받는다. 일주일에 Y달러의 상품을 팔았다면 그녀의 전체 주급은 얼마인가?

   (A) X+Y (B) .02(X+Y) (C) X+.02Y (D) $X + \dfrac{Y}{.02}$

   3. A B C D

4. Y센트하는 정구공으로 X시간 운동할 수 있다면 Z센트의 정구공으로 몇 시간 운동할 수 있는가?

   (A) XYZ (B) $\dfrac{ZX}{Y}$ (C) $\dfrac{XY}{Z}$ (D) $\dfrac{ZY}{X}$

   4. A B C D

5. $\dfrac{X}{2} + \dfrac{X}{4} + \dfrac{X}{8} + \dfrac{X}{16} + \dfrac{X}{32} + \dfrac{X}{64} + \dfrac{X}{128}$ 의 합은?

   (A) X보다 크다.   (C) X와 같다.

   (B) X보다 작다.   (D) $\dfrac{3X}{2}$보다 크다.

   5. A B C D

6. 나이가 X인 사람이 있다. 그보다 Y살 더 먹은 그의 형은 아버지보다 Z살 아래이다. 아버지의 나이는?

   (A) X+Y+Z (B) X−Y+Z (C) X+Y−Z (D) X−Y−Z

   6. A B C D

7. 자동차 A는 시속 X마일로 Y시간 동안 북쪽으로 달리고 자동차 B는 A와 같은 지점에서 출발하여 시속 S마일로 T시간 동안 남쪽으로 달렸다. A, B는 서로 얼마나 떨어져 있겠는가?

   (A) X+Y+S+T (B) XY+ST (C) $\dfrac{X}{Y} \cdot \dfrac{S}{T}$ (D) $\dfrac{X}{Y} + \dfrac{S}{T}$

   7. A B C D

8. 존은 짹보다 2배 나이가 많다. 5년후에는?

   (A) 존은 짹 나이의 2배 이상 더 많을 것이다.

   (B) 존은 여전히 짹 나이의 2배일 것이다.

   (C) 존은 짹 나이의 2배가 안 될 것이다.

   (D) 존은 짹 나이의 2배보다 5살 더 많을 것이다.

   8. A B C D

9. 방공호를 파는데 A는 X시간에, B는 A의 2배의 시간에 팔 수 있다. A, B가 함께 한다면 얼마나 걸리겠는가?

   (A) $\dfrac{X}{3}$ (B) 3X (C) $\dfrac{2X}{3}$ (D) $\dfrac{3X}{2}$

   9. A B C D

10. 세 소년의 키의 평균은 X인치이다. 한 소년을 추가시켜 평균키를 2인치 낮추면?

    (A) 본래 세 소년의 키는 네째 소년의 키보다 더 크다.

    (B) 세 소년 중 적어도 한 명은 네째 소년보다 작다.

    (C) 세 소년 중 적어도 두 명은 네째 소년보다 더 크다.

    (D) 위의 답은 모두 틀린다.

    10. A B C D

수학 추리 테스트 2

1. A B C D

1. 섭씨 C°는 화씨 F°에서 32를 뺀 차이의 $\frac{5}{9}$이다. 만일 X F°는 섭씨 몇 도인가? 단, 32>X이다.

(A) $\frac{5X}{9} - 32$ (B) $\frac{5}{9}(X-32)$ (C) $\frac{5}{9}(X+32)$ (D) $\frac{5(32-X)}{9}$

2. A B C D

2. 2개의 홀수를 곱한 후 짝수를 더하면?
(A) 짝수가 된다. (C) 홀수 또는 짝수가 된다.
(B) 홀수가 된다. (D) 소수가 된다.

3. A B C D

3. $\frac{X+a}{Y+a}$ 는?

(A) $\frac{X}{Y}$보다 더 크다. (C) a가 음수이냐 양수이냐에 따라 다르다.
(B) $\frac{X}{Y}$보다 더 작다. (D) $\frac{X}{Y}$와 같다.

4. A B C D

4. X가 0와 −1 사이의 값이라면 다음 중 가장 큰 것은?
(A) $2 \cdot X$ (B) $-2 \cdot X$ (C) X^2 (D) $-2+X$

5. A B C D

5. 어떤 사람이 X개의 10센트 은화와 4X개의 25센트짜리 은화를 갖고 있다. 그가 가지고 있는 돈이 2.20달러라면 X는?
(A) 8 (B) 6 (C) 2 (D) 10

6. A B C D

6. X달러를 은행에 예금했다. 그후 예금액의 Y%를 더 예금하고, 다시 전체 예금액의 Z%를 더 예금했다. 그러면 전체 예금액은?

(A) $X + \frac{(Y+Z)X}{100}$ (C) $X + X\left(\frac{Y}{100}\right) + \left[X + X\left(\frac{Y}{100}\right)\right]\frac{Z}{100}$

(B) $X+Y+Z$ (D) $X+XY+XYZ$

7. A B C D

7. 사다리에 N인치의 간격으로 계단이 있다. S피트에는 몇 개의 계단이 있겠는가?

(A) $\frac{12N}{S}$ (B) $\frac{12S}{N}$ (C) $\frac{S}{N}$ (D) $\frac{SN}{12}$

8. A B C D

8. 유모가 밤 12시까지는 시간당 X달러, 그 이후는 매시간당 Y달러를 받는다. 만일 그녀가 오후 9시에 도착하여 T시간(T>3) 동안 있는다면 얼마를 벌겠는가?
(A) $XT+Y$ (B) $3X+Y(T-3)$ (C) $T(X+Y)$ (D) $3X+TY$

9. A B C D

9. 의사들의 수술에 있어서 성공률은 X%라 한다. 실패하는 수술 중에서도 Y%는 생명을 구한다고 한다. Z명의 환자 중에서 수술을 실패하더라도 살아날 사람은 얼마이겠는가?

(A) $\frac{Z(X-Y)}{100}$ (B) $\frac{XYZ}{10,000}$ (C) $\frac{Y}{100}\left(Z+\frac{2X}{100}\right)$ (D) $\frac{YZ}{100}\left(1-\frac{X}{100}\right)$

10. A B C D

10. 자동차A는 1갈론으로 X마일을, 또 B는 Y(Y>X)마일을 갈 수 있다. Z갈론씩을 준비하고 두 자동차가 떠난다면 B는 A보다 얼마나 더 멀리 가겠는가?
(A) $Z(Y-X)$ (B) $\frac{-Z}{X-Y}$ (C) $\frac{Y-X}{Z}$ (D) $\frac{Y}{Z}-X$

수학 추리 테스트 3

1. 증권 시세가 시간당 X점씩 하락한다면 Y분에는 얼마나 떨어지겠는가?

    (A) $\dfrac{X-Y}{60}$점   (B) $\dfrac{Y}{X} \cdot 60$점   (C) $\dfrac{XY}{60}$점   (D) $\dfrac{60X}{Y}$점

    1.   A   B   C   D

2. 버스표가 Y마일에 X센트라면 2(4X-3)마일을 여행하려면 얼마가 들겠는가?

    (A) $\dfrac{8X-6}{Y}$ (B) $\dfrac{X}{Y}[2(4X-3)]$ (C) $\dfrac{XY}{8X-6}$ (D) $\dfrac{Y}{4X-3}$

    2.   A   B   C   D

3. X는 T보다 크고 Y는 2T보다 크다면 정답은?

    (A) $X>Y$ (B) $X+Y>2T$ (C) $X-T<2T-Y$ (D) $\dfrac{Y}{X}>Z$

    3.   A   B   C   D

4. 1시간에 X마일을 강 하류로 노를 젓고 Y마일을 거슬러 올라가면 강 물의 흐르는 속도는 얼마인가?

    (A) $\dfrac{X+Y}{2}$ (B) $\dfrac{X-Y}{2}$ (C) $\dfrac{Y-X}{2}$ (D) X와 Y에 따라 다르다.

    4.   A   B   C   D

5. 엘리베이터가 사람을 태우면 시간당 T번 오르내릴 수 있으나 화물은 그 1/3밖에 오르내릴 수 없다. 만일 사람과 화물을 같이 사용하도록 계 획한다면 한 시간에 몇 번 다닐 수 있는가?

    (A) $\dfrac{T}{6}$ (B) $\dfrac{T}{2}$ (C) $\dfrac{T}{3}$ (D) $\dfrac{T}{4}$

    5.   A   B   C   D

6. 시속 X마일로 친구집에 갔다가 시속 Y마일의 속도로 되돌아왔다. 왕 복 시간을 Z시간이라 하면 그 친구집은 얼마나 멀리 있는가?

    (A) $\left(\dfrac{X+Y}{2}\right)Z$ (B) $\dfrac{XYZ}{X+Y}$ (C) XYZ (D) $(X+Y)Z$

    6.   A   B   C   D

7. 아버지가 X시간 동안 깎을 수 있는 잔디를 아들은 그의 2배의 시간에 깎을 수 있다. 둘이 함께 잔디를 깎는다면 얼마가 걸리겠는가?

    (A) $\dfrac{2X}{3}$ (B) $\dfrac{3X}{4}$ (C) $\dfrac{X}{3}$ (D) $\dfrac{X}{2}$

    7.   A   B   C   D

8. 세 가지 수의 평균이 X이다. 그 중 하나가 X-4라면 나머지 두 수의 평균은?

    (A) $\dfrac{X+4}{2}$ (B) $2X+8$ (C) $X+2$ (D) $X+4$

    8.   A   B   C   D

9. 한 상인이 X달러로 자동차를 사서 R%의 이윤을 붙여 팔았다. 이것을 산 사람은 다시 산 값의 S달러 모자라는 값으로 팔려고 한다. 지금 이 자동차의 값은?

    (A) $X(R+S)$ (B) $\left(X+\dfrac{RX}{100}\right)-S$ (C) $X(R-S)$ (D) $\left(X+\dfrac{RX}{100}-\dfrac{SX}{100}\right)$

    9.   A   B   C   D

10. 존은 자동차로 집을 출발하여 시속 X마일로 어떤 길을 달리고 있다. 2시간 후 그의 형이 시속 X+Y마일의 속력으로 달려온다면 얼마후 에 존을 따라올 수 있을까?

    (A) $\dfrac{2X}{X+Y}$ (B) $\dfrac{X+Y}{X}$ (C) $\dfrac{X+Y}{2X}$ (D) $\dfrac{2X}{Y}$

    10.   A   B   C   D

수학 추리 테스트 4

1. A　B　C　D

1. 5개의 시험 과목은 평균이 X%이고 다음 세 과목은 Y%라면 그의 평균 성적은?

(A) $\dfrac{X+Y}{2}$　(B) $\dfrac{5X+3Y}{8}$　(C) $8\left(\dfrac{X}{5}+\dfrac{Y}{3}\right)$　(D) $\dfrac{X+Y}{8}$

2. A　B　C　D

2. X는 Y보다 크고 Y는 Z보다 크다면?

(A) $\dfrac{X+Z}{2}>Y$　(B) $Y+Z<2X$　(C) $3Z+Y<4X$　(D) $\dfrac{X}{Y}>\dfrac{Y}{Z}$

3. A　B　C　D

3. $a=X^2$, $b=X^3$ 이고 X는 0에서 1까지 증가한다고 할 때 단, 0과 1은 포함하지 않는다.

(A) a는 b보다 항상 크다.　　(C) a와 b는 항상 같다.
(B) b는 a보다 항상 크다.　　(D) a와 b는 교대로 크다.

4. A　B　C　D

4. 어느 수의 $\dfrac{1}{3}$을 Y수의 3배에 더한다면?

(A) $\dfrac{Y}{3}+3$　(B) $\dfrac{3}{10}Y$　(C) $\dfrac{Y}{9}$　(D) $\dfrac{1}{3}Y+3Y$

5. A　B　C　D

5. X가 0과 1사이의 값이라면 다음 중 가장 작은 것은? 단, X는 0이나 1과 같지 않다.

(A) $X+2$　(B) $2X$　(C) X^2　(D) $\dfrac{X}{2}+1$

6. A　B　C　D

6. 만일 $\dfrac{X}{Y}$가 Z보다 크다면?
(A) X는 Y+Z보다 크다.　　(C) X는 Y보다 크다.
(B) X+Z는 Y보다 크다.　　(D) X는 YZ보다 크다.

7. A　B　C　D

7. 1시간에 X사람의 머리를 깎을 수 있는 반면 면도는 Y사람을 할수 있다면 머리도 깎고 면도도 하려는 손님은 1시간에 몇 사람을 할 수 있겠는가?

(A) $\dfrac{2}{X+Y}$　(B) $\dfrac{XY}{X+Y}$　(C) $\dfrac{X+Y}{2}$　(D) $\dfrac{1}{X}+\dfrac{1}{Y}$

8. A　B　C　D

8. 두 기차가 반대 방향으로 달려 S마일 멀어졌다. 한 기차는 시속X마일 다른 하나는 Y마일이라면 몇 시간 후에 두 기차는 T마일 멀어지겠는가? 단, T는 S보다 작다.

(A) $\dfrac{S(X+Y)}{T}$　(B) $\dfrac{S-T}{X+Y}$　(C) $\dfrac{S+T}{X-Y}$　(D) $\dfrac{S}{T(X+Y)}$

9. A　B　C　D

9. 인부 X명이 $\dfrac{3Y}{2}+4$일만에 할 수 있는 일을 $\dfrac{X}{2}$명이 한다면 며칠이나 걸리겠는가?

(A) $3Y+8$일　(B) $\dfrac{3Y}{4}+2$일　(C) $\dfrac{3Y}{2}+8$일　(D) $\dfrac{3Y}{4}+8$일

10. A　B　C　D

10. 1년에 10번 발간되는 잡지가 있다. 한 권의 두께가 T인치이라면 넓이가 W인치인 선반에는 몇 년분의 잡지를 보관할 수 있는가?

(A) $\dfrac{T}{10W}$　(B) $\dfrac{W}{10T}$　(C) $\dfrac{TW}{10}$　(D) $\dfrac{10W}{T}$

수학 추리 테스트 5

1. 4각형의 넓이는 가로와 세로를 곱하면 된다. 세로가 X피트이고 넓이가 Y평방 인치인 4각형의 가로는 몇 인치인가?

   (A) $12XY$ (B) $\dfrac{Y}{12X}$ (C) $\dfrac{144Y}{X}$ (D) $\dfrac{12X}{Y}$

   1. A B C D

2. 한 지배인은 연봉이 X달러이다. 그것은 자기 비서의 연봉보다 Y달러 더 많은 금액이다. 비서의 월급은?

   (A) $X-12Y$ (B) $\dfrac{X}{12}-Y$ (C) $X-\dfrac{Y}{12}$ (D) $\dfrac{X-Y}{12}$

   2. A B C D

3. 세로가 X, 가로가 Y인 상자가 있다. 넓이는 변하지 않게 하고 세로가 2X+3이 되게 하면 가로는 얼마이어야 하는가?

   (A) $\dfrac{XY}{2X+3}$ (B) $\dfrac{X+Y}{2X+3}$ (C) $\dfrac{2X+3}{X}$ (D) $Y+\dfrac{2X+3}{X}$

   3. A B C D

4. 1페이지에 평균 X개의 절이 있고 한 절마다 Y개의 단어로 구성된 책이 있다면 Z페이지에는 대략 몇 개의 단어가 수록되어 있겠는가?

   (A) XYZ (B) $\dfrac{Z}{XY}$ (C) $\dfrac{XZ}{Y}$ (D) $\dfrac{XY}{Z}$

   4. A B C D

5. 수목원에는 26평방 피트마다 12그루씩 심는다. 묘판의 세로는 X피트이고 가로는 세로보다 5피트 작다면 몇 그루의 나무를 심을 수 있는가?

   (A) $\dfrac{25}{X(X-5)}$ (B) $\dfrac{2X}{25}$ (C) $\dfrac{X^2}{25}$ (D) $\dfrac{X(X-5)}{25}$

   5. A B C D

6. A quart들이의 그릇에 B quart(A>B)의 물이 들어 있다. 1분에 물이 X quart씩 들어가고 Y quart씩(X>Y) 나간다면 그릇이 가득차는 데는 몇 분이 걸리겠는가?

   (A) $\dfrac{A-B}{X-Y}$ (B) $\dfrac{A-B}{XY}$ (C) $\dfrac{X-Y}{A-B}$ (D) $\dfrac{B}{X-Y}$

   6. A B C D

7. 2π 라디안이 360°라면 45°는 몇 라디안인가? (1라디안=57.2928°)

   (A) $2\pi\times45$ (B) $\dfrac{360}{45}$ (C) $\dfrac{360}{45}\times2\pi$ (D) $\dfrac{45}{360}\times2\pi$

   7. A B C D

8. 한 소년이 T센트를 갖고 있다. 빵은 하나에 X센트이고 껌 한 통에는 Y센트라면 껌 Z통을 사고 나면 빵을 몇 개 살 수 있는가?

   (A) $\dfrac{T-X}{ZY}$ (B) $T-YZ$ (C) $\dfrac{T-XZ}{Y}$ (D) $\dfrac{T-YZ}{X}$

   8. A B C D

9. $\dfrac{X}{Y}$가 Z보다 크다면?

   (A) X는 Y+Z보다 크다.   (C) X는 Y보다 크다.
   (B) X+Z는 Y보다 크다.   (D) 맞는 답이 없다.

   9. A B C D

10. X마일 떨어진 곳에서 2대의 비행기가 하나는 시속 Y마일 속도로 남쪽으로 비행하고 또 하나는 Y+7마일의 속도로 북쪽으로 비행한다면 얼마만에 서로 만날 수 있는가?

    (A) $\dfrac{2Y}{X}+7$ (B) $\dfrac{X}{2Y+7}$ (C) $X(2Y+7)$ (D) $\dfrac{2Y+7}{X}$

    10. A B C D

수학 추리 테스트 6

1. A B C D

1. a버스는 1분에 X마일의 속도로 20분 동안,
b버스는 1시간에 20X속도로 60분 동안,
c버스는 1시간에 40X속도로 40분 동안,
d버스는 1분에 5X속도로 30분 동안 달렸다.
어느 버스가 가장 멀리 갔겠는가?
(A) a (B) b (C) c (D) d

2. A B C D

2. 한 주부는 X분이면 자기집 청소를 끝낼 수 있고, 하녀는 Y분 걸려서
청소를 한다. 둘이 함께 청소를 하면 얼마나 걸리겠는가?
(A) $\frac{X+Y}{2}$ 분 (C) X나 Y분보다 적게 걸린다.
(B) X분보다는 적게, Y분보다 (D) X분보다 오래. Y분보다 적게 걸
더 걸린다. 린다.

3. A B C D

3. 4각형의 걸넓이가 X피트이다. 세로가 가로보다 2피트 길면 가로는?
(A) $\frac{X}{4}$ (B) $\frac{X-4}{4}$ (C) $\frac{X}{2}+4$ (D) $\frac{X}{4X+2}$

4. A B C D

4. 뉴욕과 알바니는 150마일 떨어져 있다. 뉴욕을 떠나 시속 X마일로 알
바니로 가는 자동차와 알바니에서 뉴욕을 향해 시속 Y마일로 달리는 자
동차는 몇 시간 후에 만나게 되는가?
(A) $150(X+Y)$ (B) $\frac{X}{150}+\frac{Y}{150}$ (C) $\frac{X+Y}{150}$ (D) $\frac{150}{X+Y}$

5. A B C D

5. 달걀은 1다스에 X¢ 하고 베이콘은 1파운드에 Y¢ 한다. Z¢로 3다
스의 달걀을 샀다면 나머지로 베이콘은 몇 파운드 살 수 있는가?
(A) $\frac{Z}{Y}-3X$ (B) $Y(Z-3X)$ (C) $\frac{Z-3X}{Y}$ (D) $Z-\frac{3X}{Y}$

6. A B C D

6. 서고의 한 선반에 얇은 책 X권과 두꺼운 책 Y권을 얹을 수 있다. 그
선반에 A권의 얇은 책을 얹었다면 두꺼운 책 몇 권을 더 얹을 수 있
는가?
(A) $Y-(X-A)$ (B) $\frac{(X-A)Y}{X}$ (C) $Y-A$ (D) $\frac{Y}{X-A}$

7. A B C D

7. X, Y, Z 세 수의 평균이 A이다. Z=A+7이라면?
(A) $\frac{X+Y}{2}$는 A보다 크다 (C) $X+Y=2A-7$이다.
(B) X와 Y는 A보다 작다. (D) X와 Y는 Z보다 작다.

8. A B C D

8. X는 Y보다 크고 S는 T보다 크다면 다음 중 맞는 것은?
(A) X·Y는 S·T보다 크다. (C) $\frac{Y}{X}$는 $\frac{T}{S}$보다 작다.
(B) $\frac{X+S}{Y+T}$는 1보다 크다. (D) 정답 없음

9. A B C D

9. 학생수가 X명인 한 반에 남학생보다 여학생이 8명이 더 많다. 이 학급
의 남학생수는 얼마인가? (X는 짝수라 가정할 것)
(A) $\frac{X}{2}-8$ (B) $\frac{X}{2}-2$ (C) $\frac{X-8}{2}$ (D) $X-8$

10. A B C D

10. 가솔린 1갈론에 X센트이다. 내차는 1갈론으로 Y마일 달릴 수 있다
면 T센트로 얼마나 달릴 수 있을까?
(A) $\frac{XY}{T}$ (B) $\frac{TY}{X}$ (C) $\frac{T-X}{Y}$ (D) $\frac{X}{TY}$

정답 및 해설

수학 추리 테스트 1

1. (B) $1+\dfrac{Z-X}{Y}$
2. (D) $60 \cdot X \cdot 88$피트
3. (C) $X+.02\,Y$
4. (B) $\dfrac{ZX}{Y}$
5. (B) X보다 작다.
6. (A) $X+Y+Z$
7. (B) $XY+ST$
8. (C) 존은 팩 나이의 2배가 안 될 것이다.
9. (C) $\dfrac{2\,X}{3}$
10. (D) 위의 답은 모두 틀린다.

수학 추리 테스트 2

1. (B) $\dfrac{5}{9}(X-32)$
2. (B) 홀수가 된다.
3. (C) a가 음수이냐 양수이냐에 따라 다르다.
4. (B) $-2 \cdot X$
5. (C) 2
6. (C) $X+X\left(\dfrac{Y}{100}\right)+\left[X+X\left(\dfrac{Y}{100}\right)\right]\dfrac{Z}{100}$
7. (B) $\dfrac{12S}{N}$
8. (B) $3\,X+Y(T-3)$
9. (D) $\dfrac{YZ}{100}\left(1-\dfrac{X}{100}\right)$
10. (A) $Z(Y-X)$

수학 추리 테스트 3

1. (B) $\dfrac{XY}{60}$점
2. (B) $\dfrac{X}{Y}\left[2(4\,X-3)\right]$
3. (B) $X+Y>2\,T$
4. (B) $\dfrac{X-Y}{2}$
5. (B) $\dfrac{T}{2}$

6. (B) $\dfrac{XYZ}{X+Y}$
7. (A) $\dfrac{2\,X}{3}$
8. (C) $X+2$
9. (B) $\left(X+\dfrac{RX}{100}\right)-S$
10. (D) $\dfrac{2\,X}{Y}$

수학 추리 테스트 4

1. (B) $\dfrac{5\,X+3\,Y}{8}$
2. (B) $Y+Z<2\,X$
3. (A) a는 b보다 항상 크다.
4. (D) $\dfrac{1}{3}\,Y+3\,Y$
5. (C) X^2
6. (D) X는 YZ보다 크다.
7. (B) $\dfrac{XY}{X+Y}$
8. (B) $\dfrac{S-T}{X+Y}$
9. (A) $3\,Y+8$일
10. (B) $\dfrac{W}{10T}$

수학 추리 테스트 5

1. (B) $\dfrac{Y}{12X}$
2. (D) $\dfrac{X-Y}{12}$
3. (A) $\dfrac{XY}{2\,X+3}$
4. (A) XYZ
5. (D) $\dfrac{X(X-5)}{25}$
6. (A) $\dfrac{A-B}{X-Y}$

7. (D) $\dfrac{45}{360} \times 2\pi$

8. (D) $\dfrac{T-YZ}{X}$

9. (D) 정답 없음

10. (B) $\dfrac{X}{2Y+7}$

수학 추리 테스트 6

1. (D) d
2. (C) X나 Y분보다 적게 걸린다.
3. (B) $\dfrac{X-4}{4}$

4. (D) $\dfrac{150}{X+Y}$

5. (C) $\dfrac{Z-3X}{Y}$

6. (B) $\dfrac{(X-A)Y}{X}$

7. (C) $X+Y=2A-7$ 이다.

8. (D) 맞는 답이 없다.

9. (C) $\dfrac{X-8}{2}$

10. (B) $\dfrac{TY}{X}$

태백산

조성갑

발아래 하얀 눈, 머리 위엔
둥그레 떠있는 저 달 친구 삼아.
한 년 이어온 주목나무
사잇길로 뽀드득, 뽀다닥,
별 빛 안내 삼아.

한 걸음, 두 걸음,
일, 이, … 오, 육, 칠, 팔, … 십구, 이십 안심이구나.
해 온 지키려
발 동동, 손 동동, 입 동동
박자가 산골 바람에 부딪혀,
적막강산을 깨무는구나.

사나이로 태어나 할 일도 많다만
귓불은 얼어 이지려지고,
눈 못 뜨는 삭봉을 이겨내니
눈안개가 화평하니 천제단 앞에서
우리 仁川의 번영을 염원 했네
천 년을 이어온 주목, … 돌덩이, … 진달래
5천년 지켜준 장군봉 너를 기억하리라.
그리고 넌넌세에 아름다워라!

수리 능력 테스트

수리 능력 테스트에 관하여

수학 문제는 적성, 일반, 지능 검사 등 어디에나 줄재되고 있다. 이 문제는 계산 능력뿐만 아니라 문제 뜻의 파악과 빨리 생각할 수 있는 능력을 평가하도록 되어 있다. 어떤 문제는 처음 봐서는 쉬운것처럼 보이기도 한다. 하지만 쉽게 보이는 문제들이 실은 더 복잡성을 갖고 있다. 이 연습 문제에서는 일반 시험에 출제되는 모든 형의 문제들을 다루고 있다. 예를 들면 간단한 계산 문제, 수문제, 화폐, 운동, 이윤, 나이, 비율, 면적 문제 등이다. 각 문제마다 원칙을 이해할 수 있도록 정답에 대한 상세한 설명이 있고, 실제 출제되는 문제마다 많은 문제를 다루고 있다. 이 문제 들을 충분히 해결할 수 있다면 어느 시점에서나 이 부문에서는 좋은 결과를 얻을 것이다. 모든 문제를 풀어보고 자기의 부족된 면을 향상시키도록 노력하여야 한다.

모든 문제는 자신이 먼저 문제를 풀어본 뒤에 주어진 답 중에서 그 답을 찾는 것이 좋다. 스스로 해답을 풀어보지 않으면 주어진 답들은 자신을 혼란하게만 만들어 줄 것이다.

수리 능력 테스트에 대한 주의점

1. 매일마다 일정한 시간을 정해 두고 수리 능력 문제를 연습할 것. 일정한 공부 시간을 정해두면 수학적인 사고를 빨리 발달시키고 능력에 대한 자신을 갖게 한다.
2. 테스트의 끝에 있는 정답을 보기 전에 전체 문제를 풀어볼 것. 각 문제를 자신이 스스로 풀어 봄으로써 더 많은 것을 알게 될 것이다.
3. 각 문제의 정답란에 있는 풀이를 잘 공부할 것. 이 풀이는 단계적으로 문제를 풀 수 있게 하고 자신이 스스로 다시 복습할 수 있도록 짜여져 있다.
4. 풀지 못했거나 특별히 어렵다고 생각되는 문제를 가능한 한 자주 복습할 것. 수학에서 숙련도를 개선하는데 가장 필수적인 조건은 연습 문제를 많이 다루어 보는데 있는 것이다.
5. 이 테스트를 공부하는데 시간을 아끼지 말 것. 중요한 부분인 이 테스트를 공부하는데 하루 몇 시간은 할당할 것.
6. 추측으로 답을 얻지는 말 것. 답란에서 답을 선택하기 전에 스스로 답을 계산해 볼 것.
7. 자세하게 검토하는 것을 일지 말 것. 때로는 그 문제의 해결점이 되는 것이 간단하게 설명되기도 한다. 물음을 주의 깊게 읽고 각 부분이 제시된 이유를 알아낼 것.
8. 지시 사항을 그냥 넘기지 말 것. 각 테스트마다 지시 사항을 읽고 물음에 답할 때는 꼭 그

지시 사항에 따를 것.

9. 답할 수 없다고 걱정말 것. 어려우면 다음 문제를 풀고 시간이 남으면 다시 그 문제를 하도록 할 것.

수리 능력 테스트를 시작하기 전에 다음 예를 공부하라.

【 예 】

지시 사항 : 각 문제마다 5개의 답이 제시되어 있다.
정답을 찾아서 답란에 표시하라.

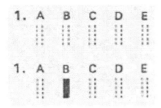

1. 1파운드에 0.75달러인 고기 4 파운드의 값은?
(A) 1.95   (B) 3.00   (C) 3.25   (D) 3.50   (E) 정답 없음
답 : (B) 3.00

풀이 :
$$\begin{array}{r} .75 \\ \times\ 4 \\ \hline 3.00 \end{array}$$

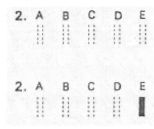

2. 존스 부인이 채소와 사과를 4.20달러치를 사고 5 달러 지폐를 냈다. 그녀는 거스름돈을 얼마나 받아야 하는가?
(A) .60   (B) .70   (C) .85   (D) .90   (E) 정답 없음
(E) 정답 없음

풀이 :
$$\begin{array}{r} 5.00 \\ -4.20 \\ \hline .80 \end{array}$$

수리 능력 테스트 1

1. 만일 원넓이가 X제곱 인치이고 원둘레가 X인치라면 그 원의 지름은 몇 인치인가?

    (A) 4인치   (B) 3인치   (C) 1인치   (D) 2인치   (E) 정답 없음

2. 20, 24, 32의 최소 공배수는?

    (A) 900   (B) 1,920   (C) 15,360   (D) 960   (E) 정답 없음

3. 20%의 알콜 용액 6quart와 60% 알콜 용액 4quart를 혼합하면 알콜 농도는 몇 %이겠는가?

    (A) 80%   (B) 50%   (C) 36%   (D) 40%   (E) 정답 없음

4. 원둘레가 60인치인 원의 반지름을 구하려면?

    (A) 60에 π를 곱한다.   (B) 30을 2π로 나눈다.

    (C) 60을 2π로 나눈다.   (D) 60π로 나눈 값의 평방근을 구한다.

    (E) 정답 없음

5. 1마이크로밀리미터는 백만분의 1밀리미터이다. 17마이크로밀리미터는 다음 중 어느 것인가?

    (A) .00017mm   (B) .000017mm   (C) .0000017mm   (D) .00000017mm

    (E) 정답 없음

6. $9X + 5 = 23$일 때 $18X + 5$의 값은?

    (A) 46   (B) 51   (C) 32   (D) 23+9X   (E) 정답 없음

7. $\dfrac{2}{3}$, $\dfrac{5}{7}$, $\dfrac{8}{11}$, $\dfrac{9}{13}$를 작은 수에서 큰 수로 나열하면?

    (A) $\dfrac{8}{11}$, $\dfrac{5}{7}$, $\dfrac{9}{13}$, $\dfrac{2}{3}$ (B) $\dfrac{2}{3}$, $\dfrac{8}{11}$, $\dfrac{5}{7}$, $\dfrac{9}{13}$ (C) $\dfrac{5}{7}$, $\dfrac{8}{11}$, $\dfrac{2}{3}$, $\dfrac{9}{13}$

    (D) $\dfrac{2}{3}$, $\dfrac{9}{13}$, $\dfrac{5}{7}$, $\dfrac{8}{11}$ (E) 정답 없음

8. 겉지름이 2.84인치이고 안쪽 지름이 1.94인치인 파이프의 무게는?

    (A) .45인치   (B) 1.94인치   (C) .90인치   (D) 2.39인치

    (E) 정답 없음

9. 어떤 경영주가 주급 45달러에 타이피스트 3명, 40달러에 서기 2명, 32달러에 급사 1명을 채용하였다. 일주일에 지출되는 전체 급료의 평균은 얼마인가?

    (A) 37.25달러   (B) 39.00달러   (C) 41.17달러   (D) 42.33달러

    (E) 정답 없음

10. 세로 4피트, 가로 3피트, 높이 2피트인 상자에 세로, 가로, 높이가 각각 8, 4, 2인치인 벽돌을 몇 개나 넣을 수 있는가?

    (A) 54   (B) 648   (C) 1,298   (D) 1,296   (E) 정답 없음

1. A B C D E
2. A B C D E
3. A B C D E
4. A B C D E
5. A B C D E
6. A B C D E
7. A B C D E
8. A B C D E
9. A B C D E
10. A B C D E

수리 능력 테스트 2

1. A B C D E   1. X는 10보다 작고 Y는 5보다 작다면?
   (A) X는 Y보다 크다.　(B) X－Y＝5　(C) X＝2 Y
   (D) X＋Y는 15보다 작다.　·(E) 정답 없음

2. A B C D E   2. 원가의 50% 손실을 보고 물건을 팔았다. 팔린 값에 대한 손실 비율은?
   (A) 25%　(B) 50%　(C) 100%　(D) 60%　(E) 정답 없음

3. A B C D E   3. 8명이 만나 한번씩 악수를 하게 된다면 악수를 한 전체 횟수는 얼마인가?
   (A) 49　(B) 56　(C) 64　(D) 32　(E) 정답 없음

4. A B C D E   4. 20km 자전거 경기의 세계 기록은 26분이다. 이 기록의 평균 속도는?
   (A) 시속 29마일　(B) 시속 32마일　(C) 시속 46마일
   (D) 시속 58마일　(E) 정답 없음

5. A B C D E   5. 1로부터 시작하여 21까지 연속되는 정수의 합을 구하는 식은
   $S=\dfrac{n(n+1)}{2}$이다. 100번 연속되는 정수의 합은?
   (A) 5,001　(B) 5,050　(C) 10,000　(D) 10,100　(E) 정답 없음

6. A B C D E   6. $\dfrac{\sqrt[3]{64.32}}{\sqrt[3]{.041}}$의 값에 가장 가까운 답은?
   (A) 400　(B) 200　(C) 20　(D) 16　(E) 8

7. A B C D E   7. 입방체의 각 모서리를 2인치씩 증가시키면
   (A) 부피는 8입방 인치 증가된다
   (B) 각 면의 넓이는 4평방 인치 증가된다.
   (C) 각 면 맞모금이 2인치 증가된다
   (D) 모서리 합이 24인치로 증가한다
   (E) 정답 없음

8. A B C D E   8. 어느 학교는 등록된 학생의 40%가 남학생이라 한다. 남학생의 80%가 출석한 날의 학생수가 1,152명이었다면 전체 학생수는 얼마인가?
   (A) 1,440명　(B) 2,880명　(C) 3,600명　(D) 4,200명　(E)정답 없음

9. A B C D E   9. 중개인이 팔린 집값의 d%의 수수료를 받았다. 수수료가 600 달러였다면 집값은 몇 달러이겠는가?
   (A) $\dfrac{60,000}{d}$　(B) $\dfrac{600}{d}$　(C) 6 d　(D) 600d　(E) 정답 없음

10. A B C D E   10. 남위 5°28′지점에서 북위 6°43′지점까지 항해하는 배가 있다. 위도 1′은 1해리에 해당한다면 이 배는 몇 해리 항해했겠는가?
   (A) 75해리　(B) 731해리　(C) 371해리　(D) 1,211해리
   (E) 정답 없음

수리 능력 테스트 3

1. 0.0200%의 세율로서 1,050달러의 세금이 나왔다면 그에 상당한 자산 가 치는 얼마이겠는가?

(A) 21,000달러　(B) 52,500달러　(C) 21달러　(D) 1,029달러

(E) 정답 없음

1. A　B　C　D　E

2. 판매원이 6%의 수수료를 뗀 나머지 2,491달러를 주인에게 주었다. 팔 린 금액은 얼마인가?

(A) 2,809달러　(B) 2,640달러　(C) 2,650달러　(D) 2,341.54달러

(E) 정답 없음

2. A　B　C　D　E

3. 0.0295를 백분율(%)로 나타내면?

(A) 2.95%　(B) 29.5%　(C) .295%　(D) 295%

(E) 정답 없음

3. A　B　C　D　E

4. $105°$각은?

(A) 평각　(B) 둔각　(C) 예각　(D) 반사각　(E) 정답 없음

4. A　B　C　D　E

5. 1 quart는 약 60입방 인치이고 1입방 피트의 물은 약 60파운드라면 1 quart의 물의 무게는 약( )이다.

(A) 2파운드　(B) 3파운드　(C) 4파운드　(D) 5파운드

(E) 정답 없음

5. A　B　C　D　E

6. 분모와 분자에 같은 수를 더하면?

(A) 그 분수의 값은 감소된다.

(B) 그 분수의 값은 증가된다.

(C) 그 분수의 값은 변하지 않는다

(D) 본래의 분수의 값에 따라 변한다.

(E) 정답 없음

6. A　B　C　D　E

7. 3, 8, 9, 12의 최소 공배수는?

(A) 36　(B) 72　(C) 108　(D) 144　(E) 정답 없음

7. A　B　C　D　E

8. 100달러 청구서에 대한 30%, 20%의 할인액과 40%, 10%의 할인액의 차이는?

(A) 없음　(B) 2달러　(C) 20달러　(D) 20%

(E) 정답 없음

8. A　B　C　D　E

9. 어느 수의 $\frac{1}{3}$%가 24이다. 그 수는?

(A) 8　(B) 72　(C) 800　(D) 720　(E) 정답 없음

9. A　B　C　D　E

10. 한 벌에 32달러하는 도자기 식기류를 5 다스를 수입했는데 40%의 관 세를 지불했다면 총액은?

(A) 224달러　(B) 2,688달러　(C) 768달러　(D) 1,344달러

(E) 정답 없음

10. A　B　C　D　E

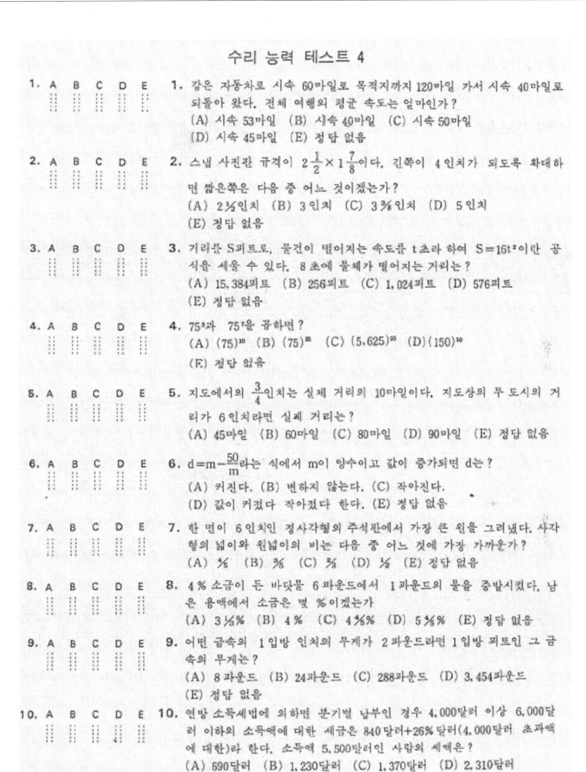

수리 능력 테스트 4

1. A B C D E
   1. 갑은 자동차로 시속 60마일로 목적지까지 120마일 가서 시속 40마일로 되돌아 왔다. 전체 여행의 평균 속도는 얼마인가?
      (A) 시속 53마일 (B) 시속 40마일 (C) 시속 50마일
      (D) 시속 45마일 (E) 정답 없음

2. A B C D E
   2. 스냅 사진판 규격이 $2\frac{1}{2} \times 1\frac{7}{8}$이다. 긴쪽이 4인치가 되도록 확대하면 짧은쪽은 다음 중 어느 것이겠는가?
      (A) 2½인치 (B) 3인치 (C) 3⅜인치 (D) 5인치
      (E) 정답 없음

3. A B C D E
   3. 거리를 S피트로, 물건이 떨어지는 속도를 t초라 하여 $S = 16t^2$이란 공식을 세울 수 있다. 8초에 물체가 떨어지는 거리는?
      (A) 15,384피트 (B) 256피트 (C) 1,024피트 (D) 576피트
      (E) 정답 없음

4. A B C D E
   4. 75^3과 75^7을 곱하면?
      (A) $(75)^{10}$ (B) $(75)^{21}$ (C) $(5,625)^{10}$ (D) $(150)^{10}$
      (E) 정답 없음

5. A B C D E
   5. 지도에서의 $\frac{3}{4}$인치는 실제 거리의 10마일이다. 지도상의 두 도시의 거리가 6인치라면 실제 거리는?
      (A) 45마일 (B) 60마일 (C) 80마일 (D) 90마일 (E) 정답 없음

6. A B C D E
   6. $d = m - \frac{50}{m}$라는 식에서 m이 양수이고 값이 증가되면 d는?
      (A) 커진다. (B) 변하지 않는다. (C) 작아진다.
      (D) 값이 커졌다 작아졌다 한다. (E) 정답 없음

7. A B C D E
   7. 한 면이 6인치인 정사각형의 주석판에서 가장 큰 원을 그려냈다. 사각형의 넓이와 원넓이의 비는 다음 중 어느 것에 가장 가까운가?
      (A) ⅓ (B) ⅗ (C) ⅔ (D) ½ (E) 정답 없음

8. A B C D E
   8. 4% 소금이 든 바닷물 6파운드에서 1파운드의 물을 증발시켰다. 남은 용액에서 소금은 몇 %이겠는가
      (A) 3⅕% (B) 4% (C) 4⅘% (D) 5⅗% (E) 정답 없음

9. A B C D E
   9. 어떤 금속의 1입방 인치의 무게가 2파운드라면 1입방 피트인 그 금속의 무게는?
      (A) 8파운드 (B) 24파운드 (C) 288파운드 (D) 3,454파운드
      (E) 정답 없음

10. A B C D E
    10. 연방 소득세법에 의하면 분기별 납부인 경우 4,000달러 이상 6,000달러 이하의 소득액에 대한 세금은 840달러+26% 달러(4,000달러 초과액에 대한)라 한다. 소득액 5,500달러인 사람의 세액은?
       (A) 690달러 (B) 1,230달러 (C) 1,370달러 (D) 2,310달러
       (E) 정답 없음

수리 능력 테스트 5

1. 한 상인이 어떤 상품을 36달러에 구입했다. 산값의 10%를 경상비로 추가하고 9달러의 순이익을 얻으려면 값을 얼마나 올려야 하는가?
(A) 25% (B) 35% (C) 37½% (D) 40% (E) 정답 없음

2. A상자는 B상자의 높이 2배, 세로 $\frac{1}{3}$, 가로 4배가 된다. A, B상자에 대한 부피의 비는?
(A) 16 : 3 (B) 3 : 1 (C) 8 : 3 (D) 3 : 8 (E) 정답 없음

3. 10센트 주화와 25센트 주화를 하나씩 가지고 있는 소년이 10센트 주화를 더 첨가시켜 3.10달러를 만들려고 한다면 10센트 주화 몇 개가 더 필요한가?
(A) 16 (B) 28 (C) 26 (D) 21 (E) 정답 없음

4. 십진수 82, 364, 371에서 왼쪽에서부터 읽어 처음 나타난 3이 나타내는 값은?
(A) 두번째의 3이 나타낸 값의 30배이다.
(B) 두번째의 3이 나타낸 값의 100배이다.
(C) 두번째의 3이 나타낸 값의 1,000배이다.
(D) 두번째의 3이 나타낸 값의 10,000배이다.
(E) 정답 없음

5. 자전거로 $\frac{1}{2}$마일을 가면 지름이 28인치인 바퀴는 대략 몇번 회전하는가?
(A) 720 (B) 180 (C) 345 (D) 120 (E) 정답 없음

6. 평행사변형의 특성은?
(A) 맞모금이 같다.   (B) 맞모금은 직각으로 만난다.
(C) 내각의 합이 180°이다. (D) 맞모금은 서로 2등분한다.
(E) 정답 없음

7. 옆의 계산 과정에 대한 설명 중 관계 없는 말이나 또는 가장 정확한 설명을 골라라.
(A) 64는 200×32를 나타낸다.
(B) 265는 585에서 320을 뺀 수이다.
(C) 9는 몫의 일부이다
(D) 256은 32를 8번 뗀다는 것을 의미한다.
(E) 6985는 피제수이다.

$$
\begin{array}{r}
218 \\
32\overline{)6985} \\
64 \\
\hline
58 \\
32 \\
\hline
265 \\
256 \\
\hline
9
\end{array}
$$

8. 지구 위에 사용되는 자오선과 위도선을 달표면에도 적용한다면 사람이 달에서 1° 움직인 거리는 지구에서 1° 움직인 거리에 비교해보면?
(A) 같다. (B) 작다. (C) 더 크다. (D) 작기도 하고 크기도 하다.
(E) 정답 없음

9. 1958을 로마 숫자로 표시하려면?
(A) MDCDLVIII (B) CMMLVIII (C) MCMLVIII
(D) MCMLIIX (E) 정답 없음

10. 분모와 분수에 같은 값의 양수를 더하여 생긴 분수의 값을 본래 분수의 값에 비교하면?
(A) 더 크다. (B) 더 작다. (C) 같다. (D) 더 작거나 크다.
(E) 정답 없음

1. A B C D E
2. A B C D E
3. A B C D E
4. A B C D E
5. A B C D E
6. A B C D E
7. A B C D E
8. A B C D E
9. A B C D E
10. A B C D E

수리 능력 테스트 6

1. A B C D E
1. 영숙이네 반에서는 화단을 가꾸기로 하고 가로 30피트, 세로 40피트인 땅을 마련했다. 그 반은 남학생이 18명, 여학생이 12명인데 학생 각자가 같은 양의 일을 하도록 결정했다. 남학생들이 맡아서 일할 땅은 몇 평방 피트인가?
   (A) 30평방 피트 (B) 40평방 피트 (C) 480평방 피트
   (D) 720평방 피트 (E) 정답 없음

2. A B C D E
2. 6파운드 12온스의 고기를 1파운드당 20분에 굽는다고 한다. 이 고기를 오후 4시 20분에 오븐에 넣었다면 몇 시에 꺼내야 하는가?
   (A) 오후 6시 (B) 오후 6시32분 (C) 오후 6시35분
   (D) 오후 7시 12분 (E) 정답 없음

3. A B C D E
3. 곱셈의 답을 검산하려면?
   (A) 결과를 승수로 나눈다.   (B) 피승수를 승수로 나눈다.
   (C) 승수를 결과로 나눈다.   (D) 승수를 피승수로 나눈다.
   (E) 정답 없음

4. A B C D E
4. 0.125×0.32를 푸는 방법 중에서 가장 효과적인 것은?
   (A) 0.125를 0.32 아래에 쓰고 곱하여 점을 찍는다.
   (B) 0.32를 0.125 아래에 쓰고 곱하여 점을 찍는다.
   (C) 125를 32로 곱하여 1000×100으로 나눈다.
   (D) 0.32를 8로 나눈다.
   (E) 정답 없음

5. A B C D E
5. 하루 세번씩 식사를 하는데 서울 시내의 식당 중 한번씩만 옮겨가면서 먹으려고 한다. 각 식당을 한번씩 가는데 19년 이상 걸린다면 서울 시내의 식당수는 얼마나 되겠는가?
   (A) 20,500이상 (B) 21,000이상 (C) 22,000보다는 21,000에 가깝다.
   (D) 21,500을 넘지 않는다. (E) 22,000에 가깝다.

6. A B C D E
6. 1kW당 1시간 전기 사용료가 75센트이다. 875W의 전기솥 하나, 1100W의 전기 다리미 하나, 75W전등 4개를 한 시간 사용한 전기료는 대략 얼마인가?
   (A) 15센트 (B) 17센트 (C) 1.54달러 (D) 1.71달러 (E)정답 없음

7. A B C D E
7. 다음 중 값이 서로 같지 않은 것으로 짝지어진 것은?
   (A) 0.021% 0.00021   (B) 1.5 % $\frac{3}{200}$ (C) $\frac{1}{4}$% 0.0025
   (D) 225% 0.225   (E) 475% 4.75

8. A B C D E
8. 연속된 수 3, 5, 11, 29가 있다면 그 다음에는 어느 수가 와야 하는가?
   (A) 41 (B) 47 (C) 65 (D) 57 (E) 정답 없음

9. A B C D E
9. 10인치×12인치인 그림에 틀을 끼운 총면적이 224평방 인치이다. 그러면 그림틀의 폭은 얼마이겠는가?
   (A) 2인치 (B) 2¾인치 (C) 3인치 (D) 4인치 (E) 정답 없음

10. A B C D E
10. 25달러의 상품을 20% 할인하고 다시 30% 할인한 다음에 샀다. 얼마나 싸게 샀는가?
   (A) 11달러 (B) 12.50달러 (C) 14.50달러 (D) 19달러
   (E) 정답 없음

수리 능력 테스트 7

1. 1 야드에 12센트인 리본 63인치의 값은?

  (A).20달러 (B).21달러 (C).22달러 (D).23달러 (E) 정답 없음

1. A B C D E

2. 오트밀 $1\frac{1}{2}$컵에 물 $4\frac{1}{4}$컵을 섞는다면 오트밀 $\frac{3}{4}$컵에 필요한 물의 양은?

  (A) 2 컵 (B) $2\frac{1}{8}$컵 (C) $1\frac{1}{4}$컵 (D) $2\frac{1}{2}$컵 (E) 정답 없음

2. A B C D E

3. 어떤 조건하에 음속은 1초에 약 1,100피트라 한다. 만일 1초당 88피트가 1시간당 60마일에 상당한다면 위의 조건하에서 음속은 어느 답에 가장 가깝겠는가?

  (A) 시간당 730마일 (B) 시간당 750마일 (C) 시간당 740마일
  (D) 시간당 760마일 (E) 정답 없음

3. A B C D E

4. 다음 중 가장 정확하게 맞는 쌍으로 되어 있는 것은?

  (A) 1 피트=30.48센티미터 (B) 1센티미터=2.54인치
  (C) 1 로드=3.28미터   (D) 1 미터=1.09피트
  (E) 정답 없음

4. A B C D E

5. 삼각형의 ∠A는 ∠B의 3배이고 ∠C는 ∠B보다 20° 더 크다면 ∠B는 몇 도인가?

  (A) 32° (B) 34° (C) 40° (D) 50° (E) 정답 없음

5. A B C D E

6. 설계상의 $\frac{1}{4}$인치는 실제 12인치라 가정하면 $3\frac{3}{8}$인치로 설계성에 나타낸 선반의 실제 길이는 얼마인가?

  (A) $3\frac{3}{8}$피트 (B) $6\frac{3}{4}$피트 (C) $12\frac{1}{2}$피트 (D) $13\frac{1}{2}$피트
  (E) 정답 없음

6. A B C D E

7. 산악 지대 표준시인 덴버시를 6월 1일 오후 1시에 떠나 동부 주간시인 뉴욕시에 오후 8시에 도착했다면 실제 비행 시간은 얼마인가? (산악 지대 표준시 0 =동부 주간시 3 이다)

  (A) 3시간 (B) 4시간 (C) 5시간 (D) 6시간 (E) 정답 없음

7. A B C D E

8. 다음 중 $\frac{42.10 \times 0.0003}{0.002}$ 의 값에 가장 가까운 값은?

  (A) 0.063 (B) 0.63 (C) 6.3 (D) 63 (E) 630

8. A B C D E

9. 존의 어머니는 데드론을 1야드당 1.16달러로 $3\frac{3}{4}$야드와 3.87 달러로 벨벳 $4\frac{2}{3}$야드를 사고 25달러를 주었다면 거스름돈으로 얼마를 받아야 하는가?

  (A) 2.12달러 (B) 2.28달러 (C) 1.59달러 (D) 2.63달러
  (E) 정답 없음

9. A B C D E

10. 75피트×42피트인 수영장에 4인치 더 높게 물을 넣으려면 몇 갈론의 물이 필요한가?(1입방 피트는 $7\frac{1}{2}$갈론)

  (A) 140갈론 (B) 7,875갈론 (C) 31,500갈론 (D) 94,500갈론
  (E) 정답 없음

10. A B C D E

수리 능력 테스트 8

1. A B C D E
1. 원 그래프에서 24°로 표시된 부분은?
(A) 6⅔% (B) 12% (C) 13⅓% (D) 24% (E) 정답 없음

2. A B C D E
2. 운임이 5온스에는 62센트이며 초과량의 1온스마다 8센트라고 한다. 1.66달러를 지불한 물건의 무게는?
(A) 13온스 (B) 1⅛파운드 (C) 1¾파운드 (D) 1½ 파운드
(E) 정답 없음

3. A B C D E
3. 15개의 통조림으로 7명이 2일간 먹을 수 있다면 4명이 7일간 먹는 데 필요한 양은?
(A) 15 (B) 20 (C) 25 (D) 30 (E) 정답 없음

4. A B C D E
4. 어느 파티에 사용하려고 1개에 13센트씩인 아이스크림 30개를 주문하여 1다스에 1.38달러로 값을 계산하였다면 얼마큼 할인했는가?
(A) 35센트 (B) 40센트 (C) 45센트 (D) 50센트 (E) 정답 없음

5. A B C D E
5. 사과 36개를 네 소년이 나누어 가질 수 있는 값을 얻으려면 다음 중 어느 것이 옳겠는가?
(A) $36 \div \frac{1}{4}$ (B) $36\overline{)4.0}$ (C) $\frac{1}{4} \times 36$ (D) $4\overline{)36}$ (E) 정답 없음

6. A B C D E
6. "X의 $\frac{1}{3}$=90의 $\frac{1}{2}$이다"에서 X는?
(A) 45 (B) 30 (C) 15 (D) 35 (E) 정답 없음

7. A B C D E
7. $\frac{4}{5}$에 가장 가까운 분수는?
(A) 2/3 (B) 7/9 (C) 8/11 (D) 5/8 (E) 3/4

8. A B C D E
8. 다음 중 $4 \times 22\frac{1}{2}$의 값을 구하는데 정확한 식은?
(A) $(4 \times 45) + (4 \times \frac{1}{2})$
(B) $(\frac{1}{2} \text{ of } 4) + (2 \times 4) + (2 \times 4)$
(C) $(4 \times \frac{1}{2}) + (4 \times 2) + (4 \times 2)$
(D) $(4 \times 20) + (4 \times 2) + (4 \times \frac{1}{2})$
(E) 정답 없음

9. A B C D E
9. $16\frac{1}{2} \div \frac{1}{4}$을 정확하게 표현한 것은?
(A) $(\frac{1}{4} \times 16) + (\frac{1}{4} \times \frac{1}{2})$ (B) $4\overline{)16.5}$ (C) $(4 \times 16) + (4 \times \frac{1}{2})$
(D) $\frac{1}{4} \times \frac{33}{2}$ (E) 정답 없음

10. A B C D E
10. 계산에서 $\frac{3}{4}$은 아래의 이유처럼 $\frac{6}{8}$으로 바꿀 수 있다. 다음 중 맞는 것은?
(A) $7(3+4) = 21 + 28$ (B) $0.2\overline{)3.4} = 2\overline{)34}$
(C) 3 APPLES + 5 APPLES = 8 (D) $3 + 4 = 4 + 3$
(E) 정답 없음

수리 능력 테스트 9

1. 다음 예 중에서 수학의 분배 법칙을 나타낸 것은?

(A) 15
  ×12
  150
   30
  180

(B) 15
  ×12
   30
  150
  180

(C) 15
  ×12
  180

(D) 15
  ×12
   30
   15
  180

(E) 정답 없음

2. 36과 25의 합산 수치 이내에서 아래 각 부분 합계 수치 중 틀린 것은?
(A) 11, 31, 61   (B) 11, 4, 6, 61   (C) 11, 41, 61
(D) 36, 56, 61   (E) 정답 없음

3. 다음 중에서 백만과 같은 것은?
(A) ten hundred thousand   (B) $10 \times 10 \times 10 \times 10 \times 10 \times 10 \times 10$
(C) $10'$ (D) 1 plus 6 zeros   (E) 정답 없음

4. 다음 그룹 중 4개의 용어가 단일 산법 처리에 관한 용어로만 이루어진 것은?
(A) 가수(加數), 상, 피제수, 제수 (B) 피제수, 상, 제수, 피감수
(C) 피제수, 상, 가수, 피감수   (D) 피승수, 결과, 피감수, 가수
(E) 정답없음

5. 어느 기계의 감가 상각은 지난해의 값에 20%로 책정한다고 한다. 그 기계를 600달러에 샀다면 2년후 그 기계의 정가에 가장 가까운 것은?
(A) 325달러 (B) 350달러 (C) 375달러 (D) 400달러 (E) 420달러

6. 모자를 1다스에 33달러씩에 사서 하나에 2.50달러로 팔았다면 산값에 대하여 몇 %의 손해를 봤겠는가?
(A) 3% (B) $3\frac{1}{3}$% (C) $9\frac{1}{11}$% (D) 10% (E) 정답 없음

7. 오전 10시56분에서 3시간58분 지난 시간은?
(A) 오후 4시54분 (B) 오후 2시54분 (C) 오후 4시15분
(D) 오후 2시15분 (E) 정답 없음

8. 브라운 씨는 세 아들과 함께 버스 여행을 할 때 20.00달러을 갖고 있었다. 버스표 4장을 7.33달러에 사고 15센트짜리 잡지와 11센트짜리 캔디와 5센트짜리 껌 한 통씩을 세 아들에게 사 주었다. 남은 돈은 얼마인가?
(A) 12.74달러 (B) 11.43달러 (C) 10.47달러 (D) 12.84달러
(E) 정답 없음

9. 5년만기 생명 보험 가입을 하였을 경우 보험 금액 1,000달러에 대하여 보험료는 30.19달러이다. 5년만기 생명 보험금 5,500달러에 가입했을 경우 최근사치의 보험료는?
(A) 17달러 (B) 151달러 (C) 166달러 (D) 1,660달러
(E) 정답 없음

10. 6온스의 우유가 드는 컵으로 $1\frac{1}{2}$갈론의 우유는 몇 컵이 되겠는가?
(A) 16 (B) 24 (C) 32 (D) 64 (E) 정답 없음

수리 능력 테스트 10

1. A B C D E

1. 한 도시의 인구가 약 785만이고 면적은 약 200평방 마일이라 한다. 인구 밀도를 천 단위로 나타내면?
(A) 3.925 (B) 39.25 (C) 392.5 (D) 39,250 (E) 정답 없음

2. A B C D E

2. 반지름이 9인치인 원둘레 위의 두 점을 직선으로 연결하여 생길 수 있는 가장 긴 선의 길이는?
(A) 9인치 (B) 18인치 (C) 282.753인치 (D) 4.5인치
(E) 정답 없음

3. A B C D E

3. 모든 짝수는 2개의 소수(素數)의 합과 같다고 한다. 합이 32인 소수는?
(A) 7.25 (B) 11.21 (C) 13.19 (D) 17.15 (E) 정답 없음

4. A B C D E

4. 3.000 으로 어느 수를 나누려면 소수점을
(A) 오른쪽으로 세자리 옮겨 3으로 나눈다.
(B) 왼쪽으로 세자리 옮겨 3으로 나눈다.
(C) 오른쪽으로 세자리 옮겨 3으로 곱한다.
(D) 왼쪽으로 세자리 옮겨 3으로 곱한다.
(E) 정답 없음

5. A B C D E

5. 6피트×4피트의 직사각형과 둘레가 같은 정사각형과의 넓이의 차이는 얼마이겠는가?
(A) 1평방 피트 (B) 2평방 피트 (C) 4평방 피트 (D) 6평방 피트
(E) 정답 없음

6. A B C D E

6. $\frac{1}{4}:\frac{3}{8}$의 비와 같은 것은?
(A) 1 : 3 (B) 1 : 4 (C) 3 : 2 (D) 3 : 4 (E) 정답 없음

7. A B C D E

7. $7\frac{1}{2}$이 $1\frac{1}{5}$로 나누어진다면 몫은?
(A) $6\frac{1}{4}$ (B) 9 (C) $7\frac{1}{10}$ (D) $6\frac{3}{5}$ (E) 정답 없음

8. A B C D E

8. 한 농부가 밭의 급수용으로 지름 10피트, 깊이 3피트인 원통형의 물 탱크를 준비하였다. 1입방 피트가 약 7.5갤론 들이라면 이 탱크에는 몇 갤론이 들어가겠는가?
(A) 12 (B) 225 (C) 4 (D) 1700 (E) 정답 없음

9. A B C D E

9. $\frac{1}{2},\frac{1}{10},\cdots,\frac{1}{250}$의 계열에 끼어야 할 분수는?
(A) $\frac{1}{20}$ (B) $\frac{1}{100}$ (C) $\frac{1}{10}$ (D) $\frac{1}{50}$ (E) 정답 없음

10. A B C D E

10. 연간 4% 이율로 반년마다 복리 계산하도록 한다면 원금 200달러에 대한 2년후의 총액은?
(A) 216.48달러 (B) 233.92달러 (C) 208달러 (D) 216달러
(E) 정답 없음

정답 및 해설

수리 능력 테스트 1

1. (A) 4인치
원의 넓이를 100평방 인치라 하고
원의 둘레를 100인치라 가정하면
$A = 1/2\,Cr$
$100 = 1/2 \times 100 \times r$
$50r = 100$
$r = 2$
$d = 4$인치

2. (E) 정답 없음
정답은 480이 된다.

$$2\;)\;\overline{20 - 24 - 32}$$
$$2\;)\;\overline{10 - 12 - 16}$$
$$2\;)\;\overline{5 - 6 - 8}$$
$$5 - 3 - 4$$

$2 \times 2 \times 2 \times 5 \times 3 \times 4 = 480$

3. (C) 36%
$6\,\text{quarts} \times 20\% = 120\%$
$\underline{4\,\text{quarts} \times 60\% = 240\%}$
$10\,\text{quarts} \qquad = 360\%$
$1\,\text{quart} \qquad = 36\%$

4. (C) 60을 2π로 나눈다.
$C - 2\pi r$
$2\pi r = 60$
$2r = \dfrac{60}{\pi}$

$r = \dfrac{60}{\pi} \times \dfrac{1}{2}$

$r = \dfrac{60}{2\pi}$

5. (B) .000017mm
1마이크로 밀리미터 = 0.000001 mm
17마이크로 밀리미터 = 0.000017 mm

6. (E) 정답 없음
정답은 41이 된다.
$9x + 5 = 23$
$9x = 23 - 5$ 또는 $9x = 18$
$x = 2$
$18x + 5 = 36 + 5$ 또는 41

7. (D) 2/3, 9/13, 5/7, 8/11
최소 공배수를 먼저 하면 3003이다.
3003

$\dfrac{2}{3} = \dfrac{2002}{3003}$ $\qquad$ $\dfrac{5}{7} = \dfrac{2145}{3003}$

$\dfrac{9}{13} = \dfrac{2079}{3003}$ $\qquad$ $\dfrac{8}{11} = \dfrac{2184}{3003}$

따라서 옳은 순서는 2/3, 9/13, 5/7, 8/11이다.

8. (A) .45인치
2.84 인치 = 겉지름
1.94 인치 = 안쪽지름
.90 인치 = 두께(양쪽)
.45 인치 = 두께(한쪽)

9. (C) 41.17달러
$3 \times 45 = 135$ 달러
$2 \times 40 = 80$
$\underline{1 \times 32 = 32}$
6 $\qquad$ 247

247달러 ÷ 6 = $41\dfrac{1}{6}$달러 또는 41.17달러

10. (B) 648
1입방 피트는 1728입방 인치($12 \times 12 \times 12$)이다.
$4 \times 3 \times 2 = 24$입방 피트 $\times 1728 = 41,472$입방 인치
41,472입방 인치 ÷ 64($8 \times 4 \times 2$) = 648

수리 능력 테스트 2

1. (D) X + Y는 15보다 작다.
X는 10보다 작고 Y는 5보다 작다고 했다.
따라서 작은 수의 합 X+Y를 한다면 15보다 작다. 다른 답은 불가능하다.

2. (C) 100%
팔린값에 근거를 둔다면 공식은
「원가 손실 - 손실 = 팔린값」
주 100% - 50% = 50%
손실 = 팔린값의 100% (손실 = 팔린값이므로)

3. (E) 정답 없음
정답은 28이다. A는 7번 악수하고 B는 6번 악수한다. (그는 A와는 악수했으므로)…

따라서 7, 6, 5, 4, 3, 2, 1 = 28

4. (A) 시속 29마일

$1 km = \frac{5}{8}$마일

$20 km = 20 \times \frac{5}{8} = 12\frac{1}{2}$마일

$12\frac{1}{2}$마일 : 26분 = X : 60분

$26X = 750$

$X = 28 \sim 29$마일/시간당

5. (B) 5,050

$S = \frac{n(n+1)}{2}$

$S = \frac{100(100+1)}{2}$

$S = \frac{10,100}{2}$　　　　$S = 5,050$

6. (C) 20

$\sqrt[3]{64.32} = 4.01$

$\sqrt[3]{.041} = .202$

$\frac{4}{.2} = 4 \times \frac{10}{2} = 20$

7. (D) 모서리의 합이 24인치로 증가한다.
6면체의 모서리가 12이므로 각 모서리를 2
인치씩 증가시키면 24인치가 된다.

8. (C) 3,600

$1152 \div \frac{8}{10} = 1440$(등록된 남학생수)

$(1152 \times \frac{10}{8})$

$1440 \div \frac{4}{10} = 1440 \times \frac{10}{4}$

　　　　$= 3,600$(전체 학생수)

9. (A) $\frac{60,000}{d}$

$600 \div d = 600 \times \frac{100}{d} = \frac{60,000}{d}$

10. (B) 731해리

$5°28'$　　　$1° = 60'$　　　$1' = 1$해리
$+ 6°43'$　　$11° = 660'$　　$731' = 731$해리
$\overline{11°71'}$　　　　$\frac{+71'}{731'}$

수리 능력 테스트 3

1. (B) 52,500달러
$.0200 x = 1,050$ 달러

$200x = 10,500,000$달러
$2x = 105,000$ 달러
$x = 52,500$달러(자산 가치)

2. (C) 2,650달러
2491달러$ + .06X = X$
$X = 2491 + .06X$
$1.00X - .06X = 2491$
$.94X = 2491$
$94X = 249,100$
$2,650$달러
$94\overline{)249,100}$

〈검산〉 2650달러　　　2491달러
　　　　$\times .06$　　　　$+ 159$
　　　$\overline{159.00달러}$　　$\overline{2650달러}$

3. (A) 2.95%
$.0295 = 2.95\%$

4. (B) 둔각
둔각은 90°보다 큰 각을 말한다.

5. (A) 2파운드
1 quart = 60 cu. in.
60 lbs. = 1 cu. ft. (or 1728 cu. in.)
　　　　　　($12 \times 12 \times 12$)
　　　　　　(척도의 단위를 같게 할 것)
60 lbs. = 1728 cu. in.
1 lb. = $\frac{1728}{60}$ = 약 29 cu. in.
만일 29입방 인치의 무게가 1파운드라면
60입방 인치는 약 2파운드가 된다. 그러므
로 1 quart는 2파운드이다.

6. (B) 그 분수의 값은 증가한다.
(1) 분수 $\frac{2}{3}$에서 시작
(2) $\frac{2}{3} + \frac{2}{2} = \frac{4}{5}$
(3) $\frac{2}{3} = \frac{10}{15}$　　　$\frac{4}{5} = \frac{12}{15}$

7. (B) 72
공배수 : 균등하게 모든 수를 나눌 수 있는 수
최소 공배수 : 나누어질 수 있는 가장 작은 수

8. (B) 2 달러
공식 : ① %를 소수로 나타낸다.
　　　 ② 1에서 할인액을 뺀다.
　　　 ③ 모든 결과를 곱한다.
　　　 ④ 1에서 결과를 뺀다.

①.3..2와 .4..1
②.7..8과 .6..9
③.7×.8=.56(할인된 후 값의 %를 말한다)
.6×.9=.54
④ $$1.00 \qquad 1.00$$
$$-.56 \qquad -.54$$
$$.44 \qquad .46$$
차이는 2%
따라서 100달러×.02=2 달러

9. (E) 정답 없음
정답은 7200
$\frac{1}{300} X=24$ $X=24×300$ $X=7,200$

10. (B) 2,688달러
32달러
×60
1920달러 : 관세 지불전의 값

1920
× .40
768.00달러 : 세금

1920달러
+ 768
2688달러 : 관세를 지불한 후의 값

수리 능력 테스트 4

1. (E) 정답 없음
정답은 48마일/시속
120마일=2 시간(60마일/시속)
120마일=3 시간(40마일/시속)
240마일=5 시간=평균 48마일/시속

2. (B) 3 인치
$2\frac{1}{2}$은 $\frac{20}{8}$ $1\frac{7}{8}$은 $\frac{15}{8}$

비는 20 : 15 또는 4 : 3 이다.
만일 긴쪽이 4인치이면 짧은쪽은 3인치이다.

3. (C) 1,024 피트
$S=16×8^2$ 또는 16×64 또는 1,024 피트

4. (A) $(75)^{10}$
75는 그대로 두고 지수만 더하면 되므로 즉
7+3

5. (C) 80마일
$6÷3/4=6×4/3=24/3$ 또는 8

8×10마일=80마일

6. (A) 커진다
m이 커지면 따라서 d도 커지는 것은 명백하다.

7. (A) $\frac{4}{5}$
사각형의 넓이=36평방 인치
원의 넓이=$\pi r^2=\pi 9(3×3)$
$$=3\frac{1}{7}×9=28\frac{2}{7}$$

$28\frac{2}{7}=\frac{198}{7}×\frac{1}{36}=\frac{198}{252}$
$$252\overline{)198.00}$$
$$\underline{1764}$$
$$2160$$
$$\underline{2016}$$
$$144$$
.78+=78+%

$\frac{4}{5}$(80%)가 78%에 제일 가깝다.

8. (C) $4\frac{4}{5}$%
소금물 6파운드에 있는 소금은 0.04×6=0.24 파운드이다. 1파운드의 물이 증발되어도 소금은 그대로 있다.
.24
$.5\overline{).24}$
$.04\frac{4}{5}=4\frac{4}{5}$%

9. (E) 정답 없음
정답은 3,456파운드
1728입방 인치=1 입방 피트
1 입방 인치=2 파운드
1728입방 인치=3,456파운드

10. (B) 1,230달러

수리 능력 테스트 5

1. (B) 35%
산값=36달러
경비=산값의 10% 또는 3.60달러
순이익=3.00달러 ∴가격=48.60 달러
(36+3.60+9)
오른값=12.60(팔값 48.60달러, 산값 36달러)
$\frac{12.60(오른값)}{36.60(산값)}=35\%$

2. (C) 8:3
상자A   상자 B
V=8   V=3

$$\frac{V1}{V2} = \frac{8}{3} \quad (\text{또는 } 8:3)$$

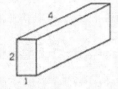

3. (C) 26

$26 \times 10 = 2.60 + .50 = 3.10$

4. (C) (약) 두번째의 3 이 나타낸 값의 1,000 배이다.

$300 \times 1,000 = 300,000$

5. (C) 정답 없음

정답은 360 $C = \pi D$ $C = \frac{22}{7} \times 28 = 88$인치

$\frac{1}{2} \times 5280 \times \frac{12}{1} = $인치로 나타낸 여행 거리

$6 \times 5280 = 31,680$인치

$$\begin{array}{r} 360\text{회전} \\ 88\overline{)31680} \\ \underline{264} \\ 528 \\ \underline{528} \\ 0 \end{array}$$

6. (D) 맞모금은 서로 이등분한다.

삼각형 $=18°$

평행사변형 $=36.0°$

7. (C) 9 는 몫의 일부이다.

나눗셈은 뺄셈의 반복이다.

다음은 나눗셈의 피라밋이다.

실제로 나눗셈이 어떻게 이루어지는가를 알 수 있다.

$$\begin{array}{r} 8 \\ 10 \\ 200 \\ 32\overline{)6985} \cdots\cdots \text{피제수} \\ \underline{6400} \\ 585 \cdots\cdots \text{피제수의 일부} \\ \underline{320} \\ 265 \cdots\cdots \text{피제수의 일부} \\ \underline{256} \\ 9 \cdots\cdots \text{피제수의 일부} \end{array}$$

$32 \times 100 = 3200$

$32 \times 200 = 6400$

$32 \times 10 = 320$

8. (B) 작다

달의 지름 $=2,000$마일

지구의 지름 $=8,000$마일

큰 원일수록 호가 크다.

$1°$의 호 $=$ 원둘레의 $\frac{1}{360}$

지구의 둘레 $=25,000$마일

달의 둘레 $=6,200$마일

(지구의 $\frac{1}{4}$)

$1° = (약)69$마일(지구)

$1° = (약)17$마일(달)

$$\begin{array}{r} 69+ \\ 360\overline{)25000} \\ \underline{2160} \\ 3400 \\ \underline{3240} \\ 160 \end{array}$$

9. (C) MCMLVIII

$$\begin{array}{r} M = 1000 \\ CM = 900 \\ L = 50 \\ VIII = 8 \\ \hline 1958 \end{array}$$

10. (A) 더 크다

$$\frac{2+2}{3+2} = \frac{4}{5} = \frac{12}{15}$$

$$\frac{2}{3} = \frac{10}{15}$$

수리 능력 테스트 6

1. (D) 720평방 피트

$$\begin{array}{r} 30\text{피트} \\ \times 40\text{피트} \\ \hline 1200\text{피트} \end{array}$$

$$40\text{평방 피트(한 사람당)}$$
$$30\overline{)1200}$$

소년18명 $\times 40 = 720$평방 피트

2. (C) 오후 6 시35분

1 파운드 굽는데 20분

$\therefore \frac{12온스}{16온스} = \frac{3}{4}$

$\frac{3}{4} \times 20 = 15$분

$20 \times 6 = 120$분

$$\begin{array}{r} 120 \\ + 15 \\ \hline 135\text{분} \\ -120\text{분} \\ \hline 15\text{분} \end{array}$$

$$\begin{array}{r} 4 : 20\text{오후} \\ + 2 : 15 \\ \hline 6 : 35\text{분(오후)} \end{array}$$

3. (A) 결과를 승수로 나눈다.

$$
\begin{array}{r}
12 \cdots\cdots \text{피승수} \\
\times 2 \cdots\cdots \text{승수} \\
\hline
24 \cdots\cdots \text{결과}
\end{array}
$$

4. (D) 0.32를 8로 나눈다.
가장 효과적인 방법은 0.32를 8로 나누는 것이다.

· $125 = .12\frac{1}{2} = 12\frac{1}{2}\% = \frac{1}{8}$

$\frac{1}{8} \times .32 = \frac{32}{8}$

$$
8 \overline{)\,.32\,}^{.04}
$$
$$
\underline{.32}
$$

5. (A) 20,500이상

$$
\begin{array}{r}
365(\text{1 년}) \\
\times 3(\text{하루 식사}) \\
\hline
1095(\text{1 년 먹는 식사}) \\
\times 19 \\
\hline
20,805(\text{19년 동안 먹는 식사수})
\end{array}
$$

6. (B) 17센트
875+1100+300=2275왓트
2275÷1000=211/40 킬로왓트/시간
211/40×7.5센트=.17달러(약)

7. (D) 225% 0.225
어느 한쪽만 대해서

(A) .021% = 0.00021

(B) $1.5\% = 0.015 + \frac{15}{1000} = \frac{3}{200}$

(C) $\frac{1}{4}\% = \frac{1}{400} = 0.0025$

(D) 225% = 2.25

8. (E) 정답 없음
정답은 83
계열 문제에 관한 암시
수와의 사이의 차이나 차이의 제곱근을 찾을 것
이번 문제에서는 차이에 3을 곱하여 뒤의 수에 더하면 다음 수가 된다.
3, 5 : 차이는 2이다. 2에 3을 곱하여 5에 더하면 다음에 올 수는 11이 된다.
5, 11 : 차이는 6이다. 6에 3을 곱하면 18이 되고 11을 더하면 다음에 올 수 있는 29가 된다.

11. 29 : 차이는 18이다. 18에 3을 곱하면 54가 된다. 여기에 29를 더하여 다음에 올 수 83을 구한다.

9. (A) 2인치
전체 넓이=224평방 인치
(16×14). 그림의 가로, 세로 각각 2인치씩 추가되면 세로는 14인치(10+4), 가로는 16인치(12+4)가 된다.
그러므로 14×16=224평방 인치이다.
또 그림틀의 폭은 2인치다.

10. (E) 정답 없음
정답은 14달러
연속된 할인율 20%, 30%
① 소수로 고치면 0.2, 0.3
② 1.0에서 빼면 0.8, 0.7
③ 0.8×0.7=0.56
④ 1.00−0.56=0.44

$$
\begin{array}{r}
25 \\
\times .44 \\
\hline
100 \\
100 \\
\hline
1100 \text{달러}
\end{array}
$$

25.00달러−11.00달러=14달러
또 다른 방법으로 풀면

$$
\begin{array}{r}
25 \text{달러} \\
\times .20 \\
\hline
5 \text{달러}
\end{array}
$$

25달러 − 5 달러 =20달러

$$
\begin{array}{r}
20 \text{달러} \\
\times .30 \\
\hline
6 \text{달러}
\end{array}
$$

20달러 − 6 달러 =14달러

수리 능력 테스트 7

1. (B) .21달러

$63 \text{인치} = \frac{63}{36} \text{야드}$

$\frac{\cancel{63}}{\cancel{36}} \times \cancel{12} = 21 \text{센트 또는 } .21 \text{달러}$

다른 방법으로 풀면
야드당 12센트
$\frac{12}{36} = \frac{1}{3} \text{센트/인치}$

$\frac{63}{1}$인치 $\times \frac{1}{3}$센트 $= \frac{63}{3} = 21$센트 또는 .21달러

2. (E) 정답 없음

정답은 $2\frac{1}{4}$컵

	(오토밀)	(물)
비율 첫번째 혼합	$1\frac{1}{2}$컵	$4\frac{1}{2}$컵
두번째 혼합	$\frac{3}{4}$컵	X 컵

$\frac{3}{4}$은 $1\frac{1}{2}$의 반이므로

$4\frac{1}{2}$의 반은 $2\frac{1}{4}$컵

다른 방법으로 풀면

주어진 조건에 의하면 다음과 같은 비가 성립된다.

$1\frac{1}{2} : 4\frac{1}{2} = \frac{3}{4} : X$

$\frac{3}{2} : \frac{9}{2} = \frac{3}{4} : X$

$\frac{3}{2}X = \frac{27}{4}$

$X = 2\frac{1}{4}$(컵)

3. (B) 시간당 750마일

음속 $=$ 1초에 1100 피트

1초당 88피트 $=$ 1시간에 60마일

$\frac{1100}{88} = 12\frac{1}{2}$

$\therefore 60 \times 12\frac{1}{2} = 750$(마일/시간)

4. (A) 1 피트 $= 30.48$센티미터

하나씩 변화시켜 보면

(A) 1 m $= 100$ cm

1 m $= 39$인치 $=$ 약 $3\frac{1}{4}$피트

$(\frac{39}{12} = 3\frac{1}{4}$피트$)$

$3\frac{1}{4}$피트 $= 1$ m $= 100$ cm

$\therefore 1$ 피트 $= \frac{100}{3\frac{1}{4}} = 30.48$

(B) 1 cm $= .39$인치

(C) 1 rod $= 5\frac{1}{2}$야드 $= 16\frac{1}{2}$피트

$\therefore 1$ rod $=$ (약) 5 m

(D) 1 m $= 39$인치 $= 3\frac{1}{4}$피트

5. (A) 32°

$X = \angle B$

$3X = \angle A$

$X + 20° = \angle C$

$\therefore 5X + 20° = 180°$

$X = 32°$

6. (D) $13\frac{1}{2}$피트

$\dfrac{\frac{1}{4}인치}{12} = \dfrac{3\frac{3}{8}인치}{X}$

$\frac{1}{4} : \frac{12}{1} = \frac{27}{8} : \frac{X}{1}$

$\frac{1}{4} \times \frac{1}{12} = \frac{27}{8} \times \frac{1}{X}$

$\frac{1}{48} = \frac{27}{8X}$

$8X = 48 \times 27 = 1296$

$X = 162$인치

$= 13\frac{1}{2}$피트

7. (B) 4 시간

동쪽으로 여행할 때는 그 지방 시간에 맞추어 앞당겨야 한다.

TIME ZONES	EASTERN	7 A.M E.S.T 8 A.M E.D.T
	CENTRAL	6 A.M
	MOUNTAIN	5 A.M
	PACIFIC	4 A.M

비행기가 1시에 따나 8 P.M(E.D.T)에 도착하면 M.S.T와 E.S.T 사이인 2시간을 빼야 한다. 거기에서 E.D.T는 또 1시간을 빼야 한다. 따라서 7 - 3 = 4시간(실제 비행 시간)

M. S. T = Mountain Standard Time

E. S. T = Eastern Standard Time

E. D.T =Eastern Daylight Time

8. (C) 6.3

42.10에서(근사값만 구하면 되므로) .10을 버리고 계산하면

$$\frac{42 \times .0003}{.002} = \frac{.0126}{.002} = \frac{12.6}{2} = 6.3$$

9. (E) 정답 없음
정답은 2.59달러

1.16달러	3.87달러
$\times 3\frac{1}{4}$	$\times 4\frac{2}{3}$
4.35달러	18.06달러

18.06	25.00
+ 4.35	−22.41
22.41달러	2.59달러

10. (B) 7.875갈론

$$42 \times 75 \times \frac{1}{3}\text{피트}(4\text{인치}) = 1050 \times 7\frac{1}{2}$$
$$= 7,875\text{갈론}$$

수리 능력 테스트 8

1. (A) $6\frac{2}{3}\%$

$$\frac{24}{360} = \frac{2}{30} = \frac{1}{15} = 0.06\frac{2}{3} = 6\frac{2}{3}\%$$

2. (B) $1\frac{1}{8}$파운드

전체 운임=1.66달러 ·· 1.66달러
처음 5온스의 운임 ·· −.62
           1.04(초과된 1온스당
           .08로 부과된 운임)

1.04÷.08온스=13온스

∴ 5온스+13온스=18온스(물건의 전체 무게)
또는 $\frac{18}{16} = 1\frac{1}{8}$파운드

3. (D) 30
7명이 2일간 먹는데 15개의 통조림이 필요하면 7명이 하루에 먹는 양은 $7\frac{1}{2}$이다.

$7\frac{1}{2} \div 7 = \frac{15}{14}$ 1명이 하루에 필요한 양

∴$4 \times 7 \times \frac{15}{14} = 4$명이 7일간 필요한 양

4. (C) 45센트.
0.13달러×30=3.90달러

$$30 = 2\frac{1}{2}\text{다스}$$

1.38달러 $\times 2\frac{1}{2} = 3.45$달러(할인액)

총할인액 = .45달러(3.90달러 − 3.45달러)

5. (C) $\frac{1}{4} \times 36$

$$\frac{36}{4} = 9$$

6. (E) 정답 없음
정답은 135

$$X \times \frac{1}{3} = 90 \times \frac{1}{2}$$

$$\frac{1}{3}X = 45$$
$$X = 3 \times 45$$
$$X = 135$$

7. (B) $\frac{7}{9}$

$\frac{4}{5} = .80$	$\frac{2}{3} = .66$
$\frac{9}{7} = .78$	$\frac{8}{11} = .73$
$\frac{5}{8} = .63$	$\frac{3}{4} = .75$

8. (D) $(4 \times 20) + (4 \times 2) + (4 \times \frac{1}{2})$

$(4 \times 20) + (4 \times 2) + (4 \times \frac{1}{2})$

$= 80 + 8 + 2 = 90$

이것은 분배 법칙의 예이다. 이 법칙은 곱셈이나 덧셈의 작용을 서로 연결한다.

9. (C) $(4 \times 16) + (4 \times \frac{1}{2})$

$$16\frac{1}{2} \div 4 = \frac{16\frac{1}{2}}{4}$$
$$= 16\frac{1}{2} \times \frac{4}{1}$$
$$= (4 \times 16) + (4 \times \frac{1}{2})$$

10. (B) $.2\overline{)3.4} = 2\overline{)34}$

$$\frac{3}{4} = \frac{6}{8} : \frac{3.4}{.2} = \frac{34}{2} = 17$$

수리 능력 테스트 9

1. (C)

$$\begin{array}{r} 15 \\ \times 12 \\ \hline 150 \\ 30 \\ \hline 180 \end{array}$$

(A) $10 \times 15 = 150$
$\quad\ 2 \times 15 = \underline{\ 30}$
$\qquad\qquad\quad 180$

(B) $2 \times 15 = 30$
$\quad 10 \times 15 = \underline{150}$
$\qquad\qquad\quad\ 180$

(D) $2 \times 15 = \ 30$
$\quad 10 \times 15 = \underline{\ 15}$
$\qquad\qquad\quad\ 180$

분배 법칙은 곱셈과 덧셈을 연결한다.

2. (B) 11, 4, 6, 61

$$\begin{array}{r} 36 \\ +25 \\ \hline 61 \end{array}$$

(A)
$$\begin{array}{r} 11 \\ +20 \\ \hline 31 \\ +30 \\ \hline 61 \end{array}$$

(C)
$$\begin{array}{r} 11 \\ +30 \\ \hline 41 \\ +20 \\ \hline 61 \end{array}$$

(D)
$$\begin{array}{r} 36 \\ +20 \\ \hline 56 \\ +\ 5 \\ \hline 61 \end{array}$$

3. (A) ten hundred thousand
$100,000 \times 10 = 1,000,000$

4. (B) 피제수, 상, 제수, 피감수
나눗셈은 뺄셈의 연속이다.

$$\begin{array}{r} 21 \cdots\cdots \text{상} \\ \text{제수}\cdots 12\overline{)256} \cdots\cdots \text{피제수} \\ \underline{24} \\ 16 \cdots\cdots \text{피감수(피제수의 일부)} \\ \underline{12} \\ 4 \cdots\cdots \text{피제수의 일부} \end{array}$$

$$\begin{array}{r} 5 \ \text{가수} \\ +\ 6 \ \text{가수} \\ \hline 11 \ \text{합계} \end{array}$$

$$\begin{array}{r} 36 \cdots\cdots \text{피승수} \\ \times 45 \cdots\cdots \text{승수} \\ \hline 180 \cdots\cdots \text{결과의 일부} \\ 144 \cdots\cdots \text{결과의 일부} \\ \hline 1620 \cdots\cdots \text{결과} \end{array}$$

$$\begin{array}{r} 7,485 \cdots \text{피감수} \\ -2,648 \cdots \text{감수} \\ \hline 4,837 \cdots \text{나머지(차이)} \end{array}$$

5. (C) 375 달러

$$\begin{array}{r} 600\text{달러} \\ \times .20 \\ \hline 120.00\text{달러} \end{array} \qquad \begin{array}{r} 480\text{달러} \\ \times .20 \\ \hline 96.00\text{달러} \end{array}$$

$$\begin{array}{r} 600\text{달러} \\ -120\text{달러} \\ \hline 480\text{달러} \end{array} \qquad \begin{array}{r} 480\text{달러} \\ -96 \\ \hline 384\text{달러(약)} \end{array}$$

6. (C) $9\frac{1}{11}\%$

1 다스의 산 값 : 33.00달러
1 다스의 판매값 : -30.00
$\qquad\qquad\qquad\quad 3.00$달러 $\cdots$ 손실

$$\begin{array}{r} 2.50\text{달러} \\ \times 12 \\ \hline 30.00 \cdots\cdots \text{팔린값} \end{array}$$

$$\frac{\text{손실}}{\text{산값}} = \frac{3 \text{달러}}{33 \text{달러}} = \frac{1}{11} = 9\frac{1}{11}\%$$

7. (B) 오후 2시 45분
오전 10시 56분에 4분을 더하여 오전 11시로
하면 가장 쉽다.
3시간을 더하면=오후 2시
54분을 더하면(58분이나 4분을 오전 10시 56
분에 더했으므로) 오후 2시 54분이 된다.

8. (E) 정답 없음
정답은 11.74달러

$$\begin{array}{r} .15 \\ .11 \\ .05 \\ .31\text{달러} \end{array} \quad \begin{array}{r} .31 \\ \times\ 3 \\ \hline .93\text{달러} \end{array} \quad \begin{array}{r} 7.33 \\ +.93 \\ \hline 8.26\text{달러} \end{array} \quad \begin{array}{r} 20.00 \\ -8.26 \\ \hline 11.74\text{달러} \end{array}$$

9. (C) 166
30.19달러 $\times 5 = 150.95$달러 (5년만기 5,000
달러 보험금에 대한 보험료)
150.95달러 $\div 10 = 15.10$달러(약) (5년만기
500달러 보험금에 대한 보험료)
$\therefore 150.95 + 15.10$달러 $= 166$달러(약)

10. (C) 32
1 컵은 8 온스이고 1 갈론은 128온스
$\therefore \frac{1}{2}$갈론=64온스
그리고
$1\frac{1}{2}$갈론=192온스(128+6)
$\qquad\qquad 192 \div 6 = 32$

수리 능력 테스트 10

1. (B) 39.25

$$200 \overline{\smash{)}\,8,000,000}\cdots\cdots\text{대략 인구}$$
$$40,000\cdots\cdots\text{평방 마일마다}$$

답은 39.25 또는 1평방 마일당 4만명이다.

2. (B) 18인치

9인치 + 9인치 = 18인치

3. (C) 13, 19

「소수」란 자기 외의 수로

는 나누어질 수 없는 정수를 말한다.

정수 : 분수, 소수가 아닌 수

4. (B) 왼쪽으로 세자리 옮겨 3으로 나눈다.

$$3 \overline{\smash{)}\,6,\underline{000}.}$$
$$2$$

5. (A) 1평방 피트

P=20 피트   P=20 피트

A=24평방 피트   A=25평방 피트

$$\begin{array}{r} 25 \\ -24 \\ \hline 1\text{평방 피트} \end{array}$$

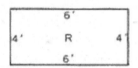

6. (E) 정답 없음

정답은 2 : 3 이다.

$$\frac{\frac{1}{4}}{\frac{8}{3}}=\frac{1}{4}\div\frac{3}{8}=\frac{1}{4}\times\frac{8}{3}=\frac{2}{3}$$

7. (A) $6\frac{1}{4}$

$$\frac{7\frac{1}{2}}{1\frac{1}{5}}=\frac{15}{2}\div\frac{6}{5}=\frac{15}{2}\times\frac{5}{6}=\frac{25}{4}=6\frac{1}{4}$$

8. (D) 1700

$A=\pi r^2 = 3(5)^2 = 75$ 평방 피트

$\pi=\frac{22}{7}=3$

탱크의 부피 = 75 × 3 = 225 입방 피트

$$\begin{array}{r} 220 \\ \times 7.5 \\ \hline 112.5 \\ 1575 \\ \hline 1687.5 \text{갈론} \end{array}\quad \text{약 1700갈론}$$

9. (D) $\frac{1}{50}$

기하 급수 : 각 수에 같은 수를 더하여 다음

수를 만든다.

$\frac{1}{5}$을 각 수에 곱한다. $\frac{1}{2},\ \frac{1}{10},\ \frac{1}{50},\ \frac{1}{250}$

빠진 수는 $\frac{1}{50}$이다.

10. (A) 216.48달러

복리 4%의 연리를 두번씩 계산하면 반년

에는 2%이다.

$$\begin{array}{r} 200 \text{ 달러} \\ \times .02 \\ \hline 4.00 \text{ 달러} \end{array}\cdots\cdots 1\text{년차 전반기 이자}$$

$$\begin{array}{r} 200 \text{ 달러} \\ +\ 4 \\ \hline 204 \text{ 달러} \end{array}\cdots\cdots 1\text{년차 전반기 원리금}$$

$$\begin{array}{r} 204 \text{ 달러} \\ \times .02 \\ \hline 4.08 \text{ 달러} \end{array}\cdots\cdots 1\text{년차 후반기 이자}$$

$$\begin{array}{r} 204.00 \\ +\ 4.08 \\ \hline 208.08 \text{ 달러} \end{array}\cdots\cdots 2\text{년차 전반기 원리금}$$

$$\begin{array}{r} 208.08 \\ \times\ .02 \\ \hline 4.1616 \text{ 달러} \end{array}\cdots\cdots 2\text{년차 전반기 이자}$$

$$\begin{array}{r} 208.08 \\ +\ 4.16 \\ \hline 212.24 \text{ 달러} \end{array}\cdots\cdots 2\text{년차 후반기 원리금}$$

$$\begin{array}{r} 212.24 \\ \times\ .02 \\ \hline 4.2448 \text{ 달러} \end{array}\cdots\cdots 2\text{년차 후반기 이자}$$

$$\begin{array}{r} 212.24 \\ +\ 4.24 \\ \hline 216.48 \text{ 달러} \end{array}\cdots\cdots 2\text{년차 후반기 만료시}$$
$$\text{원리금}$$

For not regretting on the past,
we should do
Plan, Scenario, Back-up, Confirm and
Evaluation based on
cycling logic process

지난 일에 후회하지 않기 위해서는

계획, 시나리오, 대안, 확인

그리고 평가를 이행해야한다.

플로우차트 테스트

플로우차트 테스트에 관하여

여기서는 프로그램의 작성 능력을 평가하기 위해 플로우차트의 형태를 사용하고 있다. 먼저 START 에서부터 END까지의 사이에 몇 개의 ㅇ가 그려져 있으며, ㅇ 안에는 일련 번호가 기재되어 처리 순서를 나타내고 ㅇ 옆에는 그 부분에서 처리될 내용이 설명되어 있으므로 그 내용을 숙지하여 논리적인 처리 방법에 따라 문제를 풀어나가도록 한다.

플로우차트 테스트에 대한 주의점

1. 이 테스트 중의 문제는 플로우차트 형식으로 되어 있다. 플로우차트는 테스트의 순번을나타내고 있으므로 모두 플로우차트의 지령에 따라야 한다.

2. 플로우차트의 순서는 위로부터 밑으로, 왼쪽부터 오른쪽이 원칙이다. 단, 화살표나 특별한 지시가 있을 때는 그렇지 않다.

3. 플로우차트에 분기점이 있을 때는 지령에 의하여 어느 쪽을 택할 것인가를 생각한다.

4. BOX 중에 숫자를 넣으면 전에 들어 있었던 숫자는 지워진다.

5. 문제지 자체에 풀이를 써도 무방하다.

6. ㅇ 표든 instruction(명령)의 위치를 표시하며, ㅇ 안에 표시된 숫자는 위에서부터 처리되는 일련의 순서를 나타낸다.

7. instruction의 설명 중 "(BOX7 의 숫자)"는 BOX 7에 기억(저장)되어 있는 수치를 나타내며, 괄호 없이 "BOX 7의 BOX NO"는 BOX NO 자체인 "7"을 표시한다.

지시 사항 : 다음에 플로우차트에 관한 예제와 설명이 제시되어 있다.
나타난 결과를 답란에 표시하라.

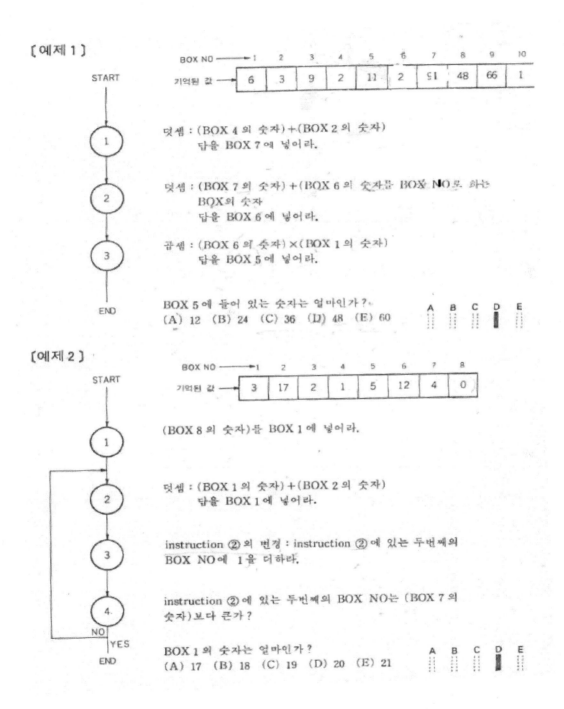

【예제 1】

START

① 덧셈 : (BOX 4 의 숫자) + (BOX 2 의 숫자)
답을 BOX 7 에 넣어라.

② 덧셈 : (BOX 7 의 숫자) + (BOX 6 의 숫자를 BOX NO로 하는
BOX의 숫자)
답을 BOX 6 에 넣어라.

③ 곱셈 : (BOX 6 의 숫자) × (BOX 1 의 숫자)
답을 BOX 5 에 넣어라.

END

BOX 5 에 들어 있는 숫자는 얼마인가?
(A) 12 (B) 24 (C) 36 (D) 48 (E) 60

BOX NO	1	2	3	4	5	6	7	8	9	10
기억된 값	6	3	9	2	11	2	15	48	66	1

【예제 2】

START

① (BOX 8 의 숫자)를 BOX 1 에 넣어라.

② 덧셈 : (BOX 1 의 숫자) + (BOX 2 의 숫자)
답을 BOX 1 에 넣어라.

③ instruction ② 의 변경 : instruction ② 에 있는 두번째의
BOX NO에 1을 더하라.

④ instruction ② 에 있는 두번째의 BOX NO는 (BOX 7 의
숫자)보다 큰가?

NO   YES

END

BOX 1 의 숫자는 얼마인가?
(A) 17 (B) 18 (C) 19 (D) 20 (E) 21

BOX NO	1	2	3	4	5	6	7	8
기억된 값	3	17	2	1	5	12	4	0

문제 1

BOX NO → 1	2	3	4	5	6	7	8	9	10	11	12
2	1	1	4	6	5	2	12	5	19	1	0

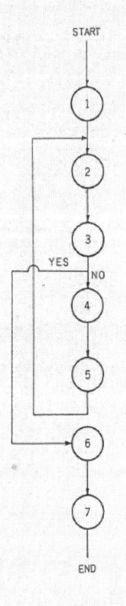

START

①　덧셈 : (BOX 3 의 숫자) + (BOX 8 의 숫자를 BOX NO로 하는 BOX의 숫자) 답을 BOX 4 에 넣어라.

②　곱셈 : (BOX 7 의 숫자) × (BOX 7 의 숫자) 답을 BOX 7 에 넣어라.

③　(BOX 4 의 숫자)는 (BOX 9 의 숫자)와 같은가?

YES　NO

④　덧셈 : (BOX 4 의 숫자) + (BOX 1 의 숫자) 답을 BOX 4 에 넣어라.

⑤　뺄셈 : (BOX 7 의 숫자) - (BOX 2 의 숫자) 답을 BOX 7 에 넣어라. ②로 올라가라.

⑥　덧셈 : (BOX 3 의 숫자) + (BOX 9 의 숫자) 답을 BOX 10에 넣어라.

⑦　뺄셈 : (BOX 7 의 숫자) - (BOX 10의 숫자) 답을 BOX 11에 넣어라.

END

BOX 11의 숫자는 얼마인가?

문제 2

BOX NO →	1	2	3	4	5	6	7	8	9	10	11	12	13
	9	8	5	2	11	3	5	12	5	-2	4	6	6

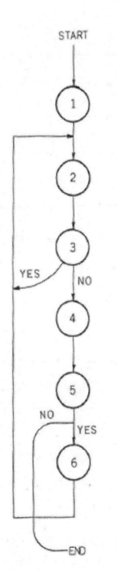

① 뺄셈 : (BOX 7의 숫자) - (BOX 6의 숫자를 BOX NO로 하는 BOX의 숫자)
답을 BOX 12에 넣어라.

② 덧셈 : (BOX 12의 숫자) + (BOX 13의 숫자)
답을 BOX 12에 넣어라.

③ (BOX 12의 숫자)는 반드시 5로 나누어 떨어지는가?

④ instruction ②의 변경 : instruction②에 있는 두번째의 BOX NO로부터 (BOX 11의 숫자를 BOX NO로 하는 BOX의 숫자)를 빼라.

⑤ (BOX 2의 숫자)는 instruction ②에 있는 두번째의 BOX NO보다 작은가?

⑥ 뺄셈 : (BOX 9의 숫자) - 1
답을 BOX 9에 넣어라. ②로 올라가라.

BOX 12의 숫자는 얼마인가?

문제 3

BOX NO ⟶ 1	2	3	4	5	6	7	8	9	10	11	12
2	11	-9	2	-2	12	6	9	6	3	1	4

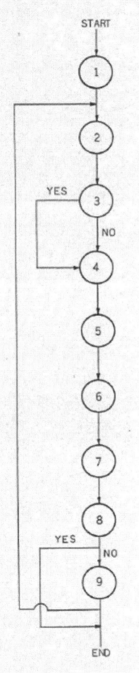

START

① 뺄셈 : (BOX 10의 숫자) — 1
답을 BOX 10에 넣어라.

② (BOX 9의 숫자)를 BOX 1에 넣어라.

③ instruction ②에 있는 최초의 BOX NO는 짝수인가?

④ BOX 8의 숫자를 BOX NO로 하는 BOX의 숫자를 instruc-
tion NO로 하는 instruction으로 가라.

⑤ instruction ②의 변경 : instruction ②에 있는 최초의 BOX
NO로부터 1을 빼라.

⑥ 덧셈 : (BOX 10의 숫자) + (BOX 4의 숫자)
답을 BOX 10에 넣어라.

⑦ instruction ②의 변경 : (BOX 11의 숫자)를 instruction ②
에 있는 처음의 BOX NO로부터 빼고, 두번째의 BOX NO에
더하라.

⑧ instruction ②에 있는 최후의 BOX NO는 (BOX 12의 숫
자)와 같은가?

⑨ instruction ③의 앞의 instruction으로 가라.

다음 BOX의 숫자는 얼마인가?
BOX 3 ————
BOX 10 ————

END

문제 4

아래 플로우차트의 목적은 BOX 2, 3, 4에 있는 숫자를 0으로 하는 것이다. 그 이상의 것은 필요 없다. 이 목적을 위해서는 BOX 11의 숫자는 얼마이면 되는가?

BOX NO → 1	2	3	4	5	6	7	8	9	10	11	12
7	9	2	2	8	4	1	-9	-3	6	?	4

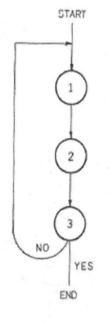

뺄셈 : (BOX 1의 숫자) - (BOX 1의 숫자)
답을 BOX 2에 넣어라.

instruction ①의 변경 : instruction ①에 있는 최후의 BOX NO에 1을 더하라.

instruction ①에 있는 최후의 BOX NO는 (BOX 11의 숫자와) 같은가?

BOX 11의 숫자가(는) 얼마이어야 되는가?

91

테스트 4의 방법

이 검사는 어떤 한 무리의 좌우 한 쌍인 도형들이 서로 같은가, 다른가를 비교 판별하는 문제이다.

예제 (A), (B)는 각기 좌우 모두 사각 또는 사각 밑변이 없는 도형이 방향을 바꾸어 상하 5개씩 늘어서 있다. 이들 도형의 무리들의 좌측 내용과 우측 내용을 비교하였을 때 반드시 한 군데가 다른 도형이 1개씩 있다. 그것을 우측 도형의 무리에서 골라내어 ○으로 둘렀다.

〈예〉

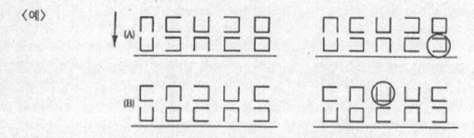

그러면 예에 따라 [연습 4]를 처리하라. 만일 잘못 표시하였을 때에는 사선(/)으로 지우고 새로 고른 자리에 ○표를 하라. 또 번호순으로 위에서 아래로 처리하라.

연 습 4

다음 페이지에는 이와 같은 문제가 2페이지에 걸쳐 있으므로 책을 덮을 필요가 없다. 그러면 정확하게 될 수 있으면 빨리 처리하라.

지시가 있을 때까지 넘기지 말 것

문제 6

아래 플로우차트의 목적은 BOX 15, 12, 9, 6의 숫자를 2배로 하는 것이다.
이를 위해서(그 이상도 그 이하도 아님)는 BOX 14에 필요한 최소의 숫자는 얼마
인가?

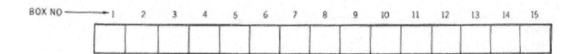

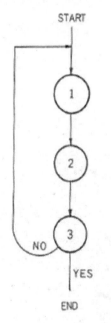

덧셈 : (BOX 15의 숫자)+(BOX 15의 숫자)
답을 BOX 15에 넣어라.

instruction ①의 변경 : instruction ①에 있는 BOX NO
모두에서 3을 빼라.

(BOX 14의 숫자)는 ①에 있는 두번째의 BOX NO 보다
큰가?

BOX 14에 있어야 될 최소의 숫자는 얼마인가?

문제 7

아래 플로우차트의 목적은 BOX 1, 2, 3, 4, 9, 10, 11의 숫자를 더하여 그 합계를 BOX 7에 넣는 것이다.

이를 위해서(그 이상도 그 이하도 아님)는 BOX 6에 얼마의 숫자가 들어 있어야 되는가?

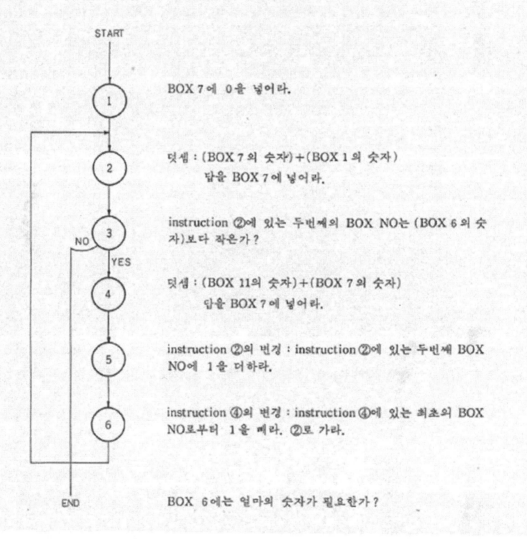

BOX 7에 0을 넣어라.

덧셈 : (BOX 7의 숫자)+(BOX 1의 숫자)
답을 BOX 7에 넣어라.

instruction ②에 있는 두번째의 BOX NO는 (BOX 6의 숫자)보다 작은가?

덧셈 : (BOX 11의 숫자)+(BOX 7의 숫자)
답을 BOX 7에 넣어라.

instruction ②의 변경 : instruction ②에 있는 두번째 BOX NO에 1을 더하라.

instruction ④의 변경 : instruction ④에 있는 최초의 BOX NO로부터 1을 빼라. ②로 가라.

BOX 6에는 얼마의 숫자가 필요한가?

문제 8

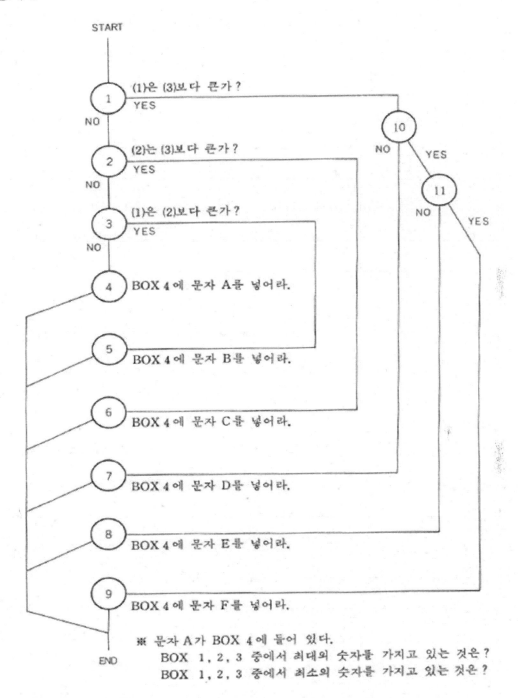

START

① (1)은 (3)보다 큰가 ? YES
NO

② (2)는 (3)보다 큰가 ? YES
NO

③ (1)은 (2)보다 큰가 ? YES
NO

④ BOX 4에 문자 A를 넣어라.

⑤ BOX 4에 문자 B를 넣어라.

⑥ BOX 4에 문자 C를 넣어라.

⑦ BOX 4에 문자 D를 넣어라.

⑧ BOX 4에 문자 E를 넣어라.

⑨ BOX 4에 문자 F를 넣어라.

END

⑩ NO / YES
⑪ NO / YES

※ 문자 A가 BOX 4에 들어 있다.
　BOX 1, 2, 3 중에서 최대의 숫자를 가지고 있는 것은 ?
　BOX 1, 2, 3 중에서 최소의 숫자를 가지고 있는 것은 ?

문제 9

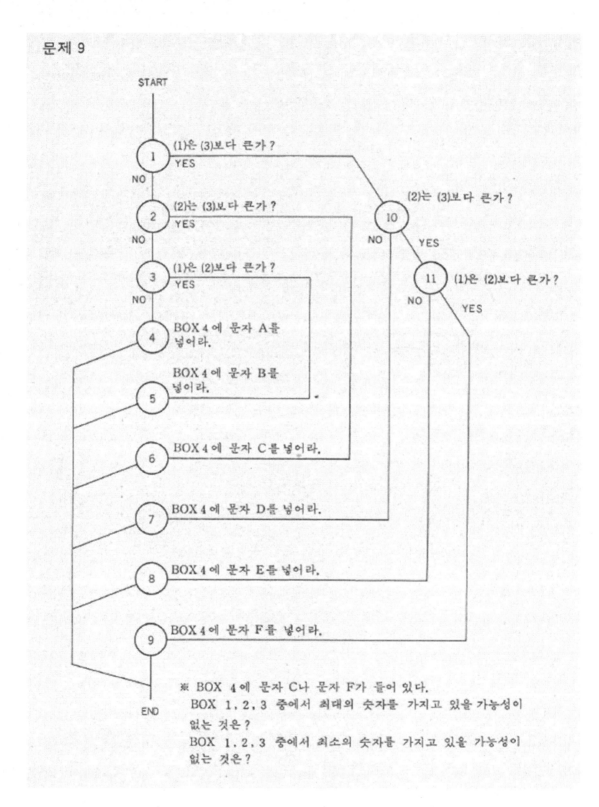

START

① (1)은 (3)보다 큰가?
YES
NO

② (2)는 (3)보다 큰가?
YES
NO

③ (1)은 (2)보다 큰가?
YES
NO

④ BOX 4에 문자 A를 넣어라.

⑤ BOX 4에 문자 B를 넣어라.

⑥ BOX 4에 문자 C를 넣어라.

⑦ BOX 4에 문자 D를 넣어라.

⑧ BOX 4에 문자 E를 넣어라.

⑨ BOX 4에 문자 F를 넣어라.

⑩ (2)는 (3)보다 큰가?
NO YES

⑪ (1)은 (2)보다 큰가?
NO YES

END

※ BOX 4에 문자 C나 문자 F가 들어 있다.
　BOX 1, 2, 3 중에서 최대의 숫자를 가지고 있을 가능성이 없는 것은?
　BOX 1, 2, 3 중에서 최소의 숫자를 가지고 있을 가능성이 없는 것은?

문제10

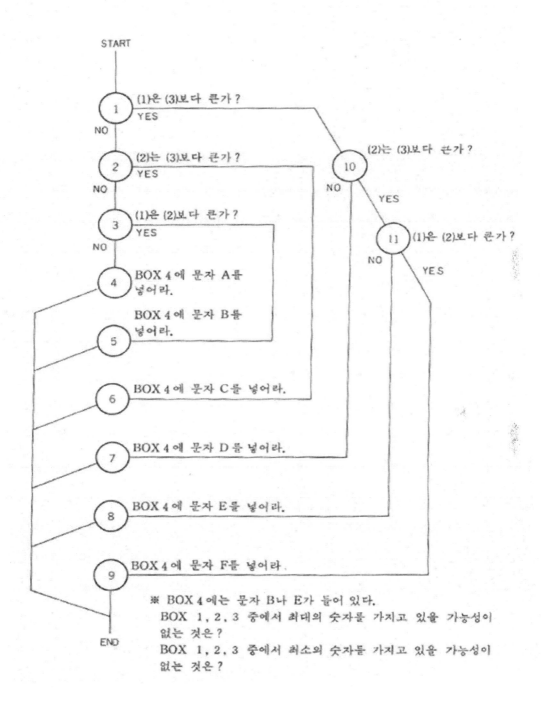

START

1 (1)은 (3)보다 큰가?
YES
NO

10 (2)는 (3)보다 큰가?
NO
YES

2 (2)는 (3)보다 큰가?
YES
NO

11 (1)은 (2)보다 큰가?
NO
YES

3 (1)은 (2)보다 큰가?
YES
NO

4 BOX 4에 문자 A를 넣어라.

5 BOX 4에 문자 B를 넣어라.

6 BOX 4에 문자 C를 넣어라.

7 BOX 4에 문자 D를 넣어라.

8 BOX 4에 문자 E를 넣어라.

9 BOX 4에 문자 F를 넣어라.

END

※ BOX 4에는 문자 B나 E가 들어 있다.
BOX 1, 2, 3 중에서 최대의 숫자를 가지고 있을 가능성이
없는 것은?
BOX 1, 2, 3 중에서 최소의 숫자를 가지고 있을 가능성이
없는 것은?

문제11

아래 플로우차트의 목적은 BOX 1, 2, 3에 들어 있는 숫자를 다음 조건에 맞도록 바꾸어 놓는 것이다.

조건 $\begin{cases} \text{BOX 3에는 최대의 숫자가 들어간다.} \\ \text{BOX 1에는 최소의 숫자가 들어간다.} \end{cases}$

그러나 이 플로우차트에는 틀린 데가 있으며, 그대로는 그 목적을 달성할 수 없다. 이 플로우차트를 수정하는 데는 어떤 instruction(1개만)을 변경시키면 되는가?

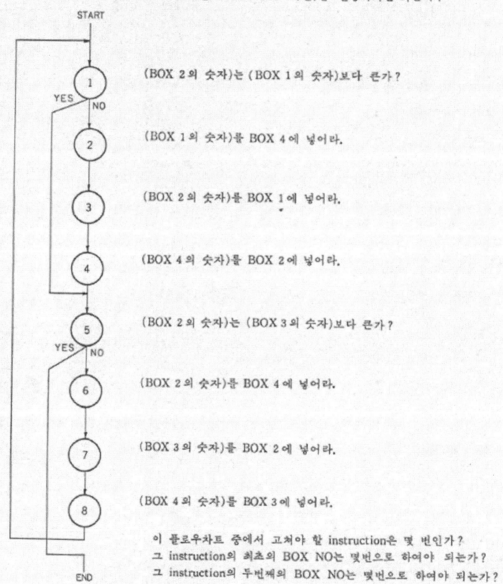

START

1 (BOX 2의 숫자)는 (BOX 1의 숫자)보다 큰가?

YES NO

2 (BOX 1의 숫자)를 BOX 4에 넣어라.

3 (BOX 2의 숫자)를 BOX 1에 넣어라.

4 (BOX 4의 숫자)를 BOX 2에 넣어라.

5 (BOX 2의 숫자)는 (BOX 3의 숫자)보다 큰가?

YES NO

6 (BOX 2의 숫자)를 BOX 4에 넣어라.

7 (BOX 3의 숫자)를 BOX 2에 넣어라.

8 (BOX 4의 숫자)를 BOX 3에 넣어라.

이 플로우차트 중에서 고쳐야 할 instruction은 몇 번인가?
그 instruction의 최초의 BOX NO는 몇번으로 하여야 되는가?
그 instruction의 두번째의 BOX NO는 몇번으로 하여야 되는가?

END

플로우차트 완성 테스트에 관하여

여기서는 프로그램의 완성 능력을 평가하기 위하여 플로우차트의 형태 중 곳곳에 빈 곳을 표시하여 나타내고 있다. 먼저 문제를 설명하는 설정 조건이 있고 다음에 몇 개의 빈곳이 있는 플로우차트가 그려져 있으며, 빈 곳에는 일련번호가 기재되어 있고 마지막에 각각의 빈 곳에 기재되어야 할 내용을 선택하는 문제가 기재되어 있다. 따라서 주어 진 설정 조건과 플로우차트의 흐름을 정확히 파악하여 문제를 풀어가기 바란다.

플로우차트 완성 테스트에 대한 주의점

1. 플로우차트는 항상 상에서 하, 좌에서 우와 같은 순서로 처리되어 간다.(단, 화살표가 있을 경우는 화살표의 시작점에서 끝점의 순서로 처리된다)
2. 플로우차트 내부에서 사용된 도형은 각기 그 뜻을 명확히 표시한다.

1) ◇ : 판단을 나타내는 기호로서 안에는 판단의 조건을 기재하고 모서리쪽에 줄을 그어(판단 기호) 그 위에 갈라져 나가는 조건을 표시한다.

① ②

2) ☐ : 처리를 나타내는 기호로서 연산이나 결과의 이동, 조건의 처리 등을 나타낸다.(처리 기호)

① ②

3. 문제에서 제시한 설정 조건은 플로우차트에서는 ◇ 기호 속에 표시되게 되며 거기에서 갈라져 나온 조건과 문제에서 원하는 조건이 같은가를 항상 추적해 나가면 문제는 쉽게 풀릴 것이다.

【 예제 1 】

어느 회사에서 1 개조에 100개씩으로 되어 있는 제품을 무게에 따라 K조 는 4.5kg을 넘는 것, L조는 3.5kg 이상 4.5kg이하, M조는 3.5kg 미만의 것 등 3개조로 구분하려고 하여 다음과 같은 플로우 차트를 작성하였다. 각각의 빈 곳에 알맞는 내용을 골라 그 기호를 답란에 표시 하여라.

예제 설정 조건 : A. 어느 회사가 1 조 100개의 제품을 조사 구분한다.
　　　　　　　 B : 1 조 100개를 무게에 따라 세 종류로 구분할 필요가 있다. 즉,
　　　　　　　 K조…4.5kg을 넘는 것
　　　　　　　 L 조…3. 5~4.5kg 이내
　　　　　　　 M조…3.5kg 미만

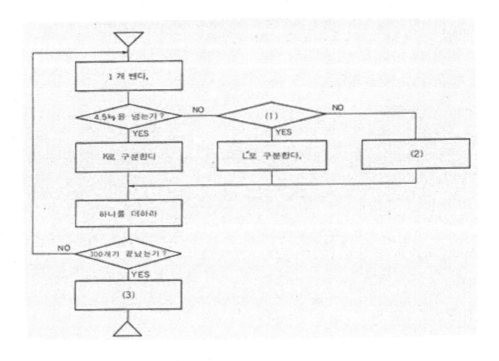

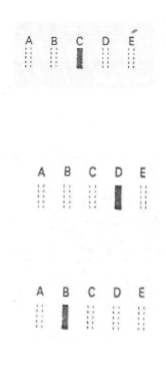

각 빈 곳에 알맞는 답을 골라라.

(1) A. 3.5kg보다 적은가?

　　 B. 1개를 뺀다.

　　 C. 3.5~4.5kg 인가?

　　 D. M이라 구분한다.

　　 E. L이라 구분한다.

(2) A. K와 구분한다.

　　 B. 구분이 될 수 있다.

　　 C. 1개 뺀다.

　　 D. M이라 구분한다.

　　 E. L이라 구분한다.

(3) A. 1개 뺀다.

　　 B. 제품의 구분이 완성된다.

　　 C. K와 구분한다.

　　 D. L이라 구분한다.

　　 E. M이라 구분한다.

[예제에 대한 해설]

여기에서는 문제를 푸는 과정을 설명한다. 플로우차트에 대한 문제를 풀 때 그림의 화살표를 따라 가면 문제가 해결되게 되어 있다. 위 그림을 보라. 그림의 테두리 속에는 어떤 행위의 설명이 있다.(예를 들면「1 개 뺀다.」또는「K로 구분한다.」와 같은 설명). 또 어떤 빈 곳 속에는 질문이 있다.(예를 들면「4.5 kg을 넘는가」라고 하는 것 같이). 또 질문에서 나온 화살표에는 질문에 대한 답이 있다.

만일 플로우차트가 완전히 되어 있으면 그림 중의 빈 곳에 설명 아니면 행위가 기입되어 있음이 분명하다. 그러나 위 그림처럼 완전하지 않으며, 그 대신 숫자가 들어 있다.

이 테스트는 문제의 해결을 정확히 그림에 표시하기 위하여 숫자가 들어 있는 빈 곳을 채우고 그림을 완성하는 것이다. 숫자가 들어 있는 빈 곳마다 5개의 해답부가 준비되어 있다. 이들의 해답부에서 그 빈 곳 속에 가장 적당하다고 생각되는 것을 선택하여 해답란 속에 표시하라.

그러면 다시 한번 앞 페이지의 그림을 보라. 제품을 구분하는 문제의 최초의 STEP은「1 개를 뺀다」는 것이다. 화살표를 따르면 다음의 질문이 있다.「4.5kg」의 화살표에 의하여(YES표시) 아래에 가면「K로 구분한다」에 다다른다. 즉 '4.5kg 이상의 제품을 K라고 한다'는 것이다.

만일 NO표시로 따르면 숫자 1이 있는 빈 곳에 달한다. 거기서 이 빈 곳에 들어가야 할 문장을 고르지 않으면 안 된다. 해답란을 보기 전에 이 빈 곳에서 나와 있는 화살표를 보면 YES쪽은 「L로 구분한다」에 이른다. 여기서 1에 들어가는 것은 질문으로 L의 제품에 들어가는가 아닌가를 물어보는 질문이어야만 한다는 것을 알 수 있다. L제품은 3.5~4.4kg 사이의 제품이므로「

3.5~4.4 kg 인가」라는 질문이 1에 들어가야 된다. 1의 해답란의 C가 정답이므로 답안지의 C에 표시 하면 맞는 것이다.

다음에 그림의 2를 보라. 2에 달하는 화살표는 1을 채운 「3.5~4.5kg인가 ?」의 질문에서 NO 라고 나온 것이다. 따라서 이 빈 곳에 도달하려면 다음과 같은 경로를 통해야 한다.

질문 : 「4.5kg을 넘는가?」 (K조에 해당 여부)

답 : 아니요.

따라서 여기까지 테스트된 제품은 K조도, C조도 아니다. 그것은 M조에 들어가야 할 제품이다. 그러 면 2의 해답란을 보라. D, 즉 「M이 라 구분한다」가 2의 정답이므로 답안지의 D에 표시 한다.

그러면 3에 들어가야 할 문장을 직접 골라 보라. 이 문제지에 표를 하면 절대로 안 된다.

B, 즉 「제품의 구분이 완료된다」가 정답이다.

문제에 의하면 100개의 제품 전부가 확인되어 구분되지 않으면 안 된다.

하나를 구분하면 다음에 「하나를 더 해라」그리고 「100개가 끝났는가?」하는 질문에 도달한다. 100개가 끝나지 않았으면 NO를 따라 플로우차트의 처음으로 되돌아가서 다른 1개의 구분이 시작된다.

100개를 다하면 YES가 되어 모든 구분이 끝난다.

문제 1 겉모양이 똑같은 공이 9개가 있는데 그 중 1개는 다른 것보다 무겁다. 따라서 천평을 이용하여 천평의 양쪽에 공을 1개씩 혹은 2, 3 개씩 달아보아서 9개 중 무거운 공을 골라 내려고 하여 아래와 같은 플로우차트를 작성하였다. 1~5 번의 빈 곳에 알맞는 내용을 골라 그 기호를 답란에 표시 하여라.

[문제 설정 조건] : A. 겉모양이 똑같은 9개의 공이 있다. 그러나 그 중에서 1 개는 다른 8개보다 무겁다.

　　　　　　　　 B. 천평 저울의 양쪽에 1개씩 또는 2, 3개씩의 공을 달아보면 어느쪽이 무거운가를 알 수 있다.

　　　　　　　　 C. 9 개 중 어느 공이 무거운가를 결정하기 위해 필요한 테스트의 순서를 표시하는 플로우차트를 완성하라.

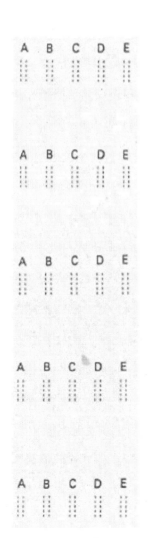

각 빈 곳에 알맞는 답을 골라라.

(1) A. X그룹의 테스트를 하라
　　 B. Y그룹의 테스트를 하라
　　 C. Z그룹의 테스트를 하라
　　 D. 테스트 중인 공에 1,2,3 번호를 붙여라.
　　 E. X는 Y그룹보다 무겁다

(2) A. 2와 3 은 같은 무게인가
　　 B. 2는 3보다 무거운가
　　 C. 3은 2보다 무거운가
　　 D. 1과 3은 같은 무게인가
　　 E. 1과 2는 같은 무게인가

(3) A. 1이 가장 무거운가
　　 B. 2는 3보다 무거운가
　　 C. 2와 3은 같은 무게인가
　　 D. 1과 2는 같은 무게인가
　　 E. 2는 1보다 무거운가

(4) A. Y그룹은 X그룹보다 무거운가
　　 B. X그룹은 Z그룹보다 무거운가
　　 C. Y그룹은 Z그룹보다 무거운가
　　 D. Z그룹은 Y그룹보다 무거운가
　　 E. X그룹은 Y그룹보다 무거운가

(5) A. Y그룹은 X보다 무겁다
　　 B. X그룹의 테스트를 하라
　　 C. X그룹은 포보다 무겁다
　　 D. Y그룹의 테스트를 하라
　　 E. Z그룹의 테스트를 하라

플로우차트

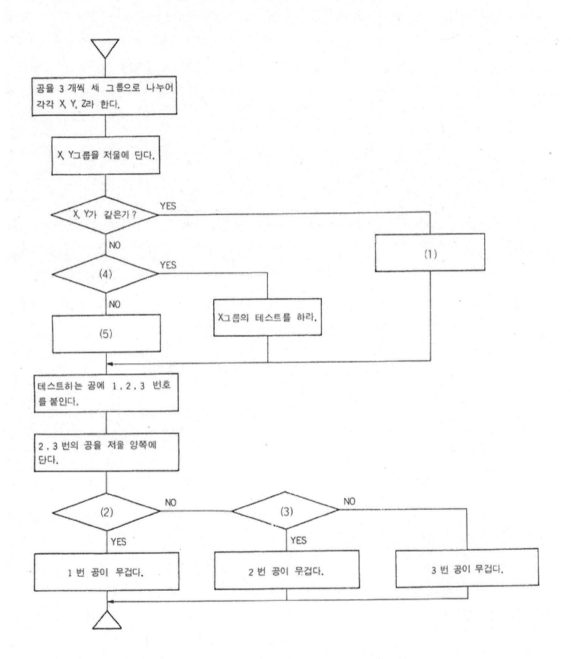

문제 2 어떤 회사에서는 400명의 종업원들을 연령과 소득 및 근속 년수에 따라 연령은 29세 이하, 30세 이상 39세 이하, 40세 이상 등 3 단계로 구분하고, 소득은 20만원이하, 20만 1원 이상 30만원이하, 30만 1원이상 40만원이하, 40만1원이상 등 4 단계로 구분하고, 근속 년수는 1년미만, 1년이상 4년미만, 4년이상 등 3단계로 구분하고자 하여 다음과 같은 플로우차트를 작성하였다. 1~5 번의 빈 곳에 알맞는 내용을 골라 그 기호를 답란에 표시하여라.

[문제 설정 조건] A. 어떤 회사가 영업과 소극 및 근속 년수에 대하여 종업원 400명의 분석을 한다.

B. 내역은 다음과 같다.

연령 (1) 20세이하   근속 (1) 1년미만

(2) 30~39세   년수 (2) 1~4년미만

(3) 40세이상   (3) 4년이상

소득 (1) 200,000원이하   (2) 200,001~300,000원

(3) 300,001~400,000원   (4) 400,001원 이상

각 빈 곳에 알맞는 답을 골라라.

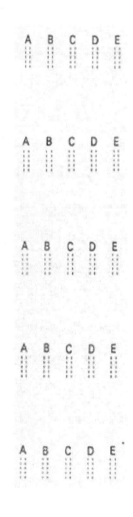

(1) A. 근속 년수는 1~4 년미만의 사이 인가
 B. 근속 년수는 4년이상인가
 C. 소득은 300,001~400,000원 사이인가
 D. 소득은 400,001원이상인가
 E. 인수(사람수) 계산을 1명 늘린다

(2) A. 구분 번호에 따라 인수(사람수)를 구분한다
 B. 소득 구분 번호를 2로 하라
 C. 근속 년수 구분 번호를 3으로 하라
 D. 근속 년수 구분 번호를 2로 하라
 E. 소득 구분 번호를 4로 하라

(3) A. 근속 년수가 4 년이상인가
 B. 연령이 40세이상인가
 C. 사람수 계산을 하나만 더 늘린다
 D. 근속 년수가 1년 미만인가
 E. 소득은 200,001~300,000 원의 사이인가

(4) A. 구분 번호에 따라서 사람수를 구분한다
 B. 사람수 계산을 하나만 더 늘린다
 C. 근속 년수 구분 번호를 4로 하라
 D. 소득 구분 번호를 4로 하라
 E. 연령 구분 번호를 3으로 하라

(5) A. 연령 구분 번호는 다 되었는가
 B. 소득 구분 번호는 다 되었는가
 C. 근속 년수 구분 번호는 다 되었는가
 D. 사람수 계산은 400인가
 E. 급여 대장에 구분 번호를 표시할 것인가

플로우차트

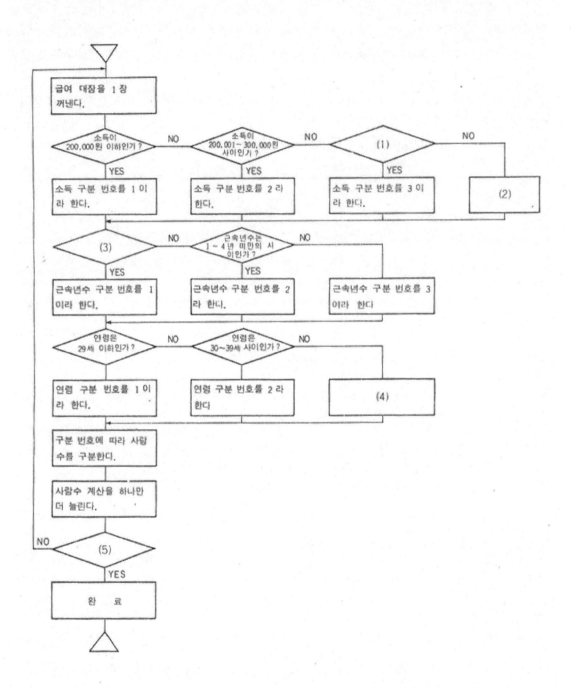

문제 3

단지 속에 빨강색과 검정색 공이 10개가 있다. 들어 있는 공을 모두 꺼내면 경기가 끝나게 되고, 이 경기에서는 아래와 같은 조건에 의해 득점을 할 수가 있다. 즉, 처음 꺼낸 공이 먼저 검정색이면 1점, 빨강색이면 3점이고, 두번째부터 꺼내는 공은 앞서 꺼낸 공과 틀린 색깔일 때는 2 점, 같은 색깔일 때는 0 점이 된다. 이와 같은 경기 내용을 처리하기 위한 플로우차트를 다음과 같이 작성하였다. 1~5 번의 빈 곳에 알맞는 내용을 골라 그 기호를 답란에 표시 하여라.

[문제 설정 조건] A. 단지 속에 빨강색 공이 10개 있다.
　　　　　　　　 B. 공을 전부 꺼내면 경기는 끝난다.
　　　　　　　　 C. 득점은 다음과 같이 정한다.
처음에 꺼낸 공이 먼저 검정색이면 1점, 빨강색이면 3점 이다. 두번째부터는 꺼낸 공이 앞서 먼저 꺼낸 공과 틀린 색깔일 때는 2점, 같은 색깔일 때는 0 점이다.

각 빈 곳에 알맞는 답을 골라라

(1) A. 빼낸 공을 센 계산을 D로 한다
　　 B. 득점 3
　　 C. 득점 2
　　 D. 득점 1
　　 C. 공을 버린다.

(2) A. 빨강색인가
　　 B. 검정색인가
　　 C. 먼저 공은 득점했는가
　　 D. 단지 속에 아직 공이 있는가
　　 E. 먼저 빼낸 공은 검정색이었는가

(3) A. 공을 하나 더 꺼낸다
　　 B. 득점 1
　　 C. 득점2
　　 D. 득점3
　　 E. 득점없음

(4) A. 먼저 꺼낸 공은 검정색인가
　　 B. 먼저 꺼낸 공은 빨강색인가
　　 C. 검정색인가
　　 D. 득점이 될 것인가
　　 E. 빨강색인가

(5) A. 득점이 될 것인가
　　 B. 먼저 꺼낸 공은 빨간색이었는가
　　 C. 빼낸 공의 수는 10인가
　　 D. 먼저 꺼낸 공은 검정색이었는가
　　 E. 단지 속에 아직 공이 있는가

플로우차트

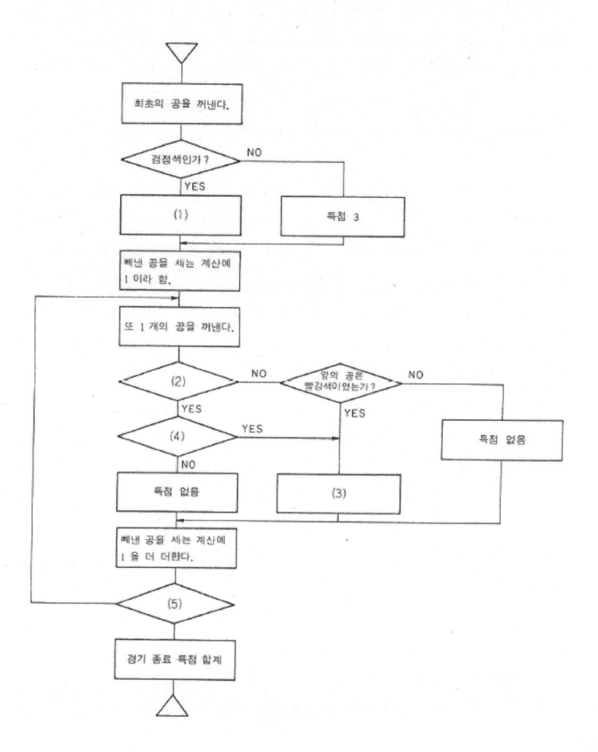

문제 4 어떤 화학 공장에서는 화합물을 만드는데 필요한 원료의 최적 혼합 비율이 있는데 이 최적의 혼합 비율은 화학 공장 안의 압력과 습도에 의해 변화하며, 일단 공장안에서 혼합한 화합물에 변화가 있게 되면 원료의 혼합 비율을 바꾸어 계산하여야 하고, 원료의 최적 혼합 비율의 계산이 불가능할 때에는 압력과 습도에 따른 계산을 다시 수행하여 장치를 정확하게 조정하여야 한다.

또한 화합물과 혼합 비율에 변화가 없어도 압력과 습도가 정확한 상태가 아니면 장치의 압력과 습도를 현재 상태와 동일하게 정확한 상태로 만들어 주어야 한다. 따라서 이와 같은 일을 처리하기 위하여 다음과 같은 플로우차트를 작성하였다. 1~5번의 빈 곳에 알맞는 내용을 골라 그 기호를 답란에 표시하여라.

[문제 설정 조건] A. 어떤 화학 공장에서 화합물을 작성하는데 원료의 최적 혼합 비율이 있다.

　　　　　　　　B. 이 최적 혼합 비율은 화학 공장 안의 압력과 습도에 의하여 변한다.

　　　　　　　　C. 화학 공장 안의 화합물에 변화가 나타났을 때는 원료의 혼합 비율을 바꾸어 계산한다. 계산할 수 없을 때는 다시 압력과 습도를 계산하여 장치를 조정한다.

　　　　　　　　D. 화합물과 혼합 비율에 변화가 없어도 압력과 습도가 정확한 상태가 아니면 장치를 현재 상태와 동일한 정확한 압력과 습도의 상태로 되돌려야 한다.

각 빈 곳에 알맞는 답을 골라라.

(1) A. 현재의 압력을 계산한 결과가 일치하는가
　　B. 습도에 변화가 있는가
　　C. 압력의 변화가 있는가
　　D. 계산된 혼합 비율과 현제의 비율은 일치하는가
　　E. 화합물에 변화가 있는가

(2) A. 정확한 습도로 하라
　　B. 원료를 정확한 혼합 비율로 하라
　　C. 정확한 습도를 계산하라
　　D. 혼합 비율을 계산하라
　　E. 정확한 입력으로 하라

(3) A. 화합물에 변화가 있는가
　　B. 계산된 압력과 현재의 압력은 정확한가
　　C. 계산된 혼합 비율과 현재의 혼합 비율은 일치하는가
　　D. 압력의 변화가 있는가
　　E. 계산된 습도와 현재의 압력이 일치하는가

(4) A. 계산된 압력과 현재의 압력이 일치하는가
　　B. 압력은 정상인가
　　C. 계산된 습도와 현재의 습도는 일치하는가
　　D. 계산된 혼합 비율과 현재의 혼합 비율은 일치하고 있는가
　　E. 화합물에 변화가 있는가

(5) A. 정확한 습도로 하라
　　B. 정확한 압력으로 하라
　　C. 정확한 습도를 계산하라
　　D. 혼합 비율을 정확히 하라
　　E. 혼합 비율을 계산하라.

플로우차트

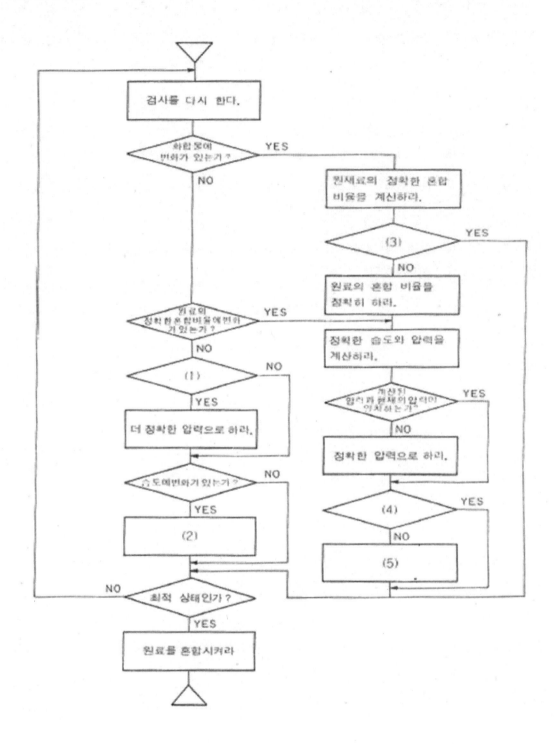

문제 5   50개의 서로 다른 숫자가 나열되어 있는데 그 중에서 최대수와 최소수를 함께 찾아내고, 동시에 각각 몇번째에 나열되어 있었는가를 조사해 보려고 한다. 50개의 숫자를 한개 한개 일반화하여 표시할 때 첫번째수는 X(1), 두번째수는 X(2), ……, 50번째수는 X(50)으로 표시하여 괄호안의 숫자는 그 수가 몇번째에 자리하였는가를 나타낸다.

최대수와 최소수를 찾아내려면 맨처음 최대, 최소수를 X(i)라 가정하고 최대, 최소수를 기입하며 LARGEST와 SMALLEST라고 흑판에 기입한 후 그 글씨 아래에 각각 X(1)을 기입한다. 그리고 남은 49개의 수와 LARGEST, SMALLEST 등 흑판에 기록된 수를 비교하여 다시 쓰고, 이때 최대 숫자의 위치를 표시하는 L-NUM과 최소 숫자의 위치를 표시하는 S-NUM 등 흑판에 쓰인 내용 밑에 적는 수치도 다시 적어 주는 형태로 처리해야 한다. 이와 같은 문제를 처리하기 위한 플로우차트를 다음과 같이 작성하였다. 1~5번의 빈 곳에 알맞는 내용을 골라 그 기호를 답란에 표시하여라.

문제 설정 조건 : A. 50개의 다른 숫자가 나열되어 있다. 그 중에서 최대수, 최소수를 찾아내고 동시에 각각 몇번째에 있었는가를 조사한다.

   B. 이러한 수는 X(1), X(2), …, X(56)으로 표시된다. 괄호안의 숫자는 그 수가 몇번째 있었는가를 나타낸다.

   C. 조사하는 방법은 다음과 같다. 맨처음 최대수, 최소수를 X(i)라 가정하고 최대수, 최소수를 기입한다. LARGEST, SMALLEST라고 하는 흑판에 각각 X(1)을 기입한다.

   D. 그리고 남은 49개의 수와 LARGEST, SMALLEST 등 흑판에 기록된 수를 비교하여 결과에 따라 수를 다시 쓴다. 이때 L-NUM, S-NUM 등 흑판의 내용도 다시 쓴다.

각 빈 곳에 알맞는 답을 골라라.

A B C D E   (1) A. X(i)는 100인가
            B. X(i)는 SMALLEST에 쓰인 수보다 큰가
            C. i는 S-NUM에 쓰인 수와 같은가
            D. X(i)는 SMALLEST에 쓰인 수보다 작은가
            E. i는 L-NUM에 쓰인 수와 같은가

A B C D E   (2) A. X(i)를 SMALLEST에 기입하라
            B. 비교를 계속하라
            C. X(i)를 LARGEST에 기입하라
            D. i를 (1)로 하라
            E. i를 S-NUM에 기입하라

A B C D E   (3) A. 비교를 계속하라
            B. X(i)를 LARGEST에 기입하라
            C. i에 1을 더하라
            D. X(i)를 SMALLEST에 기입하라
            E. X(i)는 작다

(4) A. 최대수가 발견된다
  B. 다음의 조작을 시작하라
  C. i에 1을 더한다
  D. 최소수가 발견된다
  E. 일 완료'

A B C D E

(5) A. 최대수가 발견되었는가
  B. 최소수가 발견되었는가
  C. 최대수가 몇번째인가를' 결정했는가
  D. 최소수가 몇번째인가를 결정했는가
  E. i가 51인가

A B C D E

플로우차트

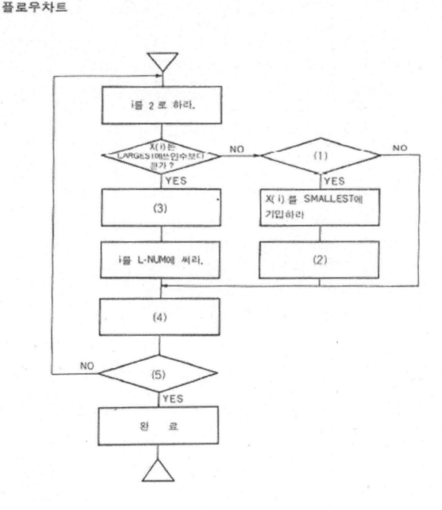

문제 6   단지 속에 번호가 붙은 빨강색과 검정색의 공이 들어 있고 그 공들을 꺼내서 다음에 기재한 득점 조건을 만족시켜 계속하여 7점을 득점하였을 때 승부에서 승리할 수 있다. 1득점을 할 수 있는 조건은 짝수의 빨강공을 꺼냈을 때, 홀수의 검정공을 꺼냈을 때, 먼저 꺼낸 공이 짝수의 빨강공일 경우 홀수의 빨강공을 꺼냈을 때, 먼저 꺼낸 공이 홀수의 검정공일 경우 짝수의 검정공을 꺼냈을 때 등이다. 이와 같은 경기 내용을 처리하기 위한 플로우차트를 다음과 같이 작성하였다. 1～5번의 빈 곳에 알맞는 내용을 골라 그 기호를 답란에 표시하여라.

문제 설정 조건: A. 단지 속에 번호가 붙은 빨강색과 검정색의 공이 들어 있다.
B. 계속하여 7득점하였을 때 승부에서 승리할 수 있다.
C. 다음과 같이 공을 꺼냈을 때 1점을 득점할 수 있다.

(1) 짝수의 빨강공
(2) 홀수의 검정공
(3) 홀수의 빨강공(단, 먼저번의 공이 짝수의 빨강공일 때)
(4) 짝수의 검정공(단, 먼저번의 공이 홀수의 검정공일 때)

각 빈 곳에 알맞는 답을 골라라.

(1) A. 짝수인가
B. 홀수인가
C. 빨강색인가
D. 먼저의 공의 색이 검정색이었는가
E. 먼저의 공의 색이 빨강색이었는가

(2) A. 득점되는가
B. 빨강색이었는가
C. 홀수이었는가
D. 짝수이었는가
E. 몇 점 득점하고 있는가

(3) A. 빨강색인가
B. 홀수인가
C. 짝수인가
D. 먼저의 공은 검정색이었는가
E. 득점은 7인가

(4) A. 짝수이었는가
B. 홀수이었는가
C. 패배인가
D. 검정색이었는가
E. 득점인가

(5) A. 검정색인가
B. 빨강색인가
C. 득점은 7인가
D. 홀수인가
E. 짝수인가

플로우차트

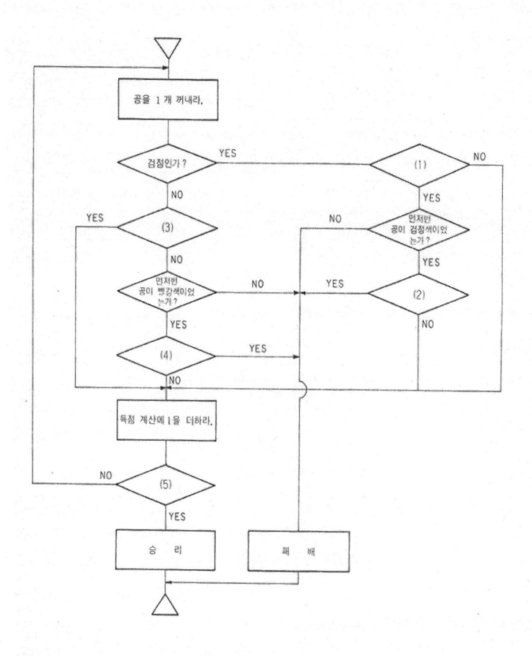

문제 7   어떤 회사에서는 150개의 제품 중 15개를 꺼내서 검사하여 해당 제품 전체가 A형에 속하는가, B형에 속하는가를 판정하는 SAMPLING을 실시하는데 A형인가 B형인가의 판정은 제품(SAMPLE) 15개 중 12개 이상이 다음에 기재한 검사 기준에 합격되어야 하며, 12개 이상이 합격하지 못하면 A, B형 어느것으로도 판정할 수 없어 폐기 처분하여야 한다.
   이때의 검사 기준은 A형의 경우 길이가 10.77~10.78cm이고, 무게는 4.50~4.56kg 이어야 하며, 지름은 1.89~1.90cm라는 세 가지 조건을 모두 만족시켜야 하고, B형의 경우는 길이가 10.74~10.76cm이고, 무게는 4.45~4.49kg이어야 하며, 지름은 1.91~1.92cm라는 세 가지 조건을 만족시켜야 한다. 이와 같은 SAMPLING을 처리하기 위하여 다음과 같은 플로우차트를 작성하였다. 1~5번의 빈 곳에 알맞은 내용을 골라 그 기호를 답란에 표시하여라.

문제 설정 조건 : A. 150개의 제품 중 15개를 꺼내서 검사하여 제품 전체가 A형에 속하는가, B형에 속하는가를 판정한다(소위 SAMPLING을 말함).
            B. A형인가, B형인가의 판정은 15개 중 12개가 아래의 검사 기준에 합격하지 않으면 안 된다. 합격되지 못하면 폐기 처분한다.
            C. 검사 기준

	〈A형〉	〈B형〉
길이	10.77~10.78cm	10.74~10.76cm
무게	4.50~4.56kg	4.45~4.49kg
지름	1.89~1.90cm	1.91~1.92cm

각 빈 곳에 알맞는 답을 골라라.

A B C D E
(1) A. 합계 계산이 15인가
    B. A의 계산을 늘렸는가
    C. B형으로 구분하는가
    D. B가 아니고 A형으로서 불합격의 제품수가 4와 같은가
    E. A형으로 구분하는가

A B C D E
(2) A. A형으로 하여 불합격의 제품을 계산하는데 1을 더한다
    B. A형의 검사를 시작하라
    C. 제품을 A형으로 구분하라
    D. B형으로 하여 불합격의 제품을 계산하는데 1을 더한다
    E. 제품을 B형으로 구분하라

A B C D E
(3) A. 테스트를 다시 하는가
    B. A형의 구분은 되었는가
    C. A형으로 하여 불합격 제품의 수가 4와 같은가
    D. 제품을 세는 계산이 15인가
    E. B형으로 하여 불합격 제품의 수가 2와 같은가

A B C D E
(4) A. A형으로 하여 불합격 제품의 수가 4와 같은가
    B. B형의 구분은 되었는가
    C. 제품이 남아 있는가
    D. A형의 구분은 되었는가
    E. 제품을 세는 계산은 15인가

A B C D E
(5) A. 폐기하라
    B. A형으로 하여 불합격의 제품을 계산하는데 1을 더한다
    C. A형으로 구분하라
    D. B형으로 하여 불합격의 제품을 계산하는데 1을 더한다
    E. B형으로 구분하라

플로우차트

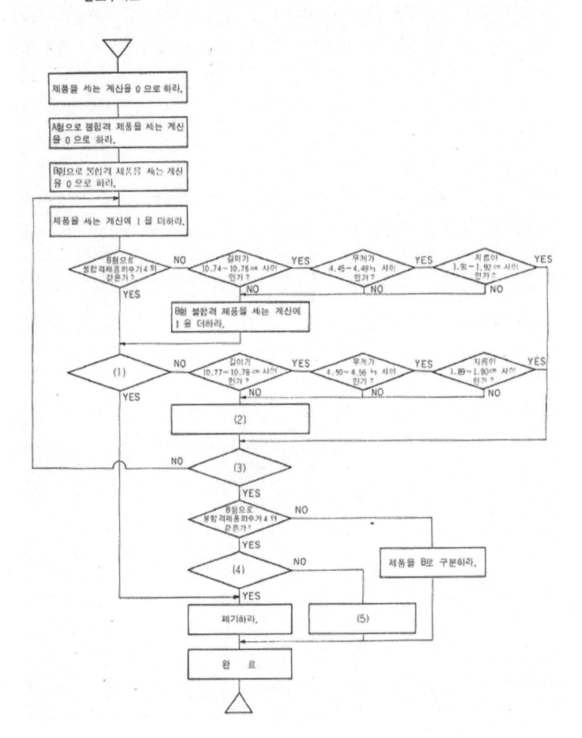

정답 및 해설

플로우차트 테스트

[참고]

해설에서 ○속의 번호는 일련 번호가 아니라 in-struction(명령)의 순서를 나타내는 것이고, ○′는 1회 반복하여 처리할 경우의 번호를 나타내는 것이며, ○″는 2회 반복하여 처리할 경우의 번호를 나타내는 것이다. 따라서 ②, ②′, ②″는 같은 instruction을 나타내는 것이며, 아무리 나중에 나타났다 하더라도 ○표로 표시된 것은 그 문제 중 최초로 처리된 것을 나타낸다. 따라서 ⑤″로 표시된 것은 ⑤번 명령이 그 문제 처리시 세번째로 반복 처리되는 경우를 나타내는 것이다.

[예제 1]

설 명

1) ①BOX 4의 숫자(즉 "2")와 BOX 2의 숫자(즉 "3")를 더하여 그 결과를 BOX 7에 넣으라는 명령이다. 이때 BOX 7에는 먼저 기억되어 있던 "91"이란 값은 지워지고 새로운 값 "5"가 기억된다.

2) ②BOX 7의 숫자(즉 "5"; 최초에는 91이 기억되어 있었지만 ①에서 계산된 값으로 치환됨)와 BOX 6의 숫자를 BOX NO로 하는 BOX의 숫자(즉 "3"; BOX 6의 숫자는 "2"이며 이 숫자를 BOX NO로 한다고 하였으므로 BOX 2의 숫자를 나타냄)를 더하여 그 결과를 BOX 6에 넣으라는 명령이다. 따라서 BOX 6에는 먼저 기억되어 있던 "2"라는 값은 지워지고 새로운 값 "8"이 기억된다.

3) ③BOX 6의 숫자(즉 "8"; ②에서 새로 계산하였음)와 BOX 1의 숫자(즉 "6")를 곱하여 그 결과를 BOX 5에 넣으라는 명령이다. 따라서 BOX 5에는 먼저 기억되어 있던 "11"이란 값은 지워지고 새로운 값 "48"이 기억된다. 그리고 "END"로 가서 끝나게 된다.

※ 지금까지의 처리에 의해서 변화된 BOX속의 기억 내용을 도시하면 아래와 같다.

∴ BOX 5에 들어 있는 숫자는 "48"이 된다.

[예제 2]

설 명

1) ①BOX 8의 숫자(즉 "0")를 BOX 1에 넣으라는 명령이다. 이때 BOX 1에 먼저 기억되어 있던 "3"이란 값은 지워지고 새로운 값 "0"이 기억된다.

2) ②BOX 1의 숫자(즉 "0"; ①에서 치환한 값)와 BOX 2의 숫자(즉 "17")를 더하여 그 결과 "17"을 BOX 1에 넣으라는 명령이다.

3) ③명령 ②의 두번째 BOX NO (즉 "2")에 "1"을 더하라는 명령이다. 따라서 다음에 ②번 명령을 수행할 때 두번째 BOX NO는 BOX 3이 된다.

4) ④명령②의 두번째 BOX NO(즉 "3"; 이때는 기억된 값이 아니고 BOX NO 자체를 나타냄)는 BOX 7의 숫자(즉 "4")보다 큰가를 묻는 내용인데 "3"이 "4"보다 클 수는 없으므로 NO로 갈려나가 명령② 를 다시 처리한다.

5) ②′BOX 1의 숫자(즉 "17"; ②에서 결정한 값)와 BOX 3의 숫자(즉 "2"; 명령③에서 BOX 2를 BOX 3으로 만들었음)를 더하여 그 결과 "19"를 BOX 1에 넣으라는 명령이다.

6) ③′명령 ②′의 두번째 BOX NO (즉 "3")에 "1"을 더하라는 명령이다. 따라서 다음에 ②′번 명령을 수행할 때 두번째 BOX NO는 BOX 4가 된다.

7) ④′명령 ②′의 두번째 BOX NO(즉 "4"; ③′명령에서 BOX 3을 BOX 4로 바꾸었음. 따라서 BOX NO 자체는 "4"가 됨)는 BOX 7의 숫자(즉 "4")보다 큰가를 묻는 내

용인데 "4"가 "4"보다 클 수는 없으므로
NO로 갈려나가 명령 ②를 다시 처리하게
된다.

8) ②" BOX 1의 숫자(즉 "19"；②'에서 결정한
값)와 BOX 4의 숫자(즉 "1"；명령 ③'에
서 BOX 3을 BOX 4로 만들었음)를 더하
여 그 결과 "20"을 BOX 1에 넣으라는
명령이다.

9) ③" 명령 ②"의 두번째 BOX NO(즉 "4")에
"1"을 더하라는 명령이다. 따라서 다음
에 ②"번 명령을 수행할 때 두번째 BOX
NO는 BOX 5가 된다.

10) ④" 명령 ②"의 두번째 BOX NO(즉 "5"；③"
명령에서 BOX 4를 BOX 5로 바꾸었음.
따라서 BOX NO자채는 "5"가 됨)는 BO
X 7의 숫자(즉 "4")보다 큰가를 묻는 내
용인데 "5"가 "4"보다 크므로 YES로
나가 END로 끝나게 된다.

※ 지금까지의 처리에 의해서 변화된 BOX 속
의 기억 내용을 도시하면 아래와 같다.

1	2	3	4	5	6	7	8
20 19 1 0 1	17	2	1	5	12	4	0

∴ BOX 1에 기억되어 있는 숫자는 "20"이 된다.

문제 1

1) ① 1+0=1→BOX 4에
2) ② 2×2=4→BOX 7에
3) ③ 1과 5가 같은가？(NO). ④로 가라.
4) ④ 1+2=3→BOX 4에
5) ⑤ 4-1=3→BOX 7에 ②로 올라 가라.
6) ② 3×3=9→BOX 7에
7) ③' 3과 5가 같은가？(NO). ④로 가라.
8) ④' 3+2=5→BOX 4에
9) ⑤' 9-1=8→BOX 7에 ②로 올라 가라.
10) ②" 8×8=64→BOX 7에
11) ③" 5와 5가 같은가？(YES). ⑥으로 가라.
12) ⑥ 1+5=6→BOX 10에
13) ⑦ 64-6=58→BOX 11에 기억시키고
"END"로 가라.

※ 지금까지의 처리에 의해서 변화된 BOX 속
의 내용을 도시하면 아래와 같다.

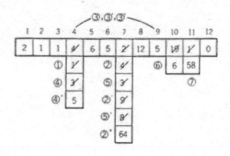

∴ BOX 11에 기억되어 있는 숫자는 "58"이다.

문제 2

1) ① 5-5=0→BOX 12에
2) ② 0+6=6→BOX 12에
3) ③ 6은 5로 나누어 떨어지는가？(NO). ④
로 가라.
4) ④ 13-2=11：다음에 ②번 명령을 수행할
경우 두번째 BOX NO는 BOX 11이다.
5) ⑤ 8은 11보다 작은가？(YES). ⑥으로 가라.
6) ⑥ 5-1=4→BOX 9에. ②'로 올라 가라.
7) ②' 6+4=10→BOX 12에
8) ③' 10은 5로 나누어 떨어지는가？(YES).
②'로 가라.
9) ②" 10+4=14→BOX 12에
10) ③' 14는 5로 나누어 떨어지는가？(NO). ④'
로 가라.
11) ④' 11-2=9：다음에 ②"번 명령을 수행할
경우 두번째 BOX NO는 BOX 9이다.
12) ⑤' 8은 9보다 작은가？(YES). ⑥'로 가라.
13) ⑥' 4-1=3→BOX 9에. ②"로 올라 가라.
14) ②" 14+3=17→BOX 12에
15) ③" 17은 5로 나누어 떨어지는가？(NO).
④"로 가라.
16) ④" 9-2=7：다음에 ②"번 명령을 수행
할 경우 두번째 BOX NO는 BOX 7이다.
17) ⑤" 8은 7보다 작은가？(NO). END로 가
라.

※ 지금까지의 처리에 의해서 변화된 BOX 속
의 내용을 도시하면 아래와 같다.

	1	2	3	4	5	6	7	8	9	10	11	12	13
	9	8	5	2	11	3	5	12	5̸	-2	4	8̸	6
									⑥ ✓			① ✓	
									⑤ 3			② ✓	
												② 10̸	
												② 14̸	
												② 17	

※ ②번 명령의 두번째 BOX NO의 변화

④에 의해   ④'에 의해
(최초) BOX 13 ———→ BOX 11 ———→ BOX 9

④''에 의해
———→ BOX 7

∴ BOX 12에 기억되는 있는 숫자는 17이 된다.

문제 3

1) ① 3 - 1 = 2→BOX 10에
2) ② 6→BOX 1에
3) ③ 9가 짝수인가?(NO), ④로 가라.
4) ④ ⑥으로 가라.
5) ⑥ 2 + 2 = 4→BOX 10에
6) ⑦ 9 - 1 = 8, 1 + 1 = 2 : 다음에 ②번 명령을 수행할 경우 BOX NO는 첫번째 것은 BOX 8이고, 두번째 것은 BOX 2이다.
7) ⑧ 2는 4와 같은가?(NO), ⑨로 가라.
8) ⑨ ②로 가라.
9) ② 9→BOX 2에
10) ③' 8이 짝수인가?(YES), ⑤로 가라.
11) ⑤' 8 - 1 = 7 : 다음에 ②번 명령을 수행할 경우 최초의 BOX NO는 BOX 7이다.
12) ⑥' 4 + 2 = 6→BOX 10에
13) ⑦' 7 - 1 = 6, 2 + 1 = 3 : 다음에 ②번 명령을 수행할 경우 BOX NO는 첫번째 것은 BOX 6이고, 두번째 것은 BOX 3이다.
14) ⑧' 3은 4와 같은가?(NO), ⑨로 가라.
15) ⑨' ②''로 가라.

16) ②'' 12→BOX 3에
17) ③'' 6은 짝수인가?(YES), ⑤''로 가라.
18) ⑤'' 6 - 1 = 5 : 다음에 ②''번 명령을 수행할 경우 최초의 BOX NO는 BOX 5이다.
19) ⑥'' 6 + 2 = 8→BOX 10에
20) ⑦'' 5 - 1 = 4, 3 + 1 = 4 : 다음에 ②''번 명령을 수행할 경우 BOX NO는 첫번째 것은 BOX 4이고, 두번째 것은 BOX 4이다.
21) ⑧'' 4는 4와 같은가?(YES), "END"로 가라.

※ 지금까지의 처리에 의해서 변화된 BOX 속의 내용을 도시하면 아래와 같다.

	1	2	3	4	5	6	7	8	9	10	11	12
	2̸	14̸	-9̸	2	-2	12	6	9	6	3̸	1	4
	6	9	12							2̸		
										4̸		
										6̸		
										8		

○ 첫번째 BOX NO

⑦에 의해   ⑤에 의해
(최초) BOX 9 ———→ BOX 8 ———→ BOX 7

⑦'에 의해   ⑤'에 의해   ⑦''에 의해
———→ BOX 6 ———→ BOX 5 ———→ BOX 4

○ 두번째 BOX NO

⑦에 의해   ⑦'에 의해
(최초) BOX 1 ———→ BOX 2 ———→ BOX 3

⑦''에 의해
———→ BOX 4

∴ BOX 3에는 "12"가 기억되고, BOX 10에는 "8"이 기억된다.

문제 4

1) ① 7 - 7 = 0 → BOX 2에
2) ② 2 + 1 = 3 : 다음에 ①번 명령을 수행할 경우 최후의 BOX NO는 BOX 3이다.
3) ③ (BOX 11의 숫자)는 "3"과 같아서는 안 된다(왜냐하면 현재 BOX 2에만 "0"을 채웠기 때문). ①'번으로 가라.
4) ①' 7 - 7 = 0→BOX 3에

5) ②′ 3＋1＝4 : 다음에 ①′번 명령을 수행할 경우 최후의 BOX NO는 BOX 4 이다.

6) ③′(BOX 11의 숫자)는 "4"와 같아서는 안 된다(왜냐하면 현재 BOX 2, 3에만 "0"을 채웠기 때문). ①′번으로 가라.

7) ①″ 7－7＝0→BOX 4 에

8) ②″ 4＋1＝5 : 다음에 ①″번 명령을 수행할 경우 최후의 BOX NO는 BOX 5 이다.

9) ③″(BOX 11의 숫자)는 "5"와 같으면 된다. (왜냐하면 현재 BOX 2, 3, 4 에 모두 "0"을 채웠는데 이것은 문제에서 원하던 내용임). "END"로 가라.

※ 지금까지의 처리에 의해서 변화된 BOX속의 내용을 도시하면 아래와 같다.

1	2	3	4	5	6	7	8	9	10	11	12
7	8̸	/	/	8	4	1	-9	-3	6	"5"	4
	0	0	0								

※ ①번 명령 최후의 BOX NO의 변화

(최초) BOX 2 —②번에 의해→ BOX 3 —②′번에 의해→ BOX 4
—②″번에 의해→ BOX 5

∴BOX 11에는 "5"가 기억되면 된다.

문제 5

1) ① 3－3＝0→BOX 1 에
2) ② 0＋2＝2→BOX 1 에
3) ③ (BOX 3의 숫자)는 "4"보다 커야 한다. (왜냐하면 현재 BOX 4의 내용만을 BOX1에 누적(가산)하여 주었기 때문). ④로 가라.
4) ④ 4＋1＝5 : 다음에 ②번 명령을 수행할 경우 두번째 BOX NO는 BOX 5 이다. ②′로 가라.
5) ②′ 2＋1＝3→BOX 1 에
6) ③′ (BOX 3의 숫자)는 "5" 보다 커야 한다 (왜냐하면 현재 BOX 4, 5의 내용만을 BOX 1 에 누적(가산)하여 주었기 때문). ④′로 가라.

7) ④′ 5＋1＝6 : 다음에 ②′번 명령을 수행할 경우 두번째 BOX NO는 BOX 6 이다. ②″로 가라.
8) ②″ 3＋4＝7→BOX 1 에
9) ③″(BOX 3 의 숫자)는 "6" 보다 커야 한다(왜냐하면 현재 BOX 4, 5, 6의 내용만을 BOX1 에 누적(가산)하여 주었기 때문). ④″로 가라.
10) ④″ 6＋1＝7 : 다음에 ②″번 명령을 수행할 경우 두번째 BOX NO는 BOX 7 이다. ②‴로 가라.
11) ②‴ 7＋3＝10→BOX 1 에
12) ③‴(BOX 3 숫자)는 "7"이면 된다(왜냐하면 현재 BOX 4, 5, 6, 7의 내용을 모두 BOX 1 에 누적하였고 "7이 7 보다 큰가?"라고 물었을 때 같은 수치이지 큰 수치가 아니기 때문에 "NO" 방향으로 갈려 나가기 때문). "END"로 가라.

※ 지금까지의 처리에 의해서 변화된 BOX의 내용을 도시하면 아래와 같다.

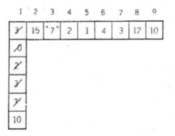

1	2	3	4	5	6	7	8	9
/	15	"7"	2	1	4	3	12	10
/0								
/								
/								
/								
10								

※②번 명령 두번째·BOX NO의 변화

(최초) BOX 4 —④번에 의해→ BOX 5 —④′번에 의해→ BOX 6
—④″번에 의해→ BOX 7

∴ BOX 3 에는 "7"이란 값이 기억된다.

문제 6

1) ① BOX15의 수치를 2 배로 함.
2) ② 15－3＝12 : 다음에 ①번 명령을 처리할 경우 BOX NO는 모두 BOX12이다.

3) ③ (BOX 14의 숫자)는 "12"보다 작아야 한다(왜냐하면 현재 BOX 15의 내용만을 2배로 하여 주었기 때문이다). ①'로 가라.

4) ①' BOX 12의 수치를 2배로 함.

5) ②' 12 - 3 = 9 : 다음에 ①'번 명령을 처리할 경우 BOX NO는 모두 BOX 9이다.

6) ③' (BOX 14의 숫자)는 "9"보다 작아야 한다(왜냐하면 현재 BOX 15, 12의 내용만을 2배로 하여 주었기 때문이다). ①"로 가라.

7) ①" BOX 9의 수치를 2배로 함.

8) ②" 9 - 3 = 6 : 다음에 ①"번 명령을 처리할 경우 BOX NO는 모두 BOX 6이다.

9) ③" (BOX 14의 숫자)는 "6"보다 작아야 한다(왜냐하면 현재 BOX 15, 12, 9의 내용만을 2배로 하여 주었기 때문이다). ①"'로 가라.

10) ①"' BOX 6의 수치를 2배로 함.

11) ②"' 6 - 3 = 3 : 다음에 ①"'번 명령을 처리할 경우 BOX NO는 모두 BOX 3이다.

12) ③"' (BOX 14의 숫자)는 "3"보다 큰 "4"이어야 한다(왜냐하면 현재 문제에서 제시한 BOX 15, 12, 9, 6의 내용을 모두 2배해 주었기 때문에 더 이상 반복 처리할 필요가 없기 때문이다). "END"로 가라.

※ ①번 명령의 모든 BOX NO의 변화

        ②번에 의해   ②'번에 의해
(최초) BOX 15 ──────→ BOX 12 ──────→ BOX 9

  ②"번에 의해   ②"'번에 의해
────────→ BOX 6 ────────→ BOX 3

※ BOX 14에는 "4"라는 값이 기억되어야 한다.

문제 7

1) ① 0 → BOX 7에

2) ② (BOX 7의 숫자)에 (BOX 1의 숫자)를 누적(가산)하여 BOX 7에 기억시켜라.

3) ③ (BOX 6의 숫자)는 "1"보다 커야 한다〈왜냐하면 현재 (BOX 1의 숫자)만 BOX 7에 누적되었기 때문이다〉. ④로 가라.

4) ④ (BOX 7의 숫자)에 (BOX 11의 숫자)를 누적하여 BOX 7에 기억시켜라.

5) ⑤ 1 + 1 = 2 : 다음에 ②번 명령을 수행하는 경우 두번째 BOX NO는 BOX 2이다.

6) ⑥ 11 - 1 = 10 : 다음에 ④번 명령을 수행하는 경우 첫번째 BOX NO는 BOX 10이다. ②'로 가라.

7) ②' (BOX 7의 숫자)에 (BOX 2의 숫자)를 누적하여 BOX 7에 기억시켜라.

8) ③' (BOX 6의 숫자)는 "2"보다 커야 한다. 〈왜냐하면 현재 (BOX 1, 2, 11의 숫자)만이 BOX 7에 누적되었기 때문이다). ④'로 가라.

9) ④' (BOX 7의 숫자)에 (BOX 10의 숫자)를 누적하여 BOX 7에 기억시켜라.

10) ⑤' 2 + 1 = 3 : 다음에 ②'번 명령을 수행하는 경우 두번째 BOX NO는 BOX 3이다.

11) ⑥' 10 - 1 = 9 : 다음에 ④'번 명령을 수행하는 경우 첫번째 BOX NO는 BOX 9이다. ②"로 가라.

12) ②" (BOX 7의 숫자)에 (BOX 3의 숫자)를 누적하여 BOX 7에 기억시켜라.

13) ③" (BOX 6의 숫자)는 "3"보다 커야 한다. 〈왜냐하면 현재 (BOX 1, 2, 3, 10, 11의 숫자)만이 BOX 7에 누적되었기 때문이다). ④"로 가라.

14) ④" (BOX 7의 숫자)에 (BOX 9의 숫자)를 누적하여 BOX 7에 기억시켜라.

15) ⑤" 3 + 1 = 4 : 다음에 ②"번 명령을 수행하는 경우 두번째 BOX NO는 BOX 4이다.

16) ⑥" 9 - 1 = 8 : 다음에 ④"번 명령을 수행하는 경우 첫번째 BOX NO는 BOX 8이다. ②"'로 가라.

17) ②"' (BOX 7의 숫자)에 (BOX 4의 숫자)를 누적하여 BOX 7에 기억시켜라.

18) ③"' (BOX 6의 숫자)는 "4"와 같거나 커야 한다. 따라서 "4"가 되어야 한다. 〈왜냐하면 현재 문제에서 제시한 (BOX 1, 2, 3, 4, 9, 10, 11의 숫자)를 모두 BOX 7에 누적하였기 때문에 더 이상 반복 처리를 하지 말고 "NO" 쪽으로 빠지도록 처리해 주어야 하기 때문이다〉. "END"로 가라.

※ ②번 명령의 두번째 BOX NO와 ④번 명령의 첫번째 BOX NO의 변화

②번의 두번째 BOX NO
     ⑤에 의해   ⑤'에 의해   ⑤"에 의해
(최초) BOX 1 ──→ BOX 2 ──→ BOX 3 → BOX 4

④번의 첫번째 BOX NO

⑥번에 의해 ⑥에 의해 ⑤에 의해
(최초) BOX11──BOX10──BOX 9 ──BOX 8

※ BOX 6 에는 "4"가 기억되면 된다.

문제 8

문자A가 BOX 4 에 들어 있으려면, 즉 ④번명령을 수행하려면

1) ①의 물음에서는 "NO" 쪽으로 빠져서 ②의 물음으로 가야 한다. 따라서 이때의 조건은 "(3)≧(1)", 즉 BOX 3 의 내용은 BOX 1 의 내용보다 크거나 같다.

2) ②의 물음에서도 "NO" 쪽으로 빠져서 ③의 물음으로 가야 한다. 따라서 이때의 조건은 "(3)≧(2)", 즉 BOX 3 의 내용은 BOX 1 의 내용보다 크거나 같다.

3) ③의 물음에서도 "NO"쪽으로 빠져야 ④번 명령, 즉 "BOX 4 에 문자 A를 넣어라"를 수행할 수 있다. 따라서 이때의 조건은 "(2)≧(1)", 즉 BOX 2 의 내용은 BOX 1 보다 크거나 같다.

4) ④번 명령은 문제에서 원하는 내용을 수행한다.

※ 위의 ①, ②, ③의 조건을 조합시켜 정리해 보면

①의 조건 : (3)≧(1)…………1)
②의 조건 : (3)≧(2)…………2)
③의 조건 : (2)≧(1)…………3)

1), 2), 3) 조건을 정리하면 (3)≧(2)≧(1)이 된다.

※ BOX 1 , 2 , 3 중에서 최대의 숫자를 가지고 있는 것은 "BOX 3 "이고, BOX 1 , 2 , 3 중에서 최소의 숫자를 가지고 있는 것은 "BOX 1 "이다.

문제 9

BOX 4 에 문자 C나 문자 F가 들어 있으려면, 즉 ⑥번이나 ⑨번명령을 수행하려면 다음 두 가지로 분류하여 처리하여야 한다.

1] BOX 4 에 문자 C가 들어 있으려면, 즉 ⑥번 명령을 수행하려면

1) ①의 물음에서는 "NO" 쪽으로 빠져서 ②의 물음으로 가야 한다. 따라서 이때의 조건은

"(3)≧(1)", 즉 BOX 3 의 내용은 BOX 1 의 내용보다 크거나 같다.

2) ②의 물음에서는 "YES" 쪽으로 빠져야 ⑥번명령, 즉 "BOX 4 에 문자 C를 넣어라"를 수행할 수 있다. 따라서 이때의 조건은 "(2)>(3)", 즉 BOX 2 의 내용은 BOX 3 보다 크다.

3) ⑥번 명령은 문제에서 원하는 내용을 수행한다.

※ 위의 ①, ②의 조건을 조합 정리해 보면

①의 조건 : (3)≧(1)………1
②의 조건 : (2)>(3)………2

1), 2) 조건을 정리하면
(2)>(3)≧(1)…………가

2] BOX 4 에 문자 F가 들어 있으려면, 즉 ⑨번 명령을 수행하려면

1) ①의 물음에서는 "YES"쪽으로 빠져서 ⑩의 물음으로 가야 한다. 따라서 이때의 조건은 "(1)>(3)", 즉 BOX 1 의 내용은 BOX 3 의 내용보다 크다.

2) ⑩의 물음에서도 "YES"쪽으로 빠져서 ⑪의 물음으로 가야 한다. 따라서 이때의 조건은 "(2)>(3)", 즉 BOX 2 의 내용은 BOX 3 의 내용보다 크다.

3) ⑪의 물음에서도 "YES"쪽으로 빠져야 ⑨번 명령, 즉 "BOX 4 에 문자F를 넣어라"를 수행할 수 있다. 따라서 이때의 조건은 "(1)>(2)", 즉 BOX 1 의 내용은 BOX 2 의 내용보다 크다.

4) ⑨번 명령은 문제에서 원하는 내용을 수행한다.

※ 위의 ①,⑩,⑪의 조건을 조합시켜 정리해 보면

①의 조건 : (1)>(3)………… 1)
⑩의 조건 : (2)>(3)………… 2)
⑪의 조건 : (1)>(2)………… 3)

1), 2), 3)의 조건을 정리하면
(1)>(2)>(3)…………… 나
위의 가, 나 두 조건하에서 주어진 문제를 풀면 된다.

∴ BOX 1 , 2 , 3 중에서 최대의 숫자를 가지고 있을 가능성이 없는 것은 가, 나 두 조건하에서 한번도 가장 큰 값을 가져 보지 못한 "BOX 3 "이고, BOX 1 , 2 , 3 중에

서 최소의 숫자를 가지고 있을 가능성이
없는 것은 가, 나 두 조건하에서 가장 작
은 값을 한번도 가져 보지 못한 "BOX 2"

문제10

BOX 4에 문자B나 E가 들어 있으려면, 즉 ⑤번
이나 ⑧번 명령을 수행하려면 다음 두 가지로 분
류하여 처리하여야 한다.

1] BOX 4에 문자B가 들어 있으려면, 즉 ⑤번
   명령을 수행하려면
   1) ①의 물음에서는 "NO"쪽으로 빠져서 ②
      의 물음으로 가야 한다. 따라서 이때의 조
      건은 "(3)≧(1)", 즉 BOX 3의 내용은 BOX
      1의 내용보다 크거나 같다.
   2) ②의 물음에서도 "NO"쪽으로 빠져서 ③
      의 물음으로 가야 한다. 따라서 이때의
      조건은 "(3)≧(2)", 즉 BOX 3의 내용은
      BOX 2의 내용보다 크거나 같다.
   3) ③의 물음에서는 "YES" 쪽으로 빠져야
      ⑤번명령, 즉 "BOX 4에 문자B를 넣어
      라"를 수행할 수 있다. 따라서 이때의 조
      건은 "(1)>(2)", BOX 1의 내용은 BOX
      2의 내용보다 크다.
   4) ⑤번 명령은 문제에서 원하는 내용을 수
      행한다.
   ※ 위의 ①, ②, ③의 조건을 조합시켜 정리
      해 보면
      ①의 조건 : (3)≧(1) ········ 1)
      ②의 조건 : (3)≧(2) ········ 2)
      ③의 조건 : (1)≧(2) ········ 3)
      1), 2), 3)의 조건을 정리하면
      (3)≧(1)≧(2) ·········· 가
2] BOX 4에 문자E가 들어 있으려면, 즉 ⑧번
   명령을 수행하려면
   1) ①의 물음에서는 "YES"쪽으로 빠져서
      ⑩의 물음으로 가야 한다. 따라서 이때
      의 조건은 "(1)>(3)", 즉 BOX 1의 내
      용은 BOX 3의 내용보다 크다.
   2) ⑩의 물음에서도 "YES"쪽으로 빠져서
      ⑪의 물음으로 가야 한다. 따라서 이
      때의 조건은 "(2)>(3)", 즉 BOX 2의
      내용은 BOX 3의 내용보다 크다.

3) ⑪의 물음에서는 "NO"쪽으로 빠져야 ⑧
   번 명령, 즉 "BOX 4에 문자E를 넣어라"
   를 수행할 수 있다. 따라서 이때의 조
   건은 "(2)≧(1)", 즉 BOX 2의 내용은
   BOX 1의 내용보다 크거나 같다.
4) ⑧번명령은 문제에서 원하는 내용을 수
   행한다.
※ 위의 ①, ⑩, ⑪의 조건을 조합시켜 정리해
   보면
   ①의 조건 : (1)>(3) ········· 1)
   ⑩의 조건 : (2)>(3) ········· 2)
   ⑪의 조건 : (2)≧(1) ········· 3)
   1), 2), 3)의 조건을 정리하면
   (2)≧(1)>(3) ·········· 나
   위의 가, 나 두 조건하에서 주어진 문
   제를 풀면 된다.
   ∴ BOX 1, 2, 3 중에서 최대의 숫자
   를 가지고 있을 가능성이 없는 것은 가,
   나 두 조건하에서 한번도 가장 큰 값
   을 가져보지 못한 "BOX 1"이고, BOX
   1, 2, 3 중에서 최소의 숫자를 가지
   고 있을 가능성이 없는 것은 가, 나 두
   조건하에서 가장 작은 값을 한번도 가
   져보지 못한 "BOX 1"이다.

문제11

1) ①(BOX 2의 숫자)와 (BOX 1의 숫자)
   의 비교로서 "NO"일 때는 (BOX 2의
   숫자)와 (BOX 1의 숫자)를 서로 교
   환하고 "YES"일 때는 교환하지 않는
   명령이며, 최대의 수치를 골라 넣을 때
   필요한 명령으로 BOX 3 (즉, BOX 1,
   2, 3 중 마지막 BOX NO)에 최대의
   수치를 넣어야 하므로 큰 BOX NO를
   가진 BOX 속의 숫자가 큰가를 물은
   것이 "YES, NO"쪽의 처리 방법에 부
   합된다.
2) ②①번 물음에서 "NO"인 조건일 때 처
   리할 명령으로 (BOX 1의 숫자)를
   BOX 4에 옮기라는 명령이다. 이명령
   이 사용되는 이유는 BOX 1의 내용과
   BOX 2의 내용을 교환하려는 경우
   BOX 1의 내용을 BOX 2쪽으로 옮기든

지 혹은 BOX 2의 내용을 BOX 1쪽
으로 옮기든지 한쪽의 값이 무조건 없
어지기 때문에 BOX 2의 내용을 BOX
1쪽으로 옮기기 전에 처리해야 할 명
령이므로 문제의 뜻에 부합된다.

3) ③(BOX 2의 숫자)를 BOX 1에 옮기라
는 명령이다. ②번 명령에서 (BOX 1
의 숫자)를 BOX 4로 옮겨 주었으므
로 무조건 옮겨 주어도 좋다. 이 명령
역시 문제의 뜻에 부합된다.

4) ④(BOX 4의 숫자)를 BOX 2에 옮기라
는 명령이다. ②번 명령에서 (BOX 1
의 숫자)를 BOX 4에 옮겨 놓았으므
로 결국은 (BOX 1의 숫자)를 BOX
2에 옮겨준 것과 같은 결과이다. 이
명령 역시 문제의 뜻에 부합된다.

※ ②.③.④번 명령은 2개의 BOX 속
의 숫자를 서로 교환하려 할 경우에 사
용되는 명령들이다.

5) ⑤(BOX 2의 숫자)와 (BOX 3의 숫자)
의 비교로서 "NO"일 때는 (BOX 2
의 숫자)와 (BOX 1의 숫자)를 서로
교환하고, "YES"일 때는 교환하지 않
는 명령이며. 최대의 수치를 골라 넣
을 때 필요한 명령으로 BOX 3 (즉.
BOX 1, 2, 3중의 마지막 BOX NO)
에 최대의 수치를 넣어야 하므로 큰
BOX NO를 가진 BOX 속의 숫자가
큰가를 물어야 하는데 작은 BOX NO
를 가진 BOX NO 속의 숫자가 큰가
를 물었기 때문에 문제의 뜻에 부합되
지 않는다. 따라서 이것을 정확하게
표시하려면 "(BOX 3의 숫자)는 (BOX
2의 숫자)보다 큰가?"라고 기재해
주어야 한다.

6) ⑥.⑦.⑧번 명령은 ⑤번의 물음에서
"NO"일 때 최초의 BOX NO의 내용과
두번째 BOX NO의 내용을 교환해주기
위해 사용되는 명령들로서 문제의 뜻에
부합되는 명령들이다. 이것들의 자세한
처리 형태는 ②.③.④번 명령과 동일하
므로 참조하기 바란다.

∴ 이 플로우차트 중에서 고쳐야 할 명령은
5번이며. 그 명령의 최초의 BOX NO는

3번으로 하여야 하고. 그 명령의 두번째
BOX NO는 2번으로 하여야 한다.

플로우차트 완성 테스트

문제 1

(1) "X, Y가 같은가?" 물었을 때 "YES"인 경우
이므로 X, Y Z 3그룹 중 X, Y의 무게가 서
로 같으므로 무거운 공은 Z그룹에 포함되어
있다. 따라서 빈곳 1번에는 Z그룹의 테스트를
하라 라는 내용이 기재되어야 한다. 정답 C

(2) 2. 3번 공을 저울 양쪽에 단 경우 2.3번
공의 무게가 같은가 혹은 어느쪽이 무거운가
하고 물었을 때 "YES"인 경우 "1번공이 무
겁다"란 결과가 나오려면 빈곳 2번에 2와 3
은 같은 무게인가? 라는 내용이 기재되어야
한다. 정답 A

(3) "2와 3은 같은 무게인가?" 물었을 때 "NO"
인 경우이므로 2번 혹은 3번 중에 1개가 다
른 공보다 무거운 것이 된다. 따라서 두공 중
어느쪽이 무거운가? 하고 물었을 때 "YES"인
경우 "2번공이 무겁다"이고, "NO"인 경우
"3번공이 무겁다"라고 처리될 조건은 2는 3
보다 무거운가? 라는 내용이다. 정답 B

(4) "X, Y가 같은가?" 물었을 때 "NO"인 경우
이므로 X 혹은 Y 그룹 속에 다른 공보다 무
거운 공이 포함되어 있다는 뜻이다. 따라서
X, Y그룹 중 어느쪽이 무거운가를 다시 측정
해 보아야 하므로 X그룹은 Y그룹보다 무거운
가? 라는 내용이 기재되어야 "YES"일 경우
"X그룹의 테스트를 하라"라는 내용이 성립된
다. 정답 E

(5) "X그룹은 Y그룹보다 무거운가?" 물었을 때
"NO"인 경우라면 Y그룹이 X그룹보다 무겁
거나 무게가 같은 경우인데 같은 경우는 위의
물음에서 이미 처리되었으므로 Y그룹이 무거
운 것으로 처리되는 경우만을 처리하면 된다.
따라서 빈곳 5번에 기재될 내용은 Y그룹의 테
스트를 하라 이다. 정답 D

※ 1) 3번의 경우에는 "1, 3이 같은가?"라고
기재하여도 플로우차트는 성립되나 2번
판단 기호 바로 전 처리에서 "2, 3의 공
을 저울 양쪽에 단다"라고 하였으므로 문
제의 뜻에 맞지 않는 답이다.

2) 4번의 경우에도 "Y, Z가 같은가?"라고 기재하여도 플로우차트는 성립되나 시작점에서부터 두번째 처리에서 "X, Y 그룹을 저울에 단다"라고 하였으므로 문제의 뜻에 맞지 않는 답이다.

문제 2

(1) 소득 구분은 200,000원 이하, 200,001원이상 300,000원이하, 300,001원이상 400,000원이하, 400,000원이상 등 4개의 구분으로 되어 있다. 소득 구분을 위한 판단 기호는 3개인데 이 중 2개는 조건이 기재되어 있는데 그 내용은 200,000원이하, 200,001원이상 300,000원이하, 300,001원이상까지 3단계만을 구분할 수 있다. 따라서 문제의 설정 조건에 맞지 않으므로 나머지 1개의 판단 기호에는 소득은 300,001~400,000원 사이인가? 라는 내용이 기재되어 있어야 한다. 정답 C

(2) "소득은 300,001~400,000원 사이인가?"라는 물음에서 "NO"로 갈라져 나왔으므로 소득 구분 분류 중 현재까지 사용한 "3" 다음인 "4"로 하여야 문제의 설정 조건에 부합된다. 따라서 빈곳 2번에는 소득 구분 번호를 4로 한다 라는 내용이 기재되어 있어야 한다. 정답 E

(3) 근속 년수 구분은 1년미만, 1년이상 4년미만, 4년이상 등 3개의 구분으로 되어 있다. 근속 년수에 따라 1년이상 4년미만은 "구분 번호2"라 하고 4년이상은 "구분 번호3"이라 하였으므로 근속 년수가 1년미만인 사람은 "구분 번호1"이라 하여야 한다. 따라서 "YES"일 때 근속 년수 구분 번호를 "1"이라 할 수 있는 물음은 근속 년수가 1년미만인가? 이어야 한다. 정답 D

(4) 연령 구분은 29세이하, 30세이상 39세이하, 40세이상 등 3개의 구분으로 되어 있다. 이중 문제에서 "연령 구분 번호1, 2"를 결정하는 처리가 되어 있고 빈곳 4번을 "NO"로 하는 물음에서 "연령은 30~39세 사이인가?"라 하였으므로 빈곳 4번은 연령 구분 번호를 3으로 하라 라는 내용이 기재되어야 한다. 정답 E

(5) 한 사람에 대한 소득, 근속 년수, 연령 구분을 끝냈으므로 전체 인원에 대한 처리가 끝났는지를 알아보아 전체 인원에 대한 처리가 끝났으면 완료시키고, 그렇지 않으면 급여 대장을 한 장 꺼내서 다시 처리하여야 한다. 따라서 빈곳 5번은 사람수 계산은 400인가? 라는 내용이 기재되어야 한다. 정답 D

문제 3

(1) 문제 설정 조건에서 처음 꺼낸 공이 "검정색"이면 1점이라 하였으므로 "검정색인가" 물었을 경우 "YES"이면 그 공은 검정색이므로 빈곳 1번에는 득점1 을 기재해 주어야 한다. 정답 D

(2) 문제 설정 조건에서 두번째부터 꺼낸 공이 앞에 먼저 꺼낸 공과 틀린 색깔일 때는 2점, 같은 색깔일 때는 0점이라 하였으므로 빈곳 2의 물음에 대해 "NO"쪽인 판단 기호의 내용을 보면 "앞의 공의 색은 빨강색이었는가?" 이다. 이 물음에 대해 "NO"라면 앞의 공의 색깔은 검정색이었다는 내용이며 이때의 처리 형태는 "득점 없음"이므로 설정 조건에 의해 현재 공의 색과 앞의 공의 색은 서로 같아야 한다. 따라서 빈곳 2번의 물음에 기재될 내용은 "NO"인 경우를 생각하면 빨강인가 가 된다. 정답 A

(3) 문제 설정 조건에서 두번째부터 꺼낸 공일 경우에는 "득점 2"와 "득점 없음"의 두 가지 경우뿐이다. 따라서 빈곳 4번의 질문에서 "NO"일 경우 "득점 없음"이었으므로 "YES"일 경우에는 득점 2 가 될 수밖에 없다. 정답 C

(4) 빈곳 2번의 물음이 "빨강색인가?"이고, "YES"쪽으로 처리되어 왔으므로 설정 조건에 의해 앞의 공의 색깔과 비교하여야 하는데 빈곳 4번의 물음에 대해 "YES"쪽이 "득점 2"이고 "NO"쪽이 "득점 없음"이므로 빈곳 2번의 물음과 반대색으로 물어야 한다. 따라서 먼저 꺼낸 공은 검정색인가 라는 내용으로 표시하여야 한다. 정답 A

(5) 10개의 공을 전부 꺼내면 경기가 끝나므로 10개의 공을 전부 꺼냈는가를 묻는 내용을 기재하여야 한다. 따라서 꺼낸 공의 수는 10인가 라는 내용이 기재되어야 한다. 정답 C

문제 4

(1) 문제의 설정 조건에 의해 화합물이나 혼합 비

윰에 변화가 없어도 압력과 습도가 정확한 상태가 아니면 장치를 정확한 압력, 습도의 상태로 되돌려야 하는데 여기서는 "화합물에 변화가 있는가" 물었을 때 "NO"쪽이므로 화합물에 변화가 없다는 뜻이고, "원료의 정확한 혼합 비율에 변화가 있는가"라 물었을 때 "NO"쪽이므로 원료의 정확한 혼합 비율에 변화가 없다는 뜻이다. 그러므로 문제의 설정 조건에서 온도와 습도가 정확한 상태인가를 물어 정확하지 않으면 정확한 상태로 만들어 주어야 한다. 그런데 "빈곳 1" 다음에 기재된 물음에서 "습도에 변화가 있나?"를 물어 보았으므로 빈곳 1 번에서는 압력에 변화가 있는가? 를 기재해 주면 된다. 정답 C

(2) "습도에 변화가 있나?"라 물었을 때 "NO" 쪽으로 빠졌으므로 습도에 변화가 있다는 뜻이다. 따라서 문제의 설정 조건에 따라 정확한 습도로 하라 라는 내용이 기재되어야 한다. 정답 A

(3) 화합물에 변화가 있어 원재료의 정확한 혼합 비율을 계산하였으므로 계산된 원재료의 혼합 비율과 현재 사용하고자 하는 혼합 비율이 일치하는가를 비교해 보아야 한다. 따라서 빈곳 3 번에 기재될 내용은 계산된 혼합 비율과 현재의 비율은 일치하는가 이다. 정답 C

(4) "정확한 습도와 압력을 계산하라"라는 내용에 따라 압력에 관한 내용을 판단 처리하였으므로 빈곳 4 번에서는 습도에 관한 비교, 판단을 처리하여야 한다. 따라서 빈곳 4 번에는 계산된 습도와 현재의 습도는 일치하는가? 라는 내용이 기재되어야 한다. 정답 C

(5) 빈곳 4 번에 "계산된 습도와 현재의 습도는 일치하는가?"라는 내용을 기재하였는데, 이 물음의 "NO"쪽으로 빠져 나오는 경우이므로 문제의 설정 조건에 따라 정확한 습도로 하라 라는 내용이 기재되어야 한다. 정답 A

문제 5

(1) "X(i)는 LARGEST에 쓰인 수보다 큰가"라는 물음의 "NO"쪽으로 빠졌으므로 X(i)가 LARGEST에 쓰인 수보다 작거나 같다. 따라

서 X(i)에 기억되어 있는 내용은 SMALLEST에 기입되어 있는 수보다 작은 수도 있으므로 빈곳 1 번에는 X(i)는 SMALLEST에 쓰인 수보다 작은가 라는 내용이 기재되어야 한다. 정답 D

(2) "X(i)는 SMALLEST에 쓰인 수보다 작은가"라는 물음의 "YES"쪽으로 빠졌으므로 X(i)를 SMALLEST에 기입하고 문제 설정 조건에 따라 i를 S-NUM에 써라 라는 내용이 빈곳 2 번에 기재되어야 한다. 정답 E

(3) "X(i)는 LARGEST에 쓰인 수보다 큰가"라는 물음의 "YES"쪽으로 빠졌으므로 X(i)가 LARGEST에 쓰인 수보다 크다. 따라서 빈곳 3 번에는 문제의 설정 조건에 따라 X(i)를 LARGEST에 기입하라 라는 내용이 기재되어야 한다. 정답 B

(4) 주어진 X(i)의 내용을 LARGEST와 SMALLEST의 내용과 비교 처리를 끝냈으므로 X(i)의 다음번째 내용인 X(i+1)번째 내용을 비교 처리해 보아야 하므로 i의 값을 "1"만큼 증가시켜 주어야 한다. 따라서 빈곳 4 번에 기재될 내용은 i에 1을 더한다 이다. 정답 C

(5) X(i)의 내용과 LARGEST, SMALLEST의 내용과 비교 처리를 끝내고 i를 눌러 처리했으므로 마지막 숫자까지 비교가 끝났는가를 알아보아 완료시키든가, 비교를 계속하든가 해야 한다. 따라서 빈곳 5 번에 들어갈 내용은 i가 51인가 이다. 정답 E

문제 6

(1) "검정색인가" 물었을 때 "YES" 쪽으로 빠졌으므로 문제 설정 조건에 의해 공의 번호가 짝수인가 혹은 홀수인가를 물어보아야 한다. 그런데 이 물음에 대해 "NO"인 경우에 1득점을 할 수 있으므로 문제의 설정 조건 "C의②"에 의해 빈곳 1 번에 기재될 내용은 짝수인가 이다. 정답 A

(2) "검정색인가" 물었을 때 "YES"이고, "짝수인가" 물었을 때 "YES"이므로 현재 꺼낸 공은 "짝수인 검정공"이다. 이 경우는 득점을 못하고 패배하게 되는데 설정 조건 "C의④"에 의해 먼저번의 공이 홀수의 검정공이면 득점할

수 있다. 따라서 "먼저번 공의 색이 검정색이 있는가" 물었을 때 "YES"이므로 먼저번 공의 번호가 홀수이면 득점할 수 있다. 그런데 빈곳 2 번의 물음에서 "NO" 쪽이 득점할 수 있었으므로 빈곳 2 번에 기재할 내용은 짝수이있는가 이다. 정답 D

(3) "검정색인가" 물었을 때 "NO"이므로 "빨강색"이며 빨강색의 경우 득점을 하려면 설정조건 "C의 ①"에 의해 공의 번호가 짝수이어야 한다. 따라서 빈곳 3 번의 물음에 "YES"인 경우가 1득점할 수 있었으므로 빈곳 3 번에 기재될 내용은 짝수인가 이다. 정답 C

(4) 현재 공은 "홀수인 빨강공"이고, 먼저번 공의 색이 빨강색이므로 문제 설정조건 "C의 ③"에 의해 먼저번 공의 번호가 짝수이면 득점할 수 있다. 그런데 빈곳 4 번의 물음에 "NO"가 될 때 1득점할 수 있었으므로 빈곳 4 번에 기재될 내용은 홀수이있는가 이다. 정답 B

(5) 승리를 결정하려면 계속하여 7득점을 하여야 한다. 따라서 현재 공의 득점이 확정되면 7득점을 하었나를 판단하여 승리를 확정짓든지, 새로운 공을 꺼내도록 처리하여야 한다. 따라서 빈곳 5 번에 기재할 내용은 득점 7 인가 이다. 정답 C

문제 7

(1) 설정 조건에서 A형이든 B형이든 샘플 15 개 중 4개가 검사 기준에 통과하지 못하면 폐기한다. 따라서 빈곳 1 번의 바로 전 물음의 내용이 "B형으로서 불합격 제품수가 4 와 같은가"였고, "YES" 쪽으로 빠졌으므로 B형으로서는 완전 불합격이다. 그러나 A형과 B형의 검사 기준이 다르기 때문에 A형으로서도 완전 불합격인지를 판별하여 처리하여야 한다. 그리고 빈곳 1 번의 물음에 "YES"가 될 때 "폐

기하라"라는 결과가 되므로 빈곳 1 번에는 B가 아니고 A형으로서 불합격의 제품수가 4 와 같은가 라는 내용이 기재되어야 한다. 정답 D

(2) 길이, 무게, 지름에 대한 물음이 모두 설정 조건에서 A형의 검사 기준에 관한 내용들이고 전부 "NO" 쪽으로 빠진 공통 부분이므로 이 길로 빠진 내용은 모두 A형의 불합격 제품을 나타내게 된다. 따라서 빈곳 2 번에 기재할 내용은 A형으로 하여 불합격의 제품을 계산하는데 1을 더한다 이다. 정답 A

(3) 설정 조건에서 150개 중 15개를 꺼내서 검사하여 제품 전체를 평가한다 하었으므로 검사한 제품(SAMPLE)의 갯수가 15개인가를 판단하여야 한다. 따라서 빈곳 3 번에 기재할 내용은 제품을 세는 계산이 15인가 이어야 한다. 정답 D

(4) 빈곳 3 이후에는 15개의 제품(SAMPLE)의 검사가 끝난 후이므로 제품을 A형, B형 혹은 폐기로 결정해야 하는 부분이다. 따라서 빈곳 4 번 바로 전 물음에서 "B형으로서 불합격 제품의 수가 4와 같은가" 라 하었을 때 "YES" 라 하었으므로 B형은 될 수 없고, A형인가 혹은 폐기할 것인가를 결정하기 위한 판단이 필요하다. 그런데 빈곳 4 번의 물음에서 "YES" 일 경우 "폐기하라"라 하었으므로 빈곳 4 번에는 A형으로 하여 불합격 제품의 수가 4와 같은가 라는 내용이 기재되어야 한다. 정답 A

(5) 빈곳 4 번에서 "A형으로 하여 불합격 제품의 수가 4와 같은가"라고 물었을 때 "NO" 쪽에 빈곳 5 번이 있으므로 그 속에 기재할 내용은 A형으로 구분한다 이다. "B형으로 구분한다"라는 내용은 빈곳 4 번의 바로 전 물음에서 구분하었으므로 여기서는 사용할 수 없다. 정답 C

팔영산 깃대봉에서

조성갑

절벽 산하에 집 나온 나비 한 마리 1령 넘어 안녕 2령 올라 야호
3령 딛고 야야 4령 스치며 구름과 인사하고
하늘 아래 직각 떨어진 5령 위를 넘나드네
나도 날개를 원한다.

솔잎 사이로 바위 스쳐온 향기 품은 산골 바람이
뛰고 뛰는 심당을 식히며6령 고개 맞이하고
하루밤 쉬고 돌아온 노란 나비
한 마리가 춤을 추며 반진다. 나도 춤을 원한다.

기다른 산길을 밟으며 인내하고 희망하며 걷고 또 걸으며
속비치는 여린 연녹색의 생명력을 맡으며 지나온 시간의 연속에서
인내와 시간이 무엇인지 알았고 깊게 뿌리 박고 결연이 서 있는
8령 고봉기암에 앉아있는 왕나비 한 마리 나도 그 자리에 앉고싶다.

저멀리 겹겹이 박혀있는 섬과 양침 기와집, 닭 오리 돼지 염소
울담 사이로 솟아오른 돌밭에는 마늘 양파 냉이가
쇠완섭을 느리게 오가는 연락선의 환영을 받고
출렁이는 파도위에 호랑나비 라고 추억을 만들자 하네

저기는 어두워도 어둡지 않고, 비가 와도 젖지 않고,
눈이 와도 미끄럽지 않고, 밥이 없어도 배 고프지 않고
한잔, 두잔, 말술에도 취하지 않고
붓이 없어도 그려지는 그런 곳이었습니다

종합문제

8. 1 문자 계열 테스트

INSTRUCTIONS FOR PART I

In part I you will be given some problems like those on this page. The letters in each series fol - low a certain rule. For each : ries of letters you are to find the correct rule and complete the series. One of the letters at the right side of the page is the correct answer. Look at the example below.

W A B A B A B A B (1)A (2)B (3)C (4)D (5)E

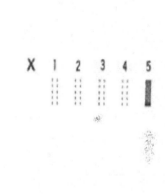

For this problem the series goes AB AB AB AB
The next letter in the series is A, choice 1, which has been indicated
the answer sheet as the correct answer

X A A B B C C D D (1)A (2)B (3)C (4)D (5)E

In example X, above the series goes like this AA BB CC DD
The next letter in the series is E,choice 5, which has been indicated
as the correct answer on the answer sheet.
Now do example Y Below and indicate the correct answer on the answer sheet.

Y C A D A C A D A (1)D (2)C (3)F (4) G (5)H

In example Y. the series goes CA DA CA DA
Therefore, the correct answer is C choice 2
Now do example Z and indicate the correct answer on your answer sheet

Z A X B Y A X B Y A X B (1)A (2)B (3)C (4)X (5)Y

In example Z, the series goes like this : AXBY AXBY AXBY
Therefore, the correct answer is Y, choice 5
When you are told to begin, turn the page immediately and begin to work you will be allowed 10 minutes for this part, please do not mark on this text booklet. Record your answers on the an - swer sheet.

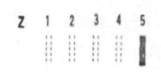

PART I

	1	2	3	4	5			(1)	(2)	(3)	(4)	(5)
1.						1.	MPQPORSRQ	P	Q	R	S	T
2.						2.	FILJMP	N	P	Q	R	S
3.						3.	BEGHKMN	O	P	Q	R	S
4.						4.	SSSTSSTTSTT	Q	R	S	T	U
5.						5.	MKIGJM	K	M	O	P	Q
6.						6.	BDFJBDFLBDF	B	H	N	L	O
7.						7.	XYZBDGJN	O	P	Q	R	S
8.						8.	ABDGKP	V	S	T	U	W
9.						9.	FHJLIFC	A	C	D	E	F
10.						10.	MPBNQCORD	E	N	O	S	P
11.						11.	MNNOPPQ	P	Q	R	S	T
12.						12.	AZBYCXD	E	F	P	W	Y
13.						13.	EEEGFFG	E	F	G	H	I
14.						14.	BCDEGHIJMNO	O	P	Q	R	S
15.						15.	APQBPQDPQGP	B	F	I	K	P

16. TROMJH (1) B (2) D (3) E (4) G (5) H **16.** 1 2 3 4 5

17. BDFHGFEDF (1) B (2) D (3) E (4) F (5) H **17.** 1 2 3 4 5

18. PONMOQSUR (1) O (2) P (3) R (4) T (5) U **18.** 1 2 3 4 5

19. MMMPPRTTTV (1) R (2) T (3) V (4) W (5) X **19.** 1 2 3 4 5

20. LORU (1) L (2) S (3) V (4) X (5) Y **20.** 1 2 3 4 5

21. LNONMOP (1) L (2) M (3) O (4) Q (5) R **21.** 1 2 3 4 5

22. RTVTVX (1) V (2) W (3) X (4) Y (5) Z **22.** 1 2 3 4 5

23. XVSRPML (1) I (2) J (3) K (4) M (5) N **23.** 1 2 3 4 5

24. OPQROPQR (1) O (2) P (3) Q (4) R (5) S **24.** 1 2 3 4 5

25. MNNNOPPQ (1) R (2) S (3) T (4) V (5) W **25.** 1 2 3 4 5

26. GTIVK (1) M (2) O (3) T (4) V (5) X **26.** 1 2 3 4 5

27. LMNOQSV (1) L (2) N (3) P (4) T (5) V **27.** 1 2 3 4 5

28. BLMCDNOPEFG (1) B (2) H (3) I (4) Q (5) S **28.** 1 2 3 4 5

29. OPPOQRRQSTTT (1) O (2) S (3) T (4) U (5) V **29.** 1 2 3 4 5

30. AXBYC (1) A (2) D (3) W (4) Y (5) Z **30.** 1 2 3 4 5

8 . 2 도형 유추 테스트

INSTRUCTIONS FOR PART II

In part II you will be given some problems like those on this page. Each row is a problem. Each row consists of four figures on the lefthand side of the page and five figures on the right-hand side of the page. The four figures on the left make a series. You are to find out which one of the fig - ures on the right-hand side would be the next or the fifth one in the series. Now look at example X.

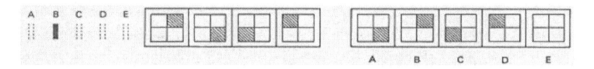

In example X there is a clockwise movement of the striped square: upper right, lower right, lower left, upper left. The next on fifth position in this clockwise movement would thus be upper right, and choice B has been indicated on the answer sheet as the correct answer.

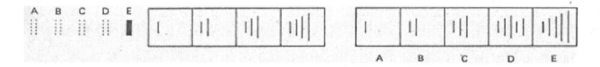

In the series of figures on the left, there is one more line in each box and these lines increase in length. Now look at the five choices on the right-hand side of the page and indicate on the an - swer sheet the letter below the box containing the correct answer.

You should have selected choice E which has five lines, one more than the last box on the left with the fifth line slightly longer than the last line in box 4.

In the problems on the following pages, you are to select the correct box on the right-hand side of the page which belongs next in the series.

Indicate the correct answer on the answer sheet. You will be allowed 15 minutes. Please do not mark on this test booklet.

PART II

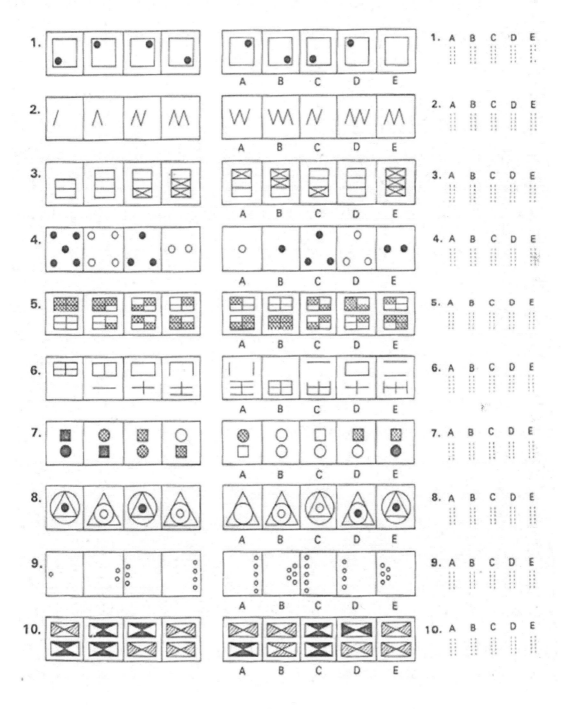

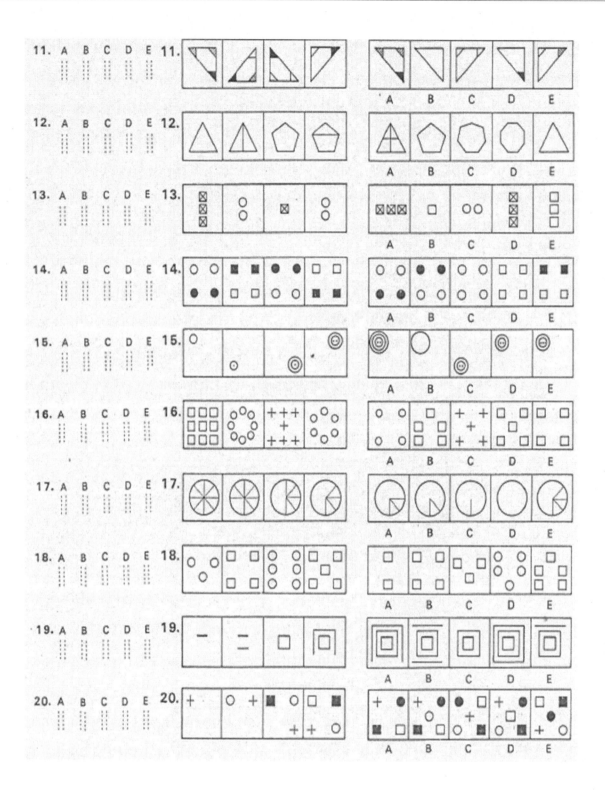

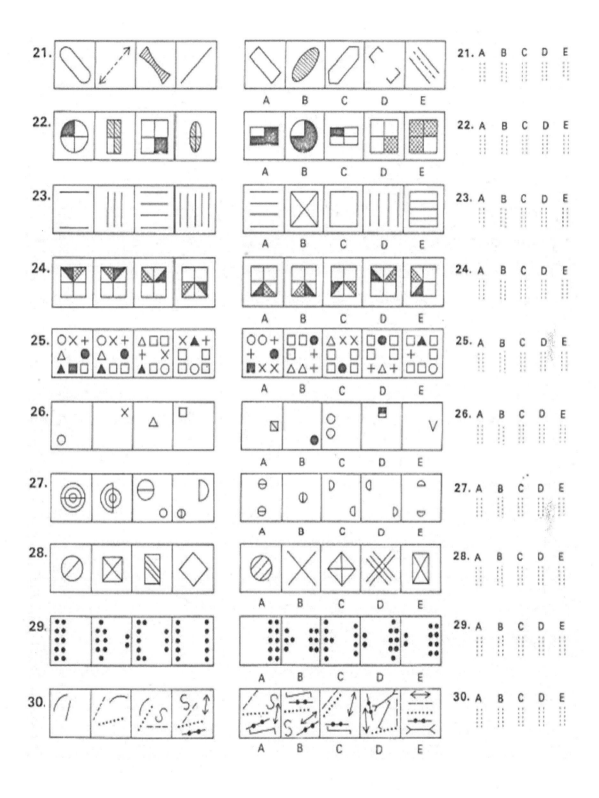

8 . 3 수리 능력 테스트

INSTRUCTIONS FOR PART III

In part III you will be given some problems in arithmetical reasoning. After each problem there are five answers, but only one of them is the correct answer. You are to solve each problem and indicate the correct answer-on the answer sheet. The following problems have been done correctly. Study them carefully.

 Example X. How many apples can you buy for 80 cent at the rate of 3 for 10 cents?

(A) 6   (B)12   (C)18   (D)24   (E)30

The correct answer to the problem is 24, which is (D) : therefore, choice (D) has been indicated on the answer sheet for Example X,

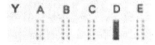 Example Y In 4 weeks John, has saved $2.80. What have his average weekly savings been?

(A) 35 ¢   (B) 40 ¢   (C) 50 ¢   (D) 70 ¢   (E) 80 ¢

The correct answer to the above problem is 70 ¢ : accordingly, choice (D) has been indicated on the answer sheet for Example Y.

When you are told to begin, turn the page immediately and begin to work. When you finish one page, go on to the next. Make sure that you do no turn two pages at once and skip a page. You will be allowed 30 minutes, but you may not be able to finish in the time allowed. Please do not mark on this test booklet. Use scratch paper for solving the problem, and indicate the letter cor- responding to your answer on the answer sheet.

DO NOT TURN THIS PAGE UNTIL YOU ARE TOLD TO BEGIN

PART III

1. A clerk multiplied a number by ten when it should have been divided by ten. The answer he got was 100. What should the answer have been?

   (A) 1   (B) 10   (C) 100   (D) 1,000   (E) 10,000

2. If 12 file cabinets require 18 feet of wall space, 30 cabinets will require how many feet of wall space?

   (A) 36 feet   (B) 40 feet   (C) 45 feet   (D) 48 feet   (E) 72 feet

3. The average salary of three programmers is $95 per week. If one programmer earns $115, a second earns $65, how much is the salary of the third programmer?

   (A) $95   (B) $105   (C) $115   (D) $160   (E) $180

4. A Company installed 36 card punch machines at the beginning of the year. In the spring they installed nine additional machines and then discontinued 18 in the fall. How many were still installed at the end of the year?

   (A) 9   (B) 18   (C) 27   (D) 36   (E) 45

5. During a given week a programmer spent 1/4 of his time preparing flow charts, 3/8 of his time coding, and the rest of the time debugging programs. If he worked 48 hours during the week, how many hours did he spend debugging programs?

   (A) 8 hours (B) 12 hours (C) 18 hours (D) 24 hours (E) 30 hours

6. A sixteen story building has 12,000 square feet on each floor Company A rents seven floors and Company B rents four floors. What is the number of square feet of unrented floor space?

   (A) 48,000   (B) 60,000   (C) 84,000   (D) 132,000   (E) 180,000

7. A man owns 2/3 of a computer service bureau business and sells 3/4 of his share for $75,000 what is the value of the business?

   (A) $100,000 (B) $112,500 (C) $125,000 (D) $150,000 (E) $175,000

8. If $20.00 is available to pay for typing a research report and typist A produces 42 pages and typist B produces 28 pages, how much should typist A receive?

   (A) $8.00   (B) $10.00   (C) $12.00   (D) $14.00   (E) $16.00

9. A computer printer produced 176,400 lines in a given day. If the printer was in operation for seven hours during the day, how many lines did it print per minute?

   (A) 60   (B) 360   (C) 420   (D) 600   (E) 3600

10. From its total income, a sales company spent $20,000 for advertising, half of the remainder on salesmen's commissions and had $6,000 left, what was its total income?

    (A) $26,000   (B) $29,000   (C) $31,000   (D) $32,000   (E) $36,000

11. A B C D E   **11.** If a card punch operator can process 80 cards in half an hour, how many cards can she process in a seven and one-half hour day?
(A) 560   (B) 600   (C) 800   (D) 1120   (E) 1200

12. A B C D E   **12.** The cost of four dozen proof machine ribbons and five dozen accounting machine ribbons was $160. If one dozen accounting machine ribbons cost $20, what is the cost of a dozen proof machine ribbons?
(A) $15   (B) $16   (C) $20   (D) $35   (E) $60

13. A B C D E   **13.** On Monday a card punch operator processed a batch of cards, on Tuesday she processed three times as many, and on Wednesday she processed 4,000 cards. In the three days she processed 16,000 cards. How many did she process on Tuesday?
(A) 3,000   (B) 4,000   (C) 6,000   (D) 9,000   (E) 12,000

14. A B C D E   **14.** In a computer tape library there are two racks with 40 tapes per rack. On a given day, 30 tapes are use. What fraction remains in the racks?
(A) 1/4   (B) 3/8   (C) 1/2   (D) 5/8   (E) 3/4

15. A B C D E   **15.** Two computers each produced 48,000 public utilities bills in a day. One computer printed bills at the rate of 9,500 an hour and the other at the rate of 7,800 an hour. When the first computer finished its run, how many bills did the other computer still have to print?
(A) 3,000   (B) 4,500   (C) 6,000   (D) 7,500   (E) 9,000

16. A B C D E   **16.** A company rented a computer for $700 a month. Five years later the treasurer calculated that if the company had purchased the computer and paid a $100 monthly maintenance charge, the company would have saved $2000 what was the purchase price of the computer?
(A) $34,000   (B) $36,000   (C) $38,000   (D) $38,800   (E) $39,500

17. A B C D E   **17.** The average length of three computer tapes is 6800 feet. None of the tapes is less than 6400 feet. What is the greatest possible length of one of the other tapes?
(A) 688 feet   (B) 7,200 feet   (C) 7,600 feet   (D) 7,900 feet   (E) 8,000 feet

18. A B C D E   **18.** If a salesman averages a new order every other week, he will break the office record for the year. However, after 28 weeks he is six orders behind schedule. In what proportion of the remaining weeks does he have to obtain a new order to break the record?
(A) 1/6   (B) 1/8   (C) 1/4   (D) 1/2   (E) 3/4

19. A B C D E   **19.** On a given day, a bank had 16,000 card checks returned by customers. Inspection of the first 800 card checks indicated that 100 of these 800 had errors. And were therefore not available immediately for data processing. On this basis how many card checks would be available immediately for data processing on this day?
(A) 2,000   (B) 2,100   (C) 12,000   (D) 13,900   (E) 14,000

20. A B C D E   **20.** In a certain company 20% of the men and 40% of the women attended the annual company picnic. If 35% of all the employees are men, what percent of all the employees went to picnic?
(A) 21%   (B) 30%   (C) 33%   (D) 35%   (E) 60%

21. A tape manufacturer reduces the price of its Heavy Duty tape from $30 to $28 a reel and the price of Regular tape from $24 to $23 a reel. A computing center normally spends $1440 a month for tapes and 3/4 of this is for Heavy Duty tapes. How much will they save a month under the new prices?

(A) 51 (B) 66 (C) 75 (D) 87 (E) 102

22. In a programming team of 12 persons, 1/3 are women and 2/3 are men. To obtain a team with 20% women, how many men should be hired?

(A) 4 (B) 6 (C) 8 (D) 12 (E) 20

23. The dimensions of a certain IBM machine are $48'' \times 30'' \times 52''$. If the size of the machine is increased proportionately until the sum of its dimensions equals 156″, what will be the increase in the shortest side?

(A) 3″ (B) 6″ (C) 9.6″ (D) 10.4″ (E) 26″

24. A company figured it needed 37.8 square feet of carpet for its reception room. To allow for waste, it was decided to order 20% more material than needed. Fractional parts of square feet cannot be ordered. At $9 a square foot, how much would the carpet cost?

(A) $324 (B) $405 (C) $410 (D) $414 (E) $684

25. It cost a college 70 cents a copy to produce the program for the home-coming football game. It $15.000 was received for advertisements in the program, how many copies at 50 cents a copy must be sold to make a profit of $8000?

(A) 14.000 (B) 35.000 (C) 46.000 (D) 75.000 (E) 115.000

26. The population of a town is approximately 7.85 millions. The area is approximately 200 square miles. The number of thousand persons per square mile is

(A) 8.925 (B) 39.25 (C) 392.5 (D) 89.25 (E) 892.5

27. Mr. Kim had $20.00 when he took his three children on a bus trip. He spent $7.33 for the four tickets and bought each of the children a magazine costing 15 cents, a candy bar costing 11 cents and a 5 cents package of chewing gum. His change from the $20.00 was

(A) $13.74 (B) $12.74 (C) $10.47 (D) $11.74 (E) $12.84

28. If 15 cans of food are needed for 7 men for 2 days, the number of cans needed for 4 men for 7 days is

(A) 10 (B) 20 (C) 30 (D) 40 (E) 25

29. The net price of a $25 item after successive discounts of 20 per cent and 30 per cent is

(A) $12 (B) $12.50 (C) $13.50 (D) $14.00 (E) $19.00

30. If a boy has a number of dimes and quarters in his pocket adding up to $3.10, the largest possible number of dimes he can have is

(A) 15 (B) 26 (C) 36 (D) 21 (E) 28

	A	B	C	D	E
21.					
22.					
23.					
24.					
25.					
26.					
27.					
28.					
29.					
30.					

8 . 4 수학 기호 테스트

INSTRUCTIONS FOR PART IV

Part IV of this examination consists of a test built around common mathematical symbols and designed to measure your ability to think logically. The symbols used in this test are :

symbol	meaning
=	equal to
$\rangle$	greater than
$\langle$	less than
$\geq$	greater than or equal to
$\leq$	less than or equal to
$\neq$	not equal to

There are thirty problems of varying degrees of difficulty in the test. All the problems are similar to the following example.

EXAMPLE

DIRECTIONS : The problem below consists of a mathematical statement or "fact" and a "conclusion" which is supposed to be based on that fact. You must decide whether the conclu - sion is (A) correct, (B) incorrect, (C) not determinable. Then mark the appropriate space in the answer column.

fact   conclusion

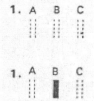

1. $X \rangle Y \rangle Z$ $X \langle Z$

(A) correct (B) incorrect (C) not determinable

answer : (B) incorrect. The conclusion is incorrect, and so you would mark space B in the answer column.

Explanation : We are told in the "fact" that X is greater than Y and that Y is greater than Z ; therefore, X must also be grea - ter than Z.

PART Ⅳ

	fact	conclusion			

1. X>Y<Z   Z>Y

   (A) correct   (B) incorrect   (C) not determinable

2. X≠Y>Z   X>Z

   (A) correct   (B) incorrect   (C) not determinable

3. X≧Y≧Z   Z≧X

   (A) correct   (B) incorrect   (C) not determinable

4. X>Y<Z   X>Z

   (A) correct   (B) incorrect   (C) not determinable

5. X=Y=Z   X>Z

   (A) correct   (B) incorrect   (C) not determinable

6. X≦Y≦Z   Z≧X

   (A) correct   (B) incorrect   (C) not determinable

7. W≠X≠Y≠Z   Z≠X

   (A) correct   (B) incorrect   (C) not determinable

8. W=X≦Y≧Z   Z≧W

   (A) correct   (B) incorrect   (C) not determinable

9. W=X=Y=Z   Y=W

   (A) correct   (B) incorrect   (C) not determinable

10. W=X=Y<Z   Z<W

   (A) correct   (B) incorrect   (C) not determinable

11. W≦X≧Y≧Z   Z≧X

   (A) correct   (B) incorrect   (C) not determinable

12. W≠X≦Y≦Z   W≠Z

   (A) correct   (B) incorrect   (C) not determinable

13. W≧X≧Y≧Z   Y≦W

   (A) correct   (B) incorrect   (C) not determinable

14. W=X≠Y≠Z   Z=W

   (A) correct   (B) incorrect   (C) not determinable

15. W≦X<Y<Z   Z<W

   (A) correct   (B) incorrect   (C) not determinable

No.	A	B	C
1.			
2.			
3.			
4.			
5.			
6.			
7.			
8.			
9.			
10.			
11.			
12.			
13.			
14.			
15.			

16. A B C   16. $W \leq X \neq Y \neq Z$ $Z \geq W$
(A) correct   (B) incorrect   (C) not determinable

17. A B C   17. $W \leq X \geq Y \geq Z$ $Z \geq W$
(A) correct   (B) incorrect   (C) not determinable

18. A B C   18. $W = X = Y > Z$ $Z < W$
(A) correct   (B) incorrect   (C) not determinable

19. A B C   19. $W < X = Y = Z$ $Z < W$
(A) correct   (B) incorrect   (C) not determinable

20. A B C   20. $W = X \geq Y > Z$ $Z \leq W$
(A) correct   (B) incorrect   (C) not determinable

21. A B C   21. $W \leq X \leq Y = Z$ $Z \geq X$
(A) correct   (B) incorrect   (C) not determinable

22. A B C   22. $W \leq X \neq Y \leq Z$ $Y \neq W$
(A) correct   (B) incorrect   (C) not determinable

23. A B C   23. $W = X \neq Y \neq Z$ $Z \neq W$
(A) correct   (B) incorrect   (C) not determinable

24. A B C   24. $W > X \geq Y = Z$ $Z > W$
(A) correct   (B) incorrect   (C) not determinable

25. A B C   25. $X \leq Y \geq Z$ $Z = X$
(A) correct   (B) incorrect   (C) not determinable

26. A B C   26. $X < Y - Z$ $X < Z$
(A) correct   (B) incorrect   (C) not determinable

27. A B C   27. $X \geq Y \geq Z$ $Z \leq Y$
(A) correct   (B) incorrect   (C) not determinable

28. A B C   28. $X \geq Y \leq Z$ $X \geq Z$
(A) correct   (B) incorrect   (C) not determinable

29. A B C   29. $X < Y < Z$ $Z < X$
(A) correct   (B) incorrect   (C) not determinable

30. A B C   30. $X = Y \neq Z$ $Z \neq X$
(A) correct   (B) incorrect   (C) not determinable

8.5 논리 능력 테스트

INSTRUCTIONS FOR PART Ⅴ

In most of the problems following, a series of boxes, numbered 1 to 12, together with their contents is given. A set of instructions which manipulate the numbers contained in the boxes is also given. These should be started at the top in each case and instructions followed se‐quentially unless directed to do otherwise by CONTINUE or IF instructions. The diagram to the left of each set of instructions shows the possible paths to take.

Instructions normally manipulate the contents of the boxes. Some, however, refer to box numbers in instructions.

For example, an instruction may read:

3. ADD 1 to the first box number mentioned in Instruction 2 And if instruction 2 was initially:

2. ADD The No. in box 6 to the No. in box 4. Put result in box 8.
   Then, after obeying instruction 3, instruction 2 would read:

2. ADD The No. in box 7 to the No. in box 4. Put resuit in box 8.

So that each time that instruction 2 was obeyed, the same operation is carried out, but on the contents of a different box number.

There are two examples given. Work these out and make sure you agree with the answers given and understand how they are obtained before starting the questions. No questions will be answered once you have gone past the examples.

The instructions that yor will meet in the question are: -

COPY   The No. In box A into box B   This means that the No. in box A will be placed into box B so that the numbers in boxes A and B after obeying the instruction will be the and equal to the initial value in box A.

ADD   )
SUBTRACT   )
MULTIPLY   )
DIVIDE   )

These have the normal arithmetic meaning. The result will go into a specified box des - troying whatever was there before. All other boxes will have their contents unchanged.

CONTINUE   From instruction No. X   Take instruction X as the next instruction and work from there.

EXCHANGE   the numbers in box A and box B   Put the No. in box A into box B and the No. in box B into box A.

IF   (condition) take as the next instruction No. A.   If the condition specified is from instruction A, otherwise continue sequentially.

STOP   End of insruction

. EXAMPLE 1

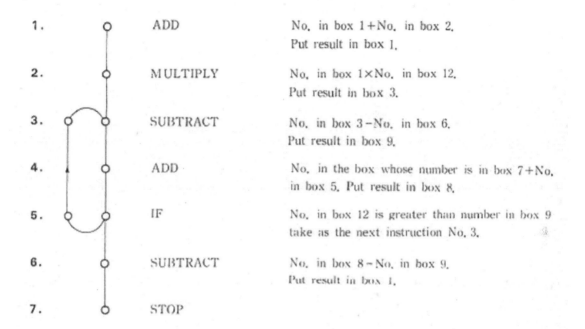

| | | | | | | | | | | | |
|1|2|3|4|5|6|7|8|9|10|11|12|

1. ADD — No. in box 1+No. in box 2. Put result in box 1.

2. MULTIPLY — No. in box 1×No. in box 12. Put result in box 3.

3. SUBTRACT — No. in box 3−No. in box 6. Put result in box 9.

4. ADD — No. in the box whose number is in box 7+No. in box 5. Put result in box 8.

5. IF — No. in box 12 is greater than number in box 9 take as the next instruction No. 3.

6. SUBTRACT — No. in box 8−No. in box 9. Put result in box 1.

7. STOP

1	2	3	4	5	6	7	8	9	10	11	12
4	9	16	2	4	29	3	8	24	11	4	3

What is now the No. in box 1?

You should have the answer 33.

If not, please rework the example and ask for a demonstration before proceeding.

EXAMPLE 2

1.	ADD	No. in box 1+No. in box 4. Put result in box 7.
2.	ADD	1 to each of the box numbers mentioned in instruction 1.
3.	IF	The first box number mentioned in instruction 1 is not equal to the contents of box 12 take as the next instruction No. 1.
4.	STOP	

1	2	3	4	5	6	7	8	9	10	11	12
3	8	4	7	2	6	1	4	9	9	11	4

What are now the contents of boxes 7, 8 and 9 ?

Box 7 _____

Box 8 _____

Box 9 _____

If you are satisfied, turn over the page and start the questions: you have two hours to complete them.

PART V

문제 1

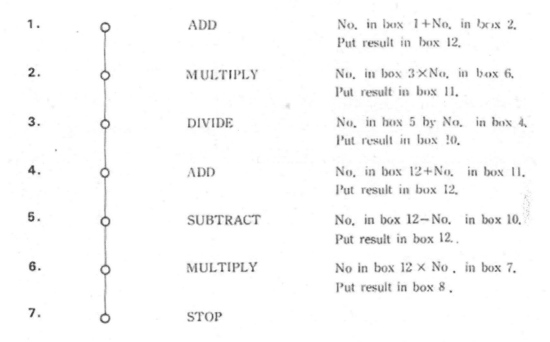

1.	○	ADD	No. in box 1+No. in box 2. Put result in box 12.
2.	○	MULTIPLY	No. in box 3×No. in box 6. Put result in box 11.
3.	○	DIVIDE	No. in box 5 by No. in box 4. Put result in box 10.
4.	○	ADD	No. in box 12+No. in box 11. Put result in box 12.
5.	○	SUBTRACT	No. in box 12—No. in box 10. Put result in box 12.
6.	○	MULTIPLY	No in box 12 × No. in box 7. Put result in box 8.
7.	○	STOP	

1	2	3	4	5	6	7	8	9	10	11	12
7	4	4	3	27	2	2	6	11	4	3	8

What is the present contents of box 8 ? _____

문제 2

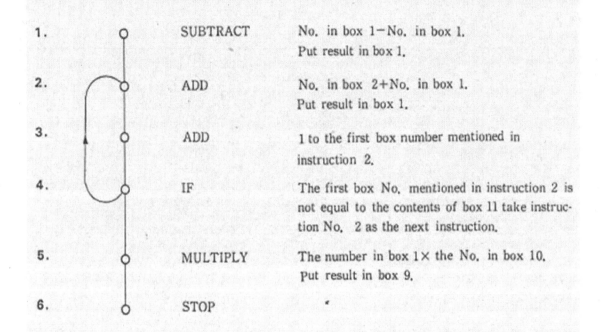

1.	SUBTRACT	No. in box 1 − No. in box 1. Put result in box 1.
2.	ADD	No. in box 2 + No. in box 1. Put result in box 1.
3.	ADD	1 to the first box number mentioned in instruction 2.
4.	IF	The first box No. mentioned in instruction 2 is not equal to the contents of box 11 take instruction No. 2 as the next instruction.
5.	MULTIPLY	The number in box 1 × the No. in box 10. Put result in box 9.
6.	STOP	

1	2	3	4	5	6	7	8	9	10	11	12
19	7	4	3	5	−11	4	2	27	3	7	1

What is now the contents of box No. 9 ? _____

문제 3

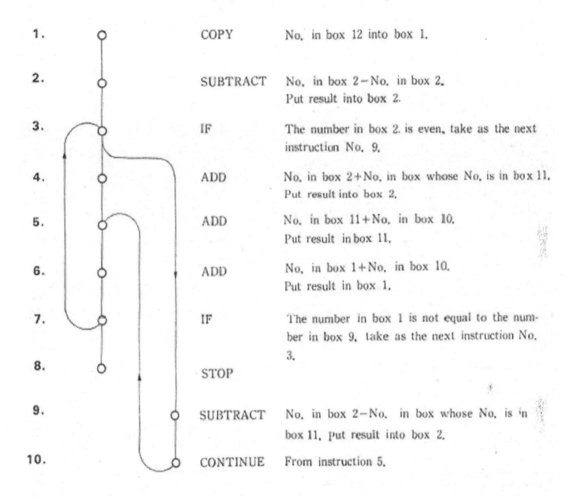

1. COPY — No. in box 12 into box 1.

2. SUBTRACT — No. in box 2 − No. in box 2. Put result into box 2.

3. IF — The number in box 2. is even, take as the next instruction No. 9.

4. ADD — No. in box 2 + No. in box whose No. is in box 11. Put result into box 2.

5. ADD — No. in box 11 + No. in box 10. Put result in box 11.

6. ADD — No. in box 1 + No. in box 10. Put result in box 1.

7. IF — The number in box 1 is not equal to the number in box 9. take as the next instruction No. 3.

8. STOP

9. SUBTRACT — No. in box 2 − No. in box whose No. is in box 11. put result into box 2.

10. CONTINUE — From instruction 5.

1	2	3	4	5	6	7	8	9	10	11	12
3	1	2	5	3	1	11	3	8	1	3	4

What number is now in box 2.?

문제 4

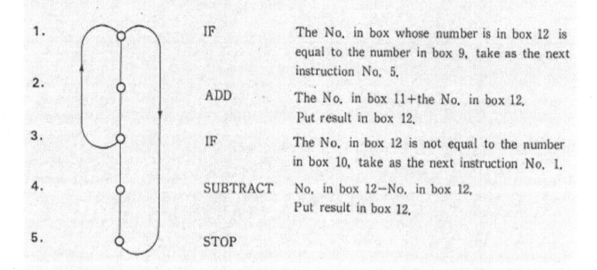

1.   IF   The No. in box whose number is in box 12 is equal to the number in box 9, take as the next instruction No. 5.

2.   ADD   The No. in box 11+the No. in box 12. Put result in box 12.

3.   IF   The No. in box 12 is not equal to the number in box 10, take as the next instruction No. 1.

4.   SUBTRACT   No. in box 12—No. in box 12. Put result in box 12.

5.   STOP

1	2	3	4	5	6	7	8	9	10	11	12
1	3	6	8	4	9	2	5	8	9	1	1

What number is now in box 12 ? _____

문제 5

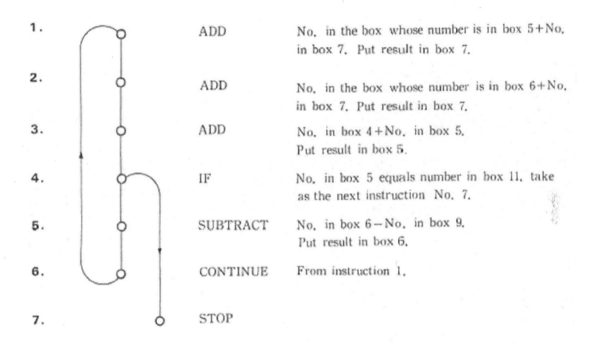

1.		ADD	No. in the box whose number is in box 5+No. in box 7. Put result in box 7.
2.		ADD	No. in the box whose number is in box 6+No. in box 7. Put result in box 7.
3.		ADD	No. in box 4+No. in box 5. Put result in box 5.
4.		IF	No. in box 5 equals number in box 11, take as the next instruction No. 7.
5.		SUBTRACT	No. in box 6−No. in box 9. Put result in box 6.
6.		CONTINUE	From instruction 1.
7.		STOP	

1	2	3	4	5	6	7	8	9	10	11	12
3	6	9	1	1	12	0	2	2	3	?	4

The object of this set of instructions is to add the numbers in boxes 1.2.3.8.10 and 12 and to put the result in box 7. To do this, and only this, what number should be in box 11.

BOX 11 _____

문제 6

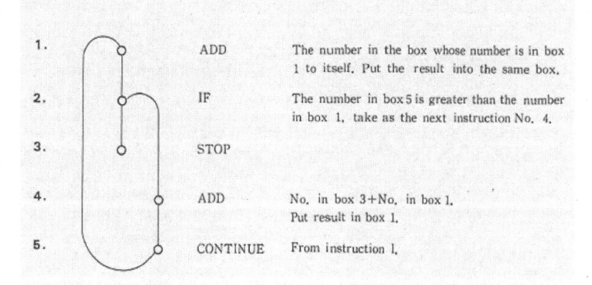

1.　　ADD　　　　The number in the box whose number is in box 1 to itself. Put the result into the same box.

2.　　IF　　　　The number in box 5 is greater than the number in box 1, take as the next instruction No. 4.

3.　　STOP

4.　　ADD　　　　No. in box 3+No. in box 1. Put result in box 1.

5.　　CONTINUE　From instruction 1.

1	2	3	4	5	6	7	8	9	10	11	12
2	X	?	X	?	X		X				

The purpose of this set of instructions is to double the numbers held in boxes 2,4,6 and 8.

What numbers should be in boxes 3 and 5 in order to do this—and only this?(In the case if box 5, the smallest possible number that will serve the purpose of the problem is required.)

BOX 3 _____

BOX 5 _____

문제 7

The object of the set of instructions is to order the numbers in boxes 1,2 and 3 so that at the end the number in box 1 is less than the number in box 2 which is less than the number in box 3. At the moment it will not work. Make the minimum of alterations or additions to make it perform the specified function.

Note : the numbers in boxes 1,2 and 3 are all unequal.

1.   IF   The number in box 2 is greater than the number in box 1, take instruction 3 as the next instruction.

2.   EXCHANGE   The numbers in box 1 and box 2.

3.   IF   The number in box 3 is greater than the number in box 2, take instruction 5 as the next instruction.

4.   EXCHANGE   The numbers in box 2 and box 3.

5.   STOP

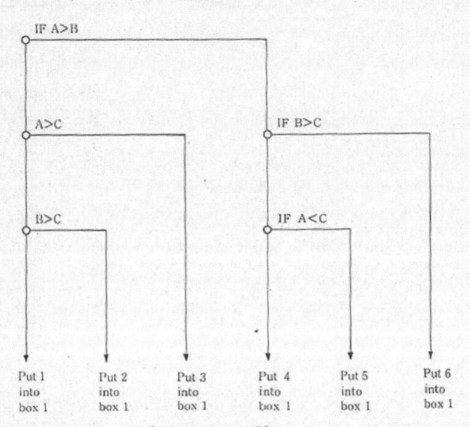

Put 1 into box 1   Put 2 into box 1   Put 3 into box 1   Put 4 into box 1   Put 5 into box 1   Put 6 into box 1

Note A>B on diagram means "A is greater than B"

The foregoing diagram represents the six possible paths depending upon the relative values of the quantities "A",."B" and "C". Thus, if B is greater than A, the route taken is straight down at point I whereas if A is greater than B, the route taken will be to the right. A, B and C are all unequal.

1. If at the end, a 4 is stored in box 1, what are the relative magnitudes of A, B and C ?

2. At the end, it is known that either a 2 or a 5 is stored in box 1, but it is not known which. It is not possible to determine the relative magnitudes of A, B and C, but it is possible to make a definite statement regarding these magnitudes. What is it ?

3. Similar to 2, but either a 3 or a 6 is stored in box 1. What is known about the magni tudes of A, B and C in this case ?

문제 9

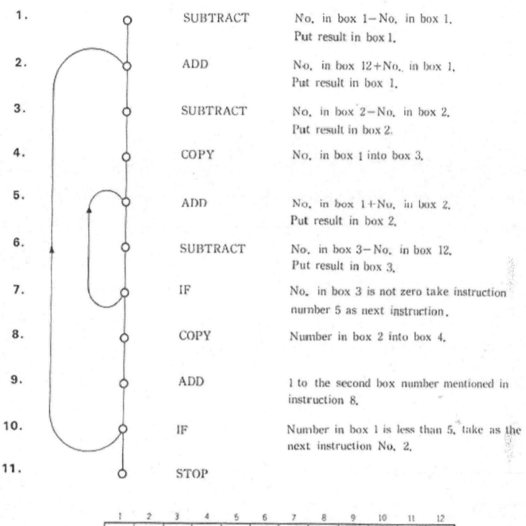

1.	SUBTRACT	No. in box 1−No. in box 1. Put result in box 1.
2.	ADD	No. in box 12+No. in box 1. Put result in box 1.
3.	SUBTRACT	No. in box 2−No. in box 2. Put result in box 2.
4.	COPY	No. in box 1 into box 3.
5.	ADD	No. in box 1+No. in box 2. Put result in box 2.
6.	SUBTRACT	No. in box 3−No. in box 12. Put result in box 3.
7.	IF	No. in box 3 is not zero take instruction number 5 as next instruction.
8.	COPY	Number in box 2 into box 4.
9.	ADD	1 to the second box number mentioned in instruction 8.
10.	IF	Number in box 1 is less than 5, take as the next instruction No. 2.
11.	STOP	

1	2	3	4	5	6	7	8	9	10	11	12
14	7	3	9	5	1	8	6	2	3	4	1

What are now the contents of boxes
4 _____
5 _____
6 _____
7 _____
8 _____
9 _____
10 _____

8. 6 단어 유추 테스트

INSTRUCTIONS FOR PART VI

단어 유추력 테스트에 관하여

단어 유추력 테스트는 글자 그대로 추리 능력과 판단을 조사하는 것으로서 어려운 것은 아니나 한 단어와 다른 단어와의 관계 또는 하나의 개념과 다른 개념과의 관계를 유추해서 찾게 된다. 따라서 묻는 단어의 뜻을 이해하고 단어 사이에 어떤 관계를 찾아본다. 그리고 마지막단계에서 한 쌍의 단어와 같은 관계를 가진 다른 한 쌍의 단어군을 유추하는 단계로 조사하도록 한다. 단어 유추력 테스트에 관한 문제는 두 단어와의 관계를 "is to"('~와의 관계는)나 " : "로 표시 하고 "in the same way as"('~와 같은 방법으로) 나 "as " 또는 " :: "로 표시한다.

〈예〉 BAD is to GOOD as BLACK is to WHITE

      BAD : GOOD아 : : BLACK : WHITE

나쁜 것과 좋은 것의 관계는 같은 방법으로 검은 것과 흰 것과의 관계와 같다.
대부분의 단어 유추 문제는 독특한 몇 개의 종류로 분리되는데, 즉 품사를 비교하는 것, 같은 관계를 비교하는 것, 시간에 관한 관계 등이다.
테스트를 하기 전에 어떤 형태의 문제인지를 먼저 잘 파악할 필요가 있다.
단어 유추 문제를 푸는데는 첫째 묻는 단어가 가지는 관계를 이해하여야 하고, 둘째 단어의 뜻 이나 구성과 기능면에서 조사하며, 세째로는 한 쌍의 단어 사이의 관계를 만드는 답을 찾는다. 답이 2 개의 단어 배열이 묻는 두 단어 배열과 같은 순서가 되도록 한다. "INAUGURA - TION : PRESIDENT : ordination : priest"는 맞는다. 그러나 "INAUGURATION : PRESIDENT : : priest : ordinati"은 뒤의 두 단어의 배열이 앞의 두 단어의 배열과 순서가 다르므로 틀리는 것 이다.
한 문제 중 두 부분에서 사용되는 품사는 순서가 같아야 한다. 즉, 앞의 단어 한 쌍이 명사, 형 용사순이면 뒤의 한 쌍 역시 명사, 형용사순이어야 한다.
예를 들면 "GOD : GOOD : : devil : bad" 는 맞지만 "GOD : GOOD : : devil : badly"는 틀린다. 뒤의 한 쌍의 단어가 앞의 한 쌍의 단어와 항상 같은 종류라고 생각해서는 안 된다. 즉, "PUPPY : DOG : : sapling : tree"에서 앞의 한 쌍은 동물, 뒤의 한 쌍은 식물이지만 강아지와 개의 관계는 묘목과 나무의 관계와 같기 때문이다.
답이 될 두 단어의 순서는 묻는 단어의 순서와 같아야 한다. "TRAIN : TRACK : : automobile: highway"는 맞으며, "TRAIN : TRACK : : highway : automobile"은 틀린다.

단어 유추 테스트 문제를 풀기 전에 다음 문제를 풀어 보라.

지시 사항 : 아래 물음에서 유추로서 최적인 2개의 단어를 고르지 않으면
안 된다.
첫째 단어는 A, B, C, D로 쓰여진 열에서 고르고, 둘째 단어는
W, X, Y, Z라고 쓰여진 열에서 골라 해당하는 답란에 표시한다.

1. ____ is to GOOD as BLACK is to____ .

A. better   W. white
B. bad   X. darkly
C. kindness   Y. blackest
D. liar   Z. gray

1.	A	B	C	D
	W	X	Y	Z

설명 : 이 문제의 두 쌍의 단어들 사이의 관계에서 앞의 두 단어의 관계는 그
뜻이 서로 반대이다. 즉, bad는 GOOD의 반대이고 같은 방법으로
BLACK은 white의 반대이다.
따라서 답은 (B,W) bad, white 이다. 그러므로 답란의 B와 W에 표
시한다.

1.	A	B	C	D
	W	X	Y	Z

PART Ⅵ

1. ____ is to MOTIVATION as ACTION is to____

A. story   W. acting
B. emotion   X. accomplishment
C. need   Y. incentive
D. movement   Z. forwardness

1.	A	B	C	D
	W	X	Y	Z

2. ____ is to KNIGHT as CARBINE is to ____

A. horse   W. weapon
B. lance   X. fight
C. armor   Y. trench
D. chivalry   Z. soldier

2.	A	B	C	D
	W	X	Y	Z

3. ____ is to STUDENTS as MINISTER is to____

A. dean   W. holy
B. learning   X. church
C. school   Y. preaching
D. professor   Z. congregation

3.	A	B	C	D
	W	X	Y	Z

4. ____ is to SQUARE as PYRAMID is to ____

A. geometric   W. stone
B. triangle   X. tomb
C. eccentric   Y. cube
D. circle   Z. desert

4.	A	B	C	D
	W	X	Y	Z

5.	A	B	C	D	
	W	X	Y	Z	

5. ____ is to CONCLUSION as ENGINE is to____
- A. introduction
- B. argument
- C. death
- D. end
- W. caboose
- X. oil
- Y. work
- Z. noise

6.	A	B	C	D	
	W	X	Y	Z	

6. ____ is to CLOTH as OAR is to____
- A. cloths
- B. thread
- C. tear
- D. sail
- W. paddle
- X. conoe
- Y. boat
- Z. wood

7.	A	B	C	D	
	W	X	Y	Z	

7. ____ is to BLACKEN as LARGE is to____
- A. mask
- B. comedy
- C. act
- D. black
- W. size
- X. largeness
- Y. intensity
- Z. magnify

8.	A	B	C	D	
	W	X	Y	Z	

8. ____ is to GREEN as RAGE is to____
- A. grass
- B. color
- C. envy
- D. primary
- W. emotion
- X. red
- Y. secondary
- Z. hate

9.	A	B	C	D	
	W	X	Y	Z	

9. ____ is to CHAFF as WINE is to____
- A. people
- B. humanity
- C. wheat
- D. alcohol
- W. food
- X. drink
- Y. stupor
- Z. dregs

10.	A	B	C	D	
	W	X	Y	Z	

10. ____ is to PASSED as DEJECTION is to____
- A. success
- B. high
- C. emotion
- D. elation
- W. sad
- X. low
- Y. failed
- Z. fainted

11.	A	B	C	D	E

11. UNKNOWN : KNOWN : : future :_____
A. famous   B. peak   C. present   D. expensive   E. now

12.	A	B	C	D	E

12. LAED : CORK : : sink :_____
A. water   B. float   C. light   D. heavy   E. drop

13.	A	B	C	D	E

13. TIME : CLOCK : : temperature :_____
A. cold   B. degrees   C. thermometer   D. warm   E. mercury

14.	A	B	C	D	E

14. MISSIONARY : CONVERT : : mentor :_____
A. expedition   B. choleric   C. disciple   D. protestant   E. catholic

15.	A	B	C	D	E

15. HAPPINESS : PEACE : : sorrow :_____
A. war   B. trouble   C. fright   D. death   E. bellicose

16.	A	B	C	D	E

16. WEEK : MONTH : : day :_____
A. century   B. minute   C. year   D. hour   E. week

17.	A	B	C	D	E

17. LITTLE : LESS : : low :_____
A. least   B. big   C. small   D. tiny   E. lower

18.	A	B	C	D	E

18. MOVEMENT : FALLING : : swim :_____
A. rising   B. walking   C. flying   D. floating   E. dive

19. SEED : PLANT :: egg :____
    A. bird   B. feathers   C. root   D. shell   E. leaf

20. HONEY : BEE :: books :____
    A. wasp   B. hive   C. engine   D. fire   E. writer

21. TRIANGLE : SQUARE ::____:____
    A. pyramid : cube   D. cone : cylinder
    B. hexagon : pentagon   E. triangle : cone
    C. square : parallelogram

22. PILOT : SEXTANT ::____:____
    A. mason : awl   D. woodman : axe
    B. teacher : quadrant   E. ploughman : scythe
    C. reader : novel

23. DEAN : STUDENTS ::____:____
    A. guide : tourists   D. leader : paratroop team
    B. minister : congregation   E. scientists : knowledge
    C. doctor : patients

24. THAT IS : SUCH AS ::____:____
    A. like : i. e.   D. viz : ibid
    B. to wit : thus   E. for instance : especially
    C. namely : for example

25. CONTIGUOUS : CLOSE ::____:____
    A. wit : approach   D. adjacent : sequence
    B. warmth : glow   E. next : by
    C. off : from

26. ENVY : GREEN ::____:____
    A. depressed : yellow   D. cadaverous : ashen
    B. red : henna   E. fright : chalk
    C. rage : red

27. BLOCKBOARD : PENMANSHIP ::____:____
    A. statue : sphinx   D. obelisk : hieroglyphic
    B. medicine : cardiograph   E. geography : cartography
    C. masterpiece : signature

28. DISORDER : POLICE ::____:____
    A. money : miser   D. flood : levee
    B. dilemma : solution   E. humility : arrogant
    C. stoic : emotion

29. LETTER : TELEGRAM ::____:____
    A. tortoise : hare   D. modesty : egotism
    B. word : number   E. essay : thesis
    C. truth : lie

30. MEMBER : LEAGUE ::____:____
    A. appurtenance : object   D. fiber : fabric
    B. leverage : aggregate   E. nucleus : cell
    C. obstinate : deadlock

19. A B C D E
20. A B C D E
21. A B C D E
22. A B C D E
23. A B C D E
24. A B C D E
25. A B C D E
26. A B C D E
27. A B C D E
28. A B C D E
29. A B C D E
30. A B C D E

8. 7 개산 능력 테스트

UNSTRUCTION FOR PART VII

이 테스트는 계산과 개산(概好)을 빨리하는 능력에 관한 것이다

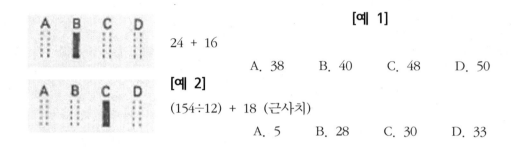

[예 1]

24 + 16

A. 38   B. 40   C. 48   D. 50

[예 2]

(154÷12) + 18 (근사치)

A. 5   B. 28   C. 30   D. 33

[예 1]의 답은 1이다. 따라서 답안지의 B에 표시한다.

[예 2]는 근사치를 구하는 것이다. 열거된 것 중 정답에 제일 가까운 것은 30이다. 따라서 C에 표시한다.

정답의 계산인가 또는 근사치인가를 염두에 두고 해야 한다. 테스트 시간이 매우 짧으므로 필산으로 답을 구하는 쓸데없는 일은 하지 않는 것이 좋다.

PART VII

1. 7.79의 420% (근사치)

    A. 180.0   B. 33.0   C. 18.0   D. 3.3

2. 3427÷16.53 (근사치)

    A. 0.02   B. 0.05   C. 50   D. 200

3. 10995＋95

    A. 11090   B. 11000   C. 10990   D. 10980

4. 43＋557－243

    A. 833   B. 457   C. 400   D. 357

5. 3.107×3.0870 (근사치)

    A. 0.9   B. 9.0   C. 900   D. 9000

6. 43.7＋24.9－3.7

    A. 28.9   B. 44.9   C. 64.9   D. 67.6

7. 525.8÷47.80

    A. 11.0   B. 1.1   C. 0.11   D. 0.01

8. $\dfrac{5 - 50 + 4}{7 - 6 + 2}$

A. $1\dfrac{2}{5}$　　　B. 2　　　C. 3　　　D. $4\dfrac{3}{5}$

9. $\dfrac{3}{8} \times 5.04$

A. 0.134　　　B. 1.89　　　C. 13.44　　　D. 18.9

10. 219의 6.92% (근사치)

A. 1.5　　　B. 3.0　　　C. 15　　　D. 30

11. $\dfrac{8}{64} + \dfrac{64}{16}$

A. $4\dfrac{1}{8}$　　　B. $2\dfrac{1}{2}$　　　C. $\dfrac{72}{80}$　　　D. $\dfrac{1}{2}$

12. 0.325×88,000 (근사치)

A. 29,000　　　B. 24,000　　　C. 3,500　　　D. 2,700

13. 298,376÷897.0 (근사치)

A. 35　　　B. 330　　　C. 2600　　　D. 37500

14. 0.751×4506.1 (근사치)

A. 3300　　　B. 2800　　　C. 340　　　D. 34

15. 4.903＋0.0007

A. 4.901　　　B. 4.937　　　C. 4.9037　　　D. 5.000

16. 0.0551×64.5

A. 0.0355395　　　B. 0.355395　　　C. 3.55395　　　D. 35.5395

17. $44 \times \dfrac{1}{1000}$

A. 0.0044　　　B. 0.044　　　C. 2.22　　　D. 22.2

18. $\dfrac{1}{6} \times 598 \div 0.165$ (근사치)

A. 22　　　B. 60　　　C. 220　　　D. 600

19. 0.992×0.329 (근사치)

A. 2.7　　　B. 0.33　　　C. 0.27　　　D. 0.03

20. 804×350 (근사치)

A. 28,000　　　B. 32,000　　　C. 280,000　　　D. 2,400,000

21. $26\dfrac{1}{28} \div 27$

A. $\dfrac{728}{27}$　　　B. $1\dfrac{1}{28}$　　　C. $\dfrac{27}{729}$　　　D. $\dfrac{27}{28}$

22. 298×312÷205 (근사치)

A. 30　　　B. 45　　　C. 300　　　D. 450

23. $0.33 \times 1496 \div \dfrac{1}{3}$ (근사치)

A. 1500　　　B. 165　　　C. 125　　　D. 14

	A	B	C	D
8.				
9.				
10.				
11.				
12.				
13.				
14.				
15.				
16.				
17.				
18.				
19.				
20.				
21.				
22.				
23.				

24. A B C D   24. $0.26 \div \frac{1}{8}$ (근사치)

            A. 20.0   B. 2.0   C. 0.32   D. 0.032

25. A B C D   25. $66.7 \times \frac{1}{3}$ (근사치)

            A. 220   B. 200   C. 33.3   D. 22.0

26. A B C D   26. $2.84 \div \frac{1}{4}$ (근사치)

            A. 220   B. 12   C. 7.0   D. 0.70

27. A B C D   27. 450의 0.33% (근사치)

            A. 0.15   B. 1.5   C. 15.0   D. 150

28. A B C D   28. $9.0754 \div 0.3023$ (근사치)

            A. 30   B. 300   C. 3000   D. 30000

29. A B C D   29. $8394.6 \div 29.17$ (근사치)

            A. 288   B. 347   C. 2880   D. 3470

30. A B C D   30. 60의 40%

            A. 24   B. 84   C. 96   D. 150

8. 8 수학 추리 테스트

INSTRUCTIONS FOR PART Ⅷ

이것은 인과 관계의 문제를 수식을 이용하여 간단하게 나타내는 추리 테스트이다. 해답란에서 답을 골라 답안지의 해당 번호에 표시하라

【 예 】

비서가 1 권에 D원인 후단지 1권과 1권에 L원인 박단지 1 권 및 1상자에 M원의 후단지 3상자를 각각 샀다. 전체 금액 합계는?

(1) D +L +M   (2) DL+ 3M   (3) D +L + 3M

(4) 3 (D +L +M)   (5) D +L +M/3

이 답은 D+L+3M 이므로 답안지의 3에 표시한다. 이 논리 테스트의 시간은 15분이다.

PART Ⅷ

1. 모든 포리네시아 사람은 갈색이고, 바리섬 사람은 전부 포리네시아 사람이다. 다음 중 맞는 말은?

(1) 모든 갈색 인종은 포리네시아 사람이다.

(2) 모든 갈색 인종은 바리섬 사람이다.

(3) 포리네시아 사람만이 갈색이다.

(4) 모든 바리섬 사람은 갈색이다.

(5) 모든 포리네시아 사람은 바리섬 사람이다.

2. A, B, C, D, E 명은 같은 종류의 기계로 일을 하지만 각각 하루에 완성하는 갯수는 다르다.

A는 하루에 가장 많이 만들어 a개를 만든다.

B는 둘째로 많이 만들어 b개를 만든다.

C는 세째로 많이 만들어 c개를 만든다.

D는 네째로 많이 만들어 d개를 만든다.

E는 제일 적어 하루에 e개를 만든다.

1 개를 만드는데 필요한 시간을 표시하는 다음의 답 중 제일 그 시간이 긴 것은 어느 것인가? 단, 5명은 각각 하루에 8시간 일한다.

(1) $\dfrac{8}{a}$　　(2) $\dfrac{8}{b}$　　(3) $\dfrac{8}{c}$　　(4) $\dfrac{8}{d}$　　(5) $\dfrac{8}{e}$

3. 1 2 3 4 5 **3.** 세 가지의 속도로 움직이는 기계가 있다. 제일 늦게 움직이면 1시간에 A개를 만들고 중간 속도로 움직이면 1시간에 B개를 만들며, 최고 속도로는 시간당 C개를 만든다면, 기계를 최고 속도로 K시간 다음에 최저 속도로 N시간 가동했을 때 생산되는 갯수는?

    (1) $A+B+C$ (2) $\dfrac{A}{N}+\dfrac{C}{N}$ (3) $AN+B+C$

    (4) $AN+CK$ (5) $K+N$

4. 1 2 3 4 5 **4.** A, B가 1보다 큰 정수로 B가 A보다 크다면 다음 중 가장 큰 것은?

    (1) $\dfrac{A}{B}$ (2) AB (3) $\dfrac{B}{A}$ (4) $A+B$ (5) $\dfrac{A+B}{AB}$

5. 1 2 3 4 5 **5.** X가 5일 때 Y는 16이고 X가 2일 때 Y는 10이 된다. X가 7일 때 Y가 20이라면 X, Y의 관계식은?

    (1) $Y=3X-2$ (2) $Y=\dfrac{5}{16X}$ (3) $Y=5X$

    (4) $Y=2X+6$ (5) $Y=X+11$

6. 1 2 3 4 5 **6.** A, B, C는 양의 정수로 B는 A보다 크고 C는 B보다 크다면 다음 중 가장 큰 수는?

    (1) $(A+C)B$ (2) $\dfrac{1}{A}+\dfrac{1}{B}+\dfrac{1}{C}$ (3) $(A+B)C$

    (4) $A(B+C)$ (5) $A+BC$

7. 1 2 3 4 5 **7.** 홍길동의 월급은 S원이다. 1개월의 통상 근무는 H시간이지만 이 중 X시간은 근무를 떠나도 무관하다. 실제로 일하는 시간당의 금액은?

    (1) $\dfrac{A}{S}-X$ (2) $\dfrac{S}{H-X}$ (3) $\dfrac{H-X}{S}$

    (4) $\dfrac{S}{H}-X$ (5) $\dfrac{S-X}{H}$

8. 1 2 3 4 5 **8.** 계란을 실었더니 전체 M개 중 K개가 깨졌다. 깨진 계란의 퍼센트를 나타낸 것은?

    (1) $\dfrac{M}{K}$ (2) $\dfrac{100M}{K}$ (3) $\dfrac{100K}{M}$ (4) $100KM$ (5) KM

9. 1 2 3 4 5 **9.** 트럭 운전수와 조수를 2대3의 비율로 고용한다. 시간당 운전수는 250원, 조수는 100원씩 지불한다. 만일 1시간에 합계 2,400원을 지불했다면 지금 전부 몇 명을 고용하고 있는가?

    (1) 5명   (2) 10명   (3) 12명   (4) 15명   (5) 16명

10. 1 2 3 4 5 **10.** A를 B로 나누면 C와 같고 C는 D보다 크다. 이런 수가 1 이외의 정수이면 다음 중 맞는 것은?

    (1) B는 C보다 항상 적다.   (2) B는 D보다 항상 적다.

    (3) C는 B보다 항상 크다.   (4) D는 B보다 항상 크다.

    (5) A는 D보다 항상 크다.

11. 상자에 색연필이 Z개 있다. 이 중 N개는 빨간색이고 나머지는 파란색이다. 파란색의 퍼센트는?

(1) $100 - \dfrac{Z}{N}$ (2) $\dfrac{100(Z-N)}{Z}$ (3) $\dfrac{N}{Z-N}$

(4) $\dfrac{Z-N}{Z+N}$ (5) $\dfrac{100N}{Z-N}$

12. 원의 면적의 공식은 $A = \pi r^2$ 이다. 원X의 반지름(n)이 원Y의 반지름 (r)의 4배이면 원X의 넓이는?

(1) 원Y의 2배   (2) 원Y의 4배   (3) 원Y의 8배

(4) 원Y의 16배   (5) 정답 없음

13. 어느 회사의 초임금은 부양 가족이 없을 경우 수령액이 본봉 S에서 어떤 액을 뺀 것이다. 공제액은 본봉에 대하여 r%의 사회 보험료와 w%의 소득세를 합한 것이다. 수령액은?

(1) $S - \dfrac{(w-r)S}{100}$ (2) $S - \dfrac{r+w}{100}$ (3) $\dfrac{S(r+w)}{100}$

(4) $S - \dfrac{(r+w)S}{100}$ (5) $S - \dfrac{w}{100} - \dfrac{rS}{100}$

14. 주어진 수 A에 XY를 더하면 다음의 어느 것과 같은가?

(1) A에 X와 Y를 더한 것   (2) A에서 $\dfrac{1}{XY}$을 뺀 것

(3) A에서 2XY를 빼고 XY를 더한 것   (4) A에 XY를 곱한 것

(5) A에서 $\dfrac{XY^2}{Y}$을 빼고 $\dfrac{2X^2Y}{X}$를 더한 것

15. 2계단의 수와 3계단의 수를 합한 것이 4계단수이면 다음의 어느 결론이 나오는가?

(1) 합한 수의 최상위 계단은 1이다

(2) 2계단의 수의 최상위 계단은 9이다

(3) 2개의 더하는 수의 최상위 계단은 어느 것이나 5 이상이다

(4) 이 계산은 틀린다

(5) 위의 어느 것도 아니다

16. 2개의 분수 $\dfrac{a}{b}$와 $\dfrac{c}{d}$에서 b는 d의 2배이고 a와 c는 같다. 다음과 같이 조작하면 이 2개의 분수는 같게 된다.

(1) a에 2를 곱한다   (2) a를 2로 나눈다   (3) c에 2를 곱한다

(4) d를 2로 나눈다   (5) a와 c에 각각 2를 곱한다

17. 직각삼각형의 빗변 C의 길이를 구하는 공식은 $A^2 + B^2 = C^2$이다. A와 B는 직각을 지나는 2개의 변이다. 변A를 2배로 하고 변B를 그대로 하면 이 삼각형의 빗변 C의 길이는?

(1) 먼저의 C의 1.8배   (2) 먼저의 C의 2배   (3) 먼저의 C의 3배

(4) 먼저의 C의 4배   (5) 어느것도 아니다

18. 1 2 3 4 5 **18.** 공식 $S = \dfrac{1}{\sqrt{\dfrac{B-A}{X}}}$ 에서 A, B, X가 1보다 큰 정의 정수라고 한다. 다

음과 같이 하면 S가 크게 늘어난다.

(1) A를 작게 한다   (2) B를 크게 한다

(3) X를 크게 한다   (4) 위의 1과 2 모두 맞다

(5) 전부 틀린다

19. 1 2 3 4 5 **19.** Y가 X의 함수라 하는 것은 Y가 X에 의해서 결정되는 것을 의미한다. 다음의 Y에 관한 수식 중 X의 함수가 아닌 것은?

(1) $3X - 1$ (2) $4X$ (3) $\dfrac{X}{3}$ (4) $X - \dfrac{X}{3} - \dfrac{2X}{3} + 3$

(5) $9X^2 - 3X$

20. 1 2 3 4 5 **20.** 소수라는 것은 17과 같이 1 또는 그 자신 이외의 정수로는 나눌 수 없는 정수이다. 다음 중 소수는 어느것인가?

(1) 117   (2) 119   (3) 121   (4) 127   (5) 143

8·9 SUPPLEMENTARY ARITHMETIC TEST

DIRECTIONS : Work out the following problems, reducing each answer to its simplest form. Choose the correct answer. Then blacken the corresponding space in the answer column.

PART IX

1. Add $5.95, $.18, $198, $12.43, $6.65
   (A) $223.21 (B) $223.11 (C) $222.12 (D) $222.21
   (E) none of these

2. Subtract 731,969 from 940,614
   (A) 208,655 (B) 208,745 (C) 208,645 (D) 208,755
   (E) none of these

3. Divide 474.32 by 56
   (A) 8.48 (B) 8.57 (C) 8.47 (D) 8.64 (E) none of these

4. Find the product of 10,000 and .045
   (A) 4500 (B) 45 (C) 450 (D) 4.5 (E) none of these

5. Multiply 624 by $83\frac{1}{3}$
   (A) 208 (B) 42,000 (C) 52,000 (D) 50,990 (E) none of these

6. Add $5\frac{3}{4}$, $2\frac{1}{2}$, $9\frac{3}{8}$
   (A) $17\frac{5}{8}$ (B) $16\frac{5}{8}$ (C) $17\frac{3}{8}$ (D) $16\frac{3}{8}$ (E) none of these

7. Subtract $5\frac{3}{8}$ from 12
   (A) $6\frac{5}{8}$ (B) $5\frac{5}{8}$ (C) $7\frac{5}{8}$ (D) $7\frac{3}{8}$ (E) none of these

8. Multiply 224 by $13\frac{3}{4}$
   (A) 2924 (B) 2980 (C) 3030 (D) 3080 (E) none of these

9. Divide 20.25 by .045
   (A) 45 (B) 450 (C) 4.5 (D) 4500 (E) none of these

10. Find $5\frac{1}{2}$% of $2800
    (A) $154 (B) $140 (C) $150 (D) $144
    (E) none of these

11. If the area of a square is 64 square inches, what's its perimeter?
    (A) 8 inches (B) 16 inches (C) 48 inches (D) 32 inches
    (E) none of these

	A	B	C	D	E
1.					
2.					
3.					
4.					
5.					
6.					
7.					
8.					
9.					
10.					
11.					

12. A B C D E **12.** A certain grading job requires 81 cubic feet of topsoil. How many cubic yards of topsoil must be ordered?
(A) 3 cubic yards (B) 9 cubic yards (C) 27 cubic yards
(D) 243 cubic yards (E) none of these

13. A B C D E **13.** If the triangles at the right are similar, the length of side s in the smaller triangle is
(A) 4
(B) 9
(C) 16
(D) 10
(E) none of these

14. A B C D E **14.** The triangle at the right is
(A) an isosceles triangle   (D) a right triangle
(B) an equilateral triangle   (E) none of these
(C) a scalene triangle

15. A B C D E **15.** Two legs of a right triangle are 3 inches and 4 inches. The length of the hypotenuse of this triangle is
(A) 1 inch (B) 5 inches (C) 6 inches (D) 7 inches
(E) none of these

16. A B C D E **16.** In the diagram at the right, the line AB was constructed
(A) bisecting CD
(B) parallel to CD
(C) perpendicular to CD at A
(D) as a perpendicular bisector of CD
(E) none of these

17. A B C D E **17.** What is the shortest board a man must buy in order to cut three sections from it each 4 feet, 8 inches long?
(A) 11 ft. 13 in. (B) 1 ft. 8 in. (C) 24 ft. 12in (D) 14 feet
(E) none of these

18. A B C D E **18.** The circle at the right represents a family's total income. The shaded section shows the part of their income allowed for rent.
What per cent of their income is allowed for rent?
(A) 90% (B) 10% (C) 1/4% (D) 25% (E) none of these

19. A B C D E **19.** Express algebraically the perimeter of the figure at the right.
(A) $9x$ (D) $9x^3$
(B) 9   (E) none of these
(C) $24x$

169

20. The diameter of a bicycle wheel is 28 inches. Express in inches the circumference of the wheel. (Use $\pi = 3\frac{1}{7}$)
(A) 88 inches (B) 8 10/11 inches (C) 31 1/7 inches
(D) 24 6/7 inches (E) none of these

20. A B C D E

21. Find the height of a flagpole which casts a shadow 40 feet long at the same time that a 6 foot pole casts a shadow 10 feet long.

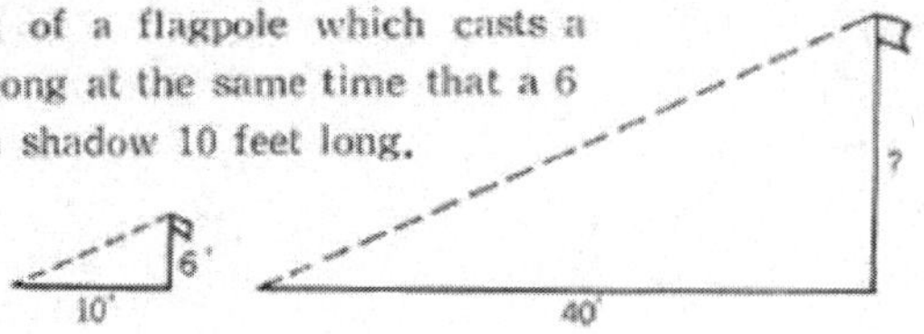

(A) 240 feet
(B) 36 feet
(C) 24 feet
(D) 20 feet
(E) none of these

21. A B C D E

22. What per cent of the figure at the right is shaded?

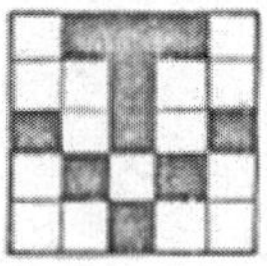

(A) 10/25 (D) 40%
(B) 12/25 (E) none of these
(C) 48%

22. A B C D E

23. What measurement is indicated by the arrow on the 6-inch ruler pictured below?
(A) 2 3/4 inches (B) 2 11/16 inches (C) 2 9/16 inches
(D) 2 5/8 inches (E) none of these

23. A B C D E

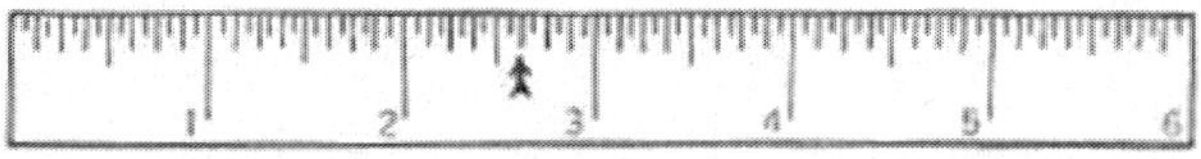

24. In the pictogram at the right each complete figure represents 100,000 trees. What is the total number of trees represented by the figures shown?

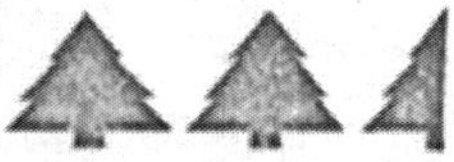

(A) 300,000 (B) 220,000 (C) 250,000 (D) 200,000
(E) none of these

24. A B C D E

25. What is the area of triangle ABE shown in the diagram if the dimensions of rectangle ABCD are 16 inches by 10 inches?

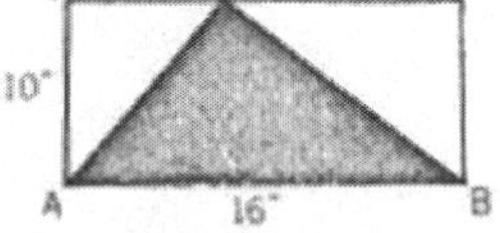

(A) 13 sq. in. (D) 80 sq. in.
(B) 26 sq. in. (E) none of these
(C) 160 sq. in.

25. A B C D E

26. Express in terms of s the perimeter of the triangle at the right.

(A) 12 s^2 (D) 12
(B) 6 s (E) none of these
(C) 12 s

26. A B C D E

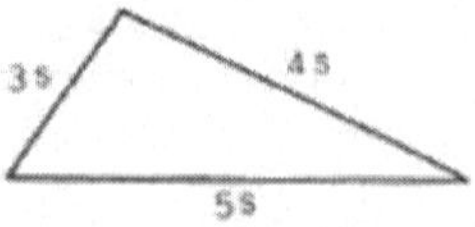

27. A B C D E **27.** Name a line in the drawing at the right that represents a radius of the circle.
(A) AB (D) BD
(B) CD (E) none of these
(C) ED

28. A B C D E **28.** Lines AD and AB of the rectangle pictured at the right are
(A) equal (D) perpendicular
(B) horizontal (E) none of these
(C) parallel

29. A B C D E **29.** For which one of the following geometric solids is it possible to find the volume merely by multiplying its base by its height?
(A) a (B) b (C) c (D) d (E) none of these

A B C D

30. A B C D E **30.** What amount of money is represented by the bar in the diagram below?
(A) $5.5 million
(B) $5.3 million
(C) $5.8 million
(D) $5.7 million
(E) none of these

MILLIONS OF DOLLARS

정답 및 해설

8.1 문자 계열 테스트

1. (5) T

M P Q P O R S R Q T
+3 +1 −1 −1 +3 +1 −1 −1 +3

2. (1) N

F I L J M P N
+3 +3 −2 +3 +3 −2

3. (3) Q

B E G H K M N Q
+3 +2 +1 +3 +2 +1 +3

4. (4) T

S S S T S S T T S T T T
3 1 2 1 3

5. (4) P

M K I G J M P
−2 −2 −2 +3 +3 +3

6. (3) N

B D F J B D F L B D F N
+2 +2 +4 +2 +2 +6 +2 +2 +8

7. (4) R

X Y Z B D G J N R
+1 +1 +2 +2 +3 +3 +4 +4

8. (1) V

A B D G K P V
+1 +2 +3 +4 +5 +6

9. (4) E

F H J L I F C E
+2 +2 +2 −3 −3 −3 +2

10. (5) P

M P B N Q C O R D P
+1 +1 +1

11. (3) R

M N N O P P Q R
+1 +0 +1 +1 +0 +1 +1

12. (4) W

A Z B Y C X D W

13. (3) G

14. (2) P

E E E G F F G G
3 1 2 2

B C D E G H I J M N O P
+1 +1 +1   +1 +1 +1   +1 +1 +1

15. (4) K

A P Q B P Q D P Q G P Q K
+1   +2   +3   +4

16. (3) E

T R O M J H E
−2 −3 −2 −3 −2 −3

17. (5) H

B D F H G F E D F H
+2 +2 +2 −1 −1 −1 −1 +2 +2

18. (1) O

P O N M O Q S U R O
−1 −1 −1 +2 +2 +2 +2 −3 −3

19. (3) V

M M M P P R T T T V V
3 2 1 3 2

20. (4) X

L O R U X
+3 +3 +3 +3

21. (3) O

L N O N M O P O
+2 +1 −1 −1 +2 +1 −1

22. (1) V

R T V T V X V
+2 +2 −2 +2 +2 −2

23. (2) J

X V S R P M L J
−2 −3 −1 −2 −3 −1 −2

24. (1) O

O P Q R O P Q R O

25. (1) R

M N N O P P Q R
1 3 1 2 1 1

26. (5) X

G T I V K X

27. (5) V

$$\overset{+1}{L}\ \overset{+1}{M}\ \overset{+1}{N}\ \overset{+2}{O}\ \overset{+2}{Q}\ \overset{+2}{S}\ \overset{+1}{U}\ V$$

28. (4) Q

29. (3) T

OPPOQRRQSTTTT

30. (5) Z

AXBYCZ

8.2 도형 유추 테스트

1. C	2. D	3. E	4. B	5. B
6. A	7. C	8. E	9. C	10. A
11. D	12. C	13. D	14. A	15. A
16. D	17. B	18. D	19. A	20. D
21. A	22. C	23. B	24. B	25. E
26. A	27. D	28. D	29. B	30. D

8.3 수리 능력 테스트

1. (A) 1
어떤 수를 x 라 하면
$x \times 10 = 100$
$x = 100/10$
$x = 10$
$\therefore 10/10 = 1$

2. (C) 45피트
원하는 벽면의 길이를 x라 하면
$x = 30 \times \dfrac{18}{12}$
$\therefore x = 45(피트)$

3. (B) $105
세번째 프로그래머가 받는 주급을 x라고 하면
$95 = (115 + 65 + x)/3$
$95 \times 3 = 180 + x$
$x = 285 - 180$
$\therefore x = 105(\$)$

4. (C) 27
그해 말까지 설치된 기계 대수를 x라 하면
$x = 36 + 9 - 18$
$\therefore x = 27$

5. (C) 18시간
디버깅하는 데 걸리는 시간을 x라 하면
$1 - (\dfrac{1}{4} + \dfrac{3}{8}) = \dfrac{3}{8} \cdots\cdots$ 디버깅 시간 비율
$x = 48 \times \dfrac{3}{8}$
$\therefore x = 18(시간)$

6. (B) 60,000평방 피트
빌려주지 않은 층의 크기를 x평방 피트라 하면
$16 - (7 + 4) = 5 \cdots$빌려주지 않은 층수
$x = 12000 \times 5$
$\therefore x = 60,000(평방 피트)$

7. (D) $150,000
해당 업무의 요금을 x라 하면
$75000 \div (3/4) = 100000 \cdots$그의 몫
$x = 100000 \div (2/3)$
$\therefore x = 150,000(\$)$

8. (C) $12.00
A란 타이피스트에게 지불할 돈을 x라고 하면
$\dfrac{42}{42+28} = \dfrac{42}{70} = \dfrac{3}{5} \cdots$A에게 지불할 돈의 비율
$x = 20 \times \dfrac{3}{5}$
$\therefore x = 12$

9. (C) 420줄
1분간에 x줄 인쇄한다고 하면
$176400/7 = 25200 \cdots$ 1시간 동안 인쇄한 줄의 수
$x = 25200/60$
$\therefore x = 420(줄)$

10. (D) $32,000
총수입금을 x라 하면
$x = 20000 + (x - 20000)/2 + 6000$
$x - 26000 = (x - 20000)2$
$2x - 52000 = x - 20000$
$x = 52000 - 20000$
$\therefore x = 32,000(\$)$

11. (E) 1,200장
x장 펀치할 수 있다고 하면

7시간30분＝450분…하루 일하는 시간을 분
으로 계산

$x=450\times\frac{80}{30}$

$\therefore x=1,200($장$)$

12. (A) $15

타자기용 리본 1타스가 x\$이라 하면

$160=4\times x+5\times20$

$4x=160-100$

$x=60/4$

$\therefore x=15($\$$)$

13. (D) 9,000매

월요일에 x매를 펀치하였다고 하면

$16000=x+3x+4000$

$\qquad$ 월 화 수

$4x=16000-4000$

$x=12000/4$

$x=3000$…월요일에 펀치한 양

$\therefore$ 수요일에는 월요일의 3배라 하였으므로

$3\times3000=9,000($매$)$

14. (D) 5/8

$2\times40-30/(2\times40)$

$=50/80=5/8$

15. (E) 9,000장

인쇄할 계산서가 x장 남았다고 하면

$48000/9600=5$…빠른 컴퓨터의 처리 시간

$x=48000-5\times7800$

$\therefore x=9,000($장$)$

16. (A) $34,000

x원에 구입할 수 있다고 하면

$700\times60=42000$…5년간의 사용료

$x=42000-(60\times100+2000)$

$\therefore x=34,000($\$$)$

17. (B) 7,200

가장 긴 길이를 x라 하면

$6800<x<3\times6800-2\times6400$

평균 길이 $\qquad$ 2개가 6400피트인 경우

$6800<x<7600$

이들 중 6800과 7600은 성립되지 않으므로
답(A)와 답(B) 중의 하나이나 B쪽이 크
므로 7200피트가 원하는 답이다.

18. (E) 3/4

$52-28=24$…1년 중 남은 주간

$12+6=18$…남은 기간 동안 받아야 할 주
문의 양

$\therefore \frac{18}{24}=\frac{3}{4}$

19. (E) 14,000장

x장 처리한다고 하면

$x=16000\times\frac{700}{800}$…완벽한 것
$\qquad\qquad\qquad$…단위 그룹 매수

$\therefore x=14,000($장$)$

20. (C) 33%

x%라 하면

$x=(0.35\times0.2+0.65\times0.4)\times100$
$\qquad$ 합격한 남자 $\qquad$ 합격한 여자

$x=(0.07+0.26)\times100$

$\therefore x=33($%$)$

21. (D) $87

x원을 절약할 수 있다고 하면

$1440\times\frac{3}{4}=1080$…HEAVYDULY 구입비

$1440\times\frac{1}{4}=360$…REGULAR 구입비

$x=1440-1080/30\times28-360/24\times23$

$\therefore x=58($\$$)$

22. (C) 8명

x명을 고용하여야 한다고 하면

$x=12\times\frac{2}{3}$

$\therefore x=8($명$)$

23. (B) 6인치

증가치를 x라 하면

$156\times\frac{30}{48+30+52}=36$

$x=36-30$

$\therefore x=6($인치$)$

24. (D) $414

카페트의 가격을 x\$라 하면

$37.8\times(1+0.2)=45.36\fallingdotseq46$…여분까지 고려
한 필요량

$x=46\times9$

$\therefore x=414($\$$)$

25. (B) 35,000권

프로그램을 x권 만들 수 있다고 하면

$70-50=20($센트$)$…1권당 손해액

$15000-8000=7000($달러$)$…사용 가능 금액

$x=7000($달러$)/20($센트$)$

$\therefore x=35,000($권$)$

26. (B) 39.25

$$200\overline{)8,000,000} \quad 40,000$$

27. (D) $11.74

$0.15	$0.31	$7.33	$20.00
0.11	× 3	+0.93	− 8.26
+ 0.05	$0.93	$8.26	$11.74
$0.31			

28. (C) 30

$$7\frac{1}{2} \div 7 = \frac{15}{14}$$

$$\therefore 4 \times 7 \times \frac{15}{14} = 30$$

29. (D) $14.00

$$\begin{array}{r} \$25 \\ \times 0.20 \\ \hline \$5 \end{array} \quad \$25-\$5=\$20$$

$$\begin{array}{r} \$20 \\ \times 0.30 \\ \hline \$6 \end{array} \quad \$20-\$6=\$14$$

30. (B) 26

$$\boxed{26} \times 10 = \$2.60 + \$0.50 = \$3.10$$

8.4 수학 기호 테스트

1. (A) correct
2. (C) not determinable
3. (B) incorrect
4. (C) not determinable
5. (B) incorrect
6. (A) correct
7. (C) not determinable
8. (C) not determinable
9. (A) correct
10. (B) incorrect
11. (B) incorrect
12. (C) not determinable
13. (A) correct
14. (C) not determinable
15. (B) incorrect
16. (C) not determinable
17. (C) not determinable
18. (A) correct
19. (B) incorrect
20. (B) incorrect
21. (A) correct
22. (C) not determinable
23. (C) not determinable
24. (B) incorrect
25. (C) not determinable
26. (C) not determinable
27. (A) correct
28. (C) not determinable
29. (B) incorrect
30. (A) correct

8.5 논리 능력 테스트

문1. 20
문2. 36
문3. 1
문4. 4
문5. 4
문6. Box 3은 2, Box 5는 7
문7. Take instruction 1 as the next instruction
문8. 1. B<A<C
   2. C is between A and B
   3. A is greater than B or C
문9. 차례대로 1, 4, 9, 16, 25, 2, 3

8.6 단어 유추 테스트

1. (A, Y) story, incentive
2. (B, Z) lance, soldier
3. (A, Z) dean, congregation
4. (B, Y) triangle, cube
5. (A, W) introduction, caboose
6. (D, Z) sail, wood
7. (D, Z) black, magnify
8. (C, X) envy, red
9. (C, Z) wheat, dregs
10. (D, Y) elation, failed
11. C. present
12. B. float
13. C. thermometer
14. C. disciple

15. A. war
16. E. week
17. E. lower
18. E. dive
19. A. bird
20. E. writer
21. A. pyramid : cube
22. D. woodman : axe
23. B. minister : congregation
24. C. namely : for example
25. E. next : by
26. C. rage : red
27. D. obelisk : hieroglyphic
28. D. flood : levee
29. A. tortoise : hare
30. D. fiber : fabric

8.7 개산 능력 테스트

1. (A) 33.0   2. (D) 200
3. (A) 11090   4. (D) 357
5. (C) 900   6. (C) 64.9
7. (A) 11.0   8. (C) 3
9. (B) 1.89   10. (C) 15
11. (A) $4\frac{1}{8}$ 12. (A) 29,000
13. (B) 330   14. (A) 3300
15. (C) 4.9037   16. (D) 35.5395
17. (B) 0.044   18. (D) 600
19. (B) 0.33   20. (C) 280,000
21. (D) $\frac{27}{28}$ 22. (D) 450
23. (A) 1500   24. (B) 2.0
25. (D) 22.0   26. (B) 12
27. (C) 15.0   28. (A) 30
29. (A) 288   30. (A) 24

8.8 수학 추리 테스트

1. 명제에 관한 문제이다.

※ 안쪽 조건은 바깥쪽 조건을
조건을 만족시키나 바깥쪽
조건은 안쪽 조건을 완전 조
건으로 만족시킬 수는 없다.
예 : 바리섬 사람은 모두포
리네시아 사람이다.(만족됨)

∴ 모든 바리섬 사람은 갈
색이다. (만족됨)
정답 4

2. 작업 시간에 관한 문제이다.
[사용 공식]

작업 시간=개당 소요 시간×제품 갯수

→개당 소요 시간=$\frac{작업\ 시간}{제품\ 갯수}$

∴ 개당 소요 시간이 제일 긴 것은 제품 갯
수가 가장 적은 것이어야 한다. 정답 5

3. 생산 갯수에 관한 문제이다.
[사용 공식]
생산 갯수=가동 시간×생산 속도
최고 속도로 K시간 가동시 생산 갯수=CK
최저 속도로 N시간 가동시 생산 갯수=AN
∴ 총생산 갯수=CK+AN   정답 4

4. 자연수의 대소를 비교하는 문제이다.
※ 자연수의 계산시 결과가 큰 순서로 나열하면
①지수승 ②곱셈 ③덧셈 ④뺄셈 ⑤나눗
셈 ⑥근호 계산($\sqrt{\ }$) 등이다. (단, 자연
수>1)
∴ 지수승이 없으므로 곱셈의 결과가 가장
크다.   정답 2

5. 함수식에 관한 문제이다.
[사용공식] $\frac{y-y_1}{y_2-y_1}=\frac{x-x_1}{x_2-x_1}$
두 점(x_1,y_1), (x_2,y_2)을 지나는 직선의 함수식
∴ 원제를 (5, 16), (2, 10), (7, 20)을 지
나는 방정식의 근을 구하는 문제로 생각
해도 좋다. 단, 위의 세 점 중 두점만을
취하여 처리한다.

$\frac{y-16}{20-16}=\frac{x-5}{7-5}$ → $\frac{y-16}{4}=\frac{x-5}{2}$

$2(y-16)=4(x-5)$

→$y-16=2(x-5)$

$y = 2x - 10 + 16$

$\therefore y = 2x + 6$ 정답 4

원제를 일차함수의 기본형을 이용하여 푸는
방법도 있음.

$y = ax + b \rightarrow$ 기본형

$16 = 5a + b$ ……①

$10 = 2a + b$ ……②

①, ②식을 연립 방정식으로 풀면

$a = 2$, $b = 6$ ……③

③을 기본형에 대입시키면

$y = 2x + 6$

6. 최대수를 구하는 문제이다.

지수승이 없으므로 가장 큰 수를 곱한 결과
가 가장 크다.

$\therefore A < B < C$ 이므로

$(A + B)C$ 가 가장 크다   정답 3

7. 실근무 시간당 평균 임금을 구하는 문제이다.

[사용 공식] 실근무 시간당 평균 임금

$= \dfrac{\text{단위 기간의 임금}}{\text{근무 시간} - \text{비근무 가능 시간}}$

$\therefore$ 실근무 시간당 평균 임금 $= \dfrac{S}{H - X}$

정답 2

8. %를 구하는 문제이다.

[사용 공식] $\% = \dfrac{\text{부분}}{\text{전체}} \times 100$

$\therefore \% = \dfrac{K}{M} \times 100$ 정답 3

9. 주어진 금액을 가지고 고용 인원을 찾는 문제이다.

고용한 운전수 인원 $\rightarrow x$ 명

고용한 조수 인원 $\rightarrow y$ 명

$x : y = 2 : 3$

$2y = 3x$ ……………①

$250x + 100y = 2400$ ……②

①, ②식을 연립해서 풀면

$x = 6$, $y = 9$ …………③

원제에서는 운전수와 조수의 합계 인원수를
원하므로

$\therefore 6 + 9 = 15$ 정답 4

10. 수의 대소 관계를 찾아내는 문제이다.

$A * B = C > D$

(단, $A, B, C, D > 1$, 양의 정수)

위의 내용을 만족시키는 조건 중 "A는 B,
C, D보다 항상 크다"는 조건은 언제나 성

립한다.

$\therefore$ A는 D보다 항상 크다.   정답 5

11. %를 구하는 문제이다.

[사용 공식] $\% = \dfrac{\text{부분} \times 100}{\text{전체}}$

$\therefore$ 원제의 내용을 사용 공식에 대입시키면

$\% = \dfrac{(Z - N) 100}{Z}$ 정답 2

12. 길이의 변화에 따른 면적의 변화를 구하는
문제이다.

[사용 공식] 원의 넓이 = 반지름$^2 \times$ 원주율

※ 길이가 n배 되면 면적은 n²배가 된다.

원제에서 반지름이 4배라 하였으므로 면적
은 4²배가 된다.

$\therefore$ 원X의 넓이는 원Y의 넓이의 16배가 된
다.   정답 4

13. 봉급의 수령액을 계산하는 문제이다.

[사용 공식] 수령액 = 본봉 - 공제액

공제액 $= \dfrac{S(r + w)}{100}$ ……①

사용 공식에 본봉과 공제액을 대입시키면

수령액 $= S - \dfrac{S(r + w)}{100}$ 정답 4

14. 수치 계산을 변형시킨 문제이다.

※ 분수의 분자와 분모에 0이 아닌 같은 수
를 곱하거나 나누어도 값은 변화하지 않
는다.

원제 $= A + XY = A - XY + 2XY = A - \dfrac{XY^2}{Y} + 2XY$ (XY의 분자, 분모에
Y를 곱해줌) $= A - \dfrac{XY^2}{Y} + \dfrac{2X^2Y}{X}$

(2XY의 분자, 분모에 X를 곱해
줌)   정답 5

15. 십진수의 자리올림에 관한 문제이다.

원제의 내용이 성립하려면

1) 3단계수의 최상위 숫자는 9이어야 한다.

2) 합할 두 수의 10 자리수(오른쪽부터 세
어서 두번째수)의 합은 10이상이어야 한
다.

3) 결과의 최상위 숫자는 1이어야 하며 100
자리수는 0이어야 한다.   정답 1

16. 분수의 크기 변화에 관한 문제이다.

$\dfrac{a}{b}$ 와 $\dfrac{c}{d}$ 두 분수에서

$b = 2d$ 란 조건하에서 두 분수의 크기가

$a = c$ 같으려면

1) b를 2로 나누거나
2) c를 2로 나누거나
3) a에 2를 곱하거나
4) d에 2를 곱하거나

이 조건 중 1개
를 만족시키면
된다.　정답 1

17. 피타고라스의 정리를 이용하는 문제이다.

[사용 공식] 빗변^2=밑변^2+높이^2

$$C'=A'+B'$$

원제를 처리하려면 A, B, C (혹은 A, B)의 길이가 확정되어 있어야 한다. 왜냐하면 A, B의 길이의 변화에 따라 C가 늘어나는 비율은 각각 다르기 때문이다.　정답 5

18. $\sqrt{}$ 속의 분수값의 확대, 축소에 관한 문제이다.

※ 1보다 큰 양의 정수의 경우 분모가 커지면 분수의 값은 작아진다.

($\sqrt{}$ 속의 내용도 마찬가지임)

원제의 값이 커지려면 $\sqrt{}$ 속의 값이 작아져야 하고, $\sqrt{}$ 속의 값이 작아지려면

1) B를 작게 한다. (단, B>A)
2) A를 크게 한다. (단, B>A)
3) x를 크게 한다.

위의 세 가지 내용 중 값은 수치의 변화로 S값을 크게 늘어나게 하려면

3)번이 가장 적당하다.

정답 3

19. 함수의 정의에 관한 문제이다.

※ "y가 x의 함수이다. $(y=f(x))$"라고 할 때에는 등호의 우변에 반드시 x가 포함되어야 한다.

원제의 답 5개 중 4번을 정리해 보면

$$x-\frac{x}{3}-\frac{2x}{3}+3=x-\left(\frac{x}{3}+\frac{2x}{3}\right)+3$$
$$=x-\frac{3x}{3}+3=x-x+3=3$$

정답 4

20. 소수(素數)를 찾는 문제이다.

※ 소수를 찾으려 할 경우 그 수보다 작거나 같은 수 중 그 수에 가장 가까운 제곱수의 제곱근까지의 소수만으로 나누어 결과가 정수가 아니면 그 수는 소수이다.

예 1) $49=7'$ ($\sqrt{49}=7$: 2, 3, 5, 7까지 나눈다)

2) $52=2'\times13$ ($52<49$, $\sqrt{49}=7$; 2, 3, 5, 7까지 나눈다)

3) $53=$소수 ($53<49$, $\sqrt{49}=7$;

2, 3, 5, 7까지 나눈다)

원제의 답 5개를 소인수 분해해 보면

1) $117=3'\times13$ (비소수<합성수>)
2) $119=7\times17$ (비소수<합성수>)
3) $121=11'$　(비소수<합성수>)
4) $127=$소수
5) $143=11\times13$ (비소수<합성수>)

정답 4

8. 9 SUPPLEMENTARY ARITHMETIC TEST

1. (A) $223.21

```
      5.95
       .18
    198.00
     12.43
   +  6.65
   $ 223.21
```

2. (C) 208.645

```
    940.614
   -731.969
    208.645
```

3. (C) 8.47

```
            8.47
   56 )474.32
        448
        263
        224
        392
        392
          0
```

4. (C) 450

```
      10000
   ×   .045
      50000
      40000
     450.000
```

5. (C) 52,000

```
       624
   × 83⅓
       208
      1872
      4992
     52,000
```

6. (A) $17\frac{5}{8}$

$$5\frac{3}{4}=\frac{6}{8}$$
$$2\frac{1}{2}=\frac{4}{8}$$
$$9\frac{3}{8}=\frac{3}{8}$$

$$16 \qquad \frac{13}{8}=\frac{15}{8}$$

$$16+\frac{15}{8}=17\frac{5}{8}$$

7. (A) $6\frac{5}{8}$

$$11\frac{8}{8}$$
$$12$$
$$-5\frac{3}{8}$$
$$\overline{6\frac{5}{8}}$$

8. (D) 3,080

$$\begin{array}{r} 224 \\ \times\ 13\frac{3}{4} \\ \hline \end{array}$$

$$4\overline{)672}$$

$$\begin{array}{r} 168 \\ 672 \\ 224 \\ \hline 3,080 \end{array}$$

9. (B) 450

$$\begin{array}{r} 450 \\ .045.\overline{)20.250} \\ 180 \\ \hline 225 \\ 225 \\ \hline 0 \end{array}$$

10. (A) $154.00

$$\begin{array}{r} \$\ 2800 \\ \times\ .05\frac{1}{2} \\ \hline \end{array}$$

$$2\overline{)2800}$$

$$\begin{array}{r} 1400 \\ 1400 \\ \hline \$\ 154.00 \end{array}$$

11. (D) 32 inches

$$S' = 64$$
$$S = 8$$

$$p = 4 \times 8 \text{ or } 32 \text{ inches}$$

12. (A) 3 cubic yards

1 cubic yards = 27 cubic feet

3 cubic yard

$$27\overline{)81}$$
$$\begin{array}{r} 81 \\ \hline 0 \end{array}$$

13. (B) 9

$$\frac{8}{12}=\frac{6}{s}$$
$$8s = 72$$
$$\therefore s = 9$$

14. (A) an isosceles triangle

Since base angles are equal, the triangle is an isosceles triangle.

15. (B) 5 inches

Let X = hypotenuse
$$x' = 3' + 4'$$
$$x' = 9 + 16$$
$$x' = 25$$
$$\therefore x = 5 \text{ inches}$$

16. (C) perpendicular to CD at A

17. (D) 14 feet

$$4'\ 8' = 4\frac{2'}{3}$$
$$4\frac{2}{3}$$
$$\times\ 3$$
$$3\overline{)6}$$
$$\begin{array}{r} 2 \\ +\ 12 \\ \hline 14 \text{ feet or 168 inches} \end{array}$$

18. (D) 25%

$$90° = \frac{1}{4} \text{ of circle or } 25\%$$

19. (A) $9x$

$$P = 3x + 2x + 4x$$
$$\therefore P = 9x$$

20. (A) 88 inches

$$C = \pi d$$
$$C=\frac{22}{7}\times 28=88 \text{ inches}$$

21. (C) 24 feet

Let h = height of flagpole
$$\frac{6}{10} = \frac{h}{40}$$

$10h = 240$

$\therefore h = 24$ feet

22. (D) 40%

$\frac{10}{25} = \frac{2}{5} = 40\%$

23. (D) $2\frac{5}{8}$ inches

24. (C) 250,000

$100,000 \times 2\frac{1}{2}$

$100,000 \times \frac{5}{2} = 250,000$

25. (D) 80 sq. in.

The triangle has the same base and altitude as the rectangle.

$A = \frac{1}{2}bh = \frac{1}{2} \times 16 \times 10$

$\therefore A = 80$ sq. in.

26. (C) 12s

$P = 3s + 4s + 5s$

$\therefore P = 12s$

27. (E) none of these

(The correct answer is either line EO, AO or BO.)

28. (D) perpendicular

29. (C) c

volume of cylinder = base × height

30. (E) none of these

(The correct answer is $5,600,000 or 5.6 million dollars.)

자전거 천리길

조성갑

달 보며 별 보며 다리가 떨어져 나가는
고통을 잊으려
우리는 하나 되었네.
앞으로 50000년 중요를 구가하는
GCF도 되었는데,
오른발 누르고 왼발 들어 올리며,
나는 알았네.

인고 높낮이를 지금 참자. 또 참자!
그리고...
멀리 보며 인내하자.
금항을 굽이치는 옥현 무공 고개 낙동강 기슭으로
비량 갯 고을 모여들고 행글라이더 날아드니
삼왕진 고개 바루 넘어
멸치국수에 풋고추 된장찍어 허기를 달래고
김해 산등성이 옆 동네에 멀찌함되
홀로서있는
까치밥 몇 알 남아있는 홍시감이
파란 하늘에 더욱 영롱하네.

아버지, 어머니, 그립구나!!
이 모든 아름다운 산야
내 눈에만 담기 미안해
16바퀴 은휸에 하나하나새겨 넣어보네.

어느덧 가야곡 부산이구나.
광안대로 불빛아래
갈매기가 반갑다고 넘나들고
한리 달려온 두 다리야.
너느 고상도 아니 나느냐
무쇠덩이 패달은 부러졌는데
이제 둥그레 떠있는 저 달 보고
찬바람 안주 삼아
25년 인내한 너를 여덟 잔에 나누어 이제는
다시 목표할 그것을 생각해보자.

관찰력 및 기억력 테스트

테스트 1 의 방법

이 검사는 ○이나 △ 안에 점을 찍어가는 문제이다.

예제는 화살표의 순서에 따라 ○ 안에 점을 2개씩 찍고, 굵은 ○ 안에는 점을 찍지 않으며, △ 안에는 점이 3개씩 찍혀 있다.

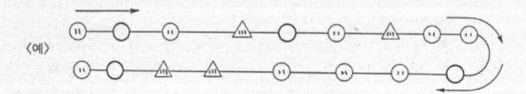

〈예〉

[연습1]도 첫줄은 좌로부터 우로, 다음 줄은 우로부터 좌로 화살표의 순으로 처리하되 건너뛰지 않도록 하고, 또 점이 ○이나 △의 밖에 찍히지 않고 뚜렷하게 되도록 빨리 찍어라.

연 습 1

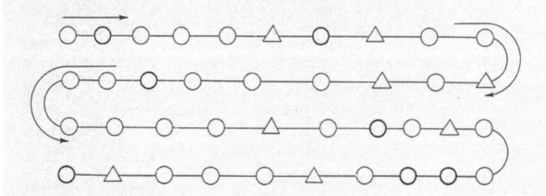

다음 페이지에는 이것과 똑같은 문제가 있다. 점이 밖에 찍히지 않도록 하고 침착하게 될 수 있 으면 빨리 하라.

지시가 있을 때까지 넘기지 말 것

테스트 1

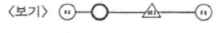

〈보기〉

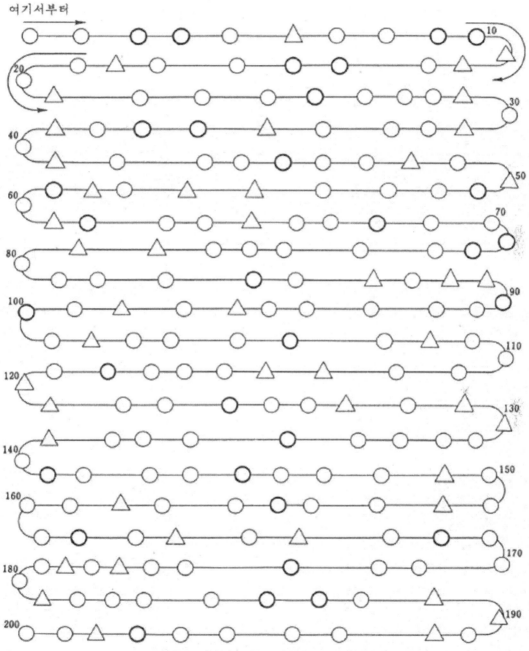

여기서부터

여기서 그치고, 다음 지시를 기다릴 것

테스트 2 의 방법

이 검사는 영문자와 한글로 조합된 기호를 보기에 따라 숫자로 바꾸는 문제이다.

〈보기〉

A	D	G
B	E	H
C	F	I

1	4	7
2	5	8
3	6	9

ㅇ	ㄴ	ㄷ
ㄹ	ㅂ	ㅊ
ㅎ	ㅍ	ㅌ

예제의 사각형 안에는 윗쪽에 (A ㄴ)이라 쓰여 있고 그 아랫쪽에는 (1 4)라고 쓰여 있다. 보기의 영문자만의 (A)의 위치는 가운데 있는 숫자단의 (1)이고, 한글 문자단의 (ㄴ)은 숫자단(4)의 위치로 되어 있다. 그러므로 답은 (1 4)가 된다.

조합은 영문자끼리나 한글끼리만으로 표시된 경우도 있으니 주의하라.

〈예〉

A	ㄴ
1	4

ㅇ	ㄷ
1	7

ㄹ	H
2	8

G	I
7	9

그러면 예와 같이 반드시 숫자로 바꾸는 것을 잊지 않도록 하기 위해 [연습2]를 해보라.

연 습 2

D	ㅂ

ㅍ	I

A	F

B	G

ㅎ	ㅇ

다음 페이지에는 이와 같은 문제가 많이 있다. 숫자로 바꾸어 놓는다는 것을 잊지 말고 정확하게 될 수 있으면 빨리 하라.

지시가 있을 때까지 넘기지 말 것

테스트 2

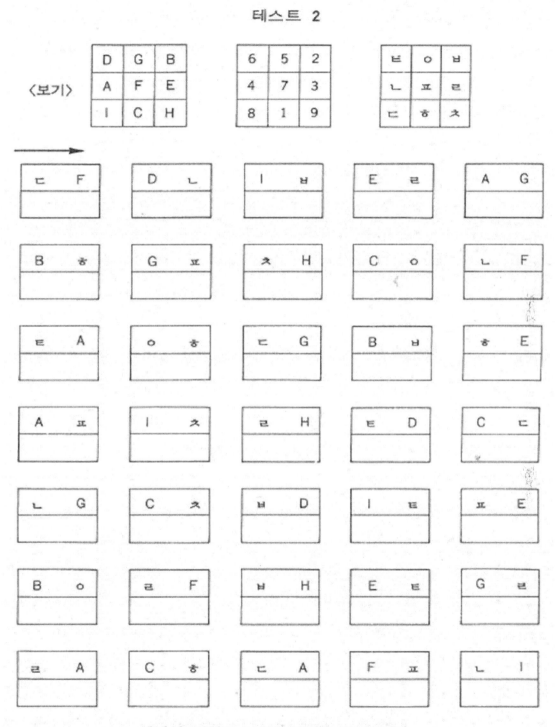

여기서 그치고, 다음 지시를 기다릴 것

테스트 3 의 방법

이 검사는 보기와 같은 조합을 골라내고 그들 한 쌍(일조)을 ◯으로 묶어 주는 문제이다.

〈보기〉

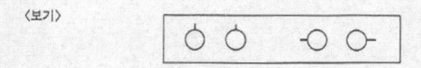

예제는 보기에 있는 2개의 조합을 골라내고, 한 쌍으로 하여 ⬭ 으로 묶여져 있다. 조합은 서로 이웃하는 것 전부, 즉 좌우 양옆의 경우 모두를 생각한다.

〈예〉

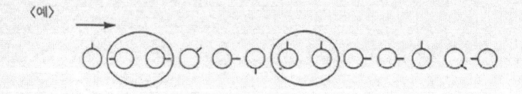

그러면 예에 따라 [연습 3]을 순서대로 될 수 있으면 빨리 하라.

연 습 3

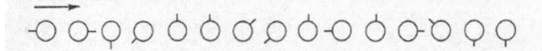

다음 페이지에는 이와 같은 문제가 있는데 보기가 조금 다르므로 당황하지 말고 정확하게 될 수 있으면 빨리 하라.

지시가 있을 때까지 넘기지 말 것

테스트 3

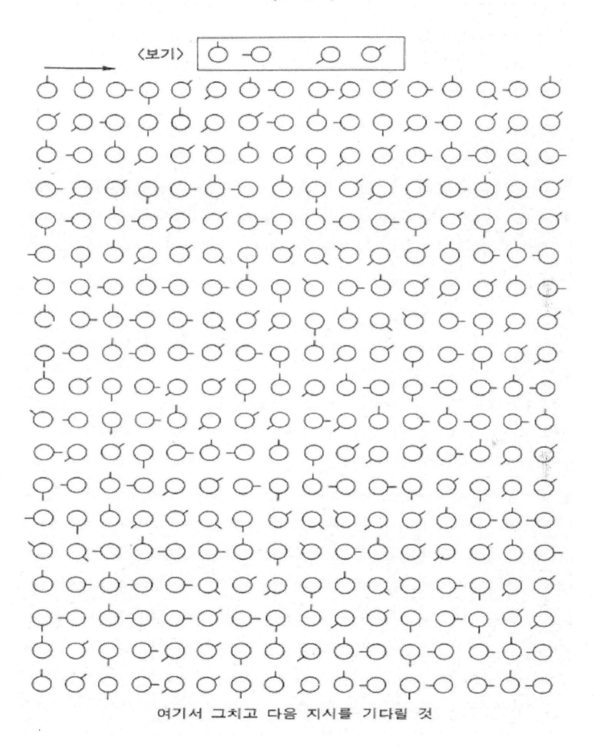

여기서 그치고 다음 지시를 기다릴 것

테스트 4 의 방법

이 검사는 어떤 한 무리의 좌우 한 쌍인 도형들이 서로 같은가, 다른가를 비교 판별하는 문제이다.

예제 (A), (B)는 각기 좌우 모두 사각 또는 사각 밑변이 없는 도형이 방향을 바꾸어 상하 5개씩 늘어서 있다. 이들 도형의 무리들의 좌측 내용과 우측 내용을 비교하였을 때 반드시 한 군데가 다른 도형이 1개씩 있다. 그것을 우측 도형의 무리에서 골라내어 ○으로 둘렀다.

〈예〉

그러면 예에 따라 [연습 4]를 처리하라. 만일 잘못 표시하였을 때에는 사선(/)으로 지우고 새로 고른 자리에 ○표를 하라. 또 번호순으로 위에서 아래로 처리하라.

연 습 4

다음 페이지에는 이와 같은 문제가 2페이지에 걸쳐 있으므로 책을 덮을 필요가 없다. 그러면 정확하게 될 수 있으면 빨리 처리하라.

지시가 있을 때까지 넘기지 말 것

테스트 4

(1) (2) (3) (4) (5) (6) (7) (8) (9) (10) (11) (12) (13) (14) (15) (16) (17) (18) (19) (20)

(21) (22) (23) (24) (25) (26) (27) (28) (29) (30)

(31) (32) (33) (34) (35) (36) (37) (38) (39) (40)

" 아직 봄이 오지 아니 하였다고 "

조성갑

싸늘한 아침 공기는 남산 성곽을 돌아
오천년 이어온 철갑 솔향을 뿌리고..
북쪽 길 걸어 목멱 산장에 이르니

골짜기는 아직 얼음 바위 빙산으로 하얗다.
조동탁 시인의 시비 앞에서 암울한 일제를 떨구려고
문필로 동토의 땅을 녹일 쯤

하얼빈에서 쓰러진 이토히로부미를 있게 한
조 마리아 여사의 장한아들 안중근 !!
見利思義 危國獻身 석상 앞에…

"아직 봄이 오지 아니하였다고"
마대길 솔밭 사이로 십리걸음이 끝날 무렵
세계에서 가장 오래 된 530년 성곽을 맞이하다.
그 돌담 끝자락에 핀 산수유 노랗고

어느새 하얀 물결 목련 망울이
송이송이 뻗친 화단위에 이준 열사 미소 짓고 우뚝 서 있다.
장충동 족발도 부드러운데 "아직 봄이 오지 아니하였다고"

2017년 3월 18일

Brain UP & Yasong humor

멕시코 가정부가 주인 마님에게 월급을 올려줄 것을 요구했다.
부인은 언짢은 얼굴로 내가 왜 월급을 올려줘야 하는지
이유를 대보라고 했다. 그러자 가정부가 말하기를,

"마님, 월급을 올려달라고 하는 데는 3가지 이유가 있습니다.
"첫째, 저는 마님보다 다림질을 더 잘합니다."
"아니, 누가 나보다 더 잘한다고 해?"
"마님 남편이요."
"그래? 그럼 두 번째 이유는 뭐야
"두 번째 이유는 제가 마님보다 요리를 더 잘합니다."
"말도 안돼, 누가 그래?" "마님 남편이요."
주인 마님이 열 받아서,
"그래, 세 번째 이유는 뭐야
"예, 세 번째 이유는 제가 마님보다 밤 일을 더 잘한다는
것입니다." 마님이 소리쳤다.
"뭐야? 아니 그것도 내 남편이 그렇게 말했단 말이야?"
가정부가 정색을 하면서, "아니오, 마님. 이 집 정원사가 그러더군요!"

마님이 한참 머뭇거리다가 이렇게 말했다.
"그래 얼마나 올려주면 되겠소

[보너스]
우유를 매일 마시는 사람보다 우유를 매일 배달하는 사람이 더 건강하다. 〈영국
속담〉

Brain UP & Yasong humor

한 남자가 술집에 들어가 맥주 석잔을 시켰다.

그런데 그 석잔을 돌아가며 한 모금 씩 마시는 것이었다.

술집 주인이 의아해서 물었다.

"손님, 한 번에 한 잔씩 마시지 않고 왜 번갈아 마십니까?"

남자가 말하기를

"사실 저희는 3형제인데 서로 멀리 떨어져 살게 되어서 서로 헤어질 때 약속하기를, 마실 때마다 형제를 생각하며 같이 마시는 기분으로 이렇게 마신답니다."

남자는 단골이 되어 그 술집에서 유명 인사가 되었다.

그러던 어느날 남자가 두 잔만 시키는 것이었다. 순간 가게 안은 고요해지고 사람들의 시선이 남자에게 쏠렸다. 술집 주인이 어렵게 입을 열었다.

"형님 일은 참 안되셨습니다. 어쩌다가 형님이 …" 그러자 남자는 두번째 잔을 홀짝이며 말했다.

"형님들은 모두 괜찮습니다. 다만 제가 술을 끊었거든요."

Brain UP & Yasong humor

[이순신 장군 예찬]

〈임진왜란 당시 한산 대첩에서 이순신 장군에게 패한 일본의 명장 와키자카〉

- 내가 제일 두려워하는 사람은 이순신이며,
- 가장 미운 사람도 이순신
- 가장 좋아는 사람도 이순신
- 가장 흠승하는 사람도 이순신
- 가장 죽이고 싶은 사람 역시 이순신이며
- 가장 차를 함께 하고 싶은 이도 바로 이순신이다.

Brain UP & Yasong humor

뉴욕 지하철 역에서 황급히 달려 나온 남자가 가장 먼저 만난 사람을 붙들고 숨을 헐떡이며 물었다.

"카네기 홀로 가려면 어떻게 가야 하죠?" 그 행인이 말했다. "연습을 많이 해야죠. 연습을."

[보너스]
o 여자의 가장 큰 낭비는? → 예쁜 여자가 화장하는 것
o 한번 웃으면 영원히 웃는 것은? → 사진
o 여자의 필요 없는 곳에 하는 화장은? → sun glass 낀 눈 화장

Brain UP & Yasong humor

영업사원 한 명을 뽑는데 열 사람이 지원을 했다.

열 명의 지원자에게 시험관이 다음과 같은 문제를 내어 주었다. 「스님에게 많은 빗을 팔고 오라」세 사람이 빗을 팔았는데 실적은 1개, 10개, 1,000개 였다.

1개 판 사람: 머리를 긁적이는 스님에게

10개 판 사람: 신자들의 머리를 다듬기 위해 절에 비치할 목적으로

1,000개 판 사람: 신자들에게 선물용으로 주기 위해. 즉 빗에 "積善梳 (적선소-선을 쌓는 빗)"를 새김.

[보너스]

남자는 자존심 때문에 망하고, 여자는 허영심 때문에 망한다.

Brain UP & Yasong humor

〈티코 시리즈 1〉

레이싱 카의 대명사인 포르쉐가 속도감을 자랑하며 아우토반을 질주하고 있었다. 뭇 차들을 제치고 달리는데 느닷없이 한 조그만 차가 휙 하고 추월하는 것이었다. 자존심이 상한 포르쉐가 속도를 높였다. 그런데 아무리 밟아도 앞서가는 소형차를 따라잡을 수가 없었다. 놀란 나머지 입을 다물지 못하고 있는데 앞서가던 소형차가 휴게소로 들어가는 것이었다. 호기심에 따라 들어갔다. 그때 조그만 차에서 운전자가 내리면서 하는 말이,

"제기랄! 바람 한 번 더럽게 부네 … !"

Brain UP & Yasong humor

〈티코 2〉

오늘도 포르쉐가 아우토반을 달리고 있었다. 한참을 달리다 보니 전에 보았던 그 소형차가 길가에 서있는 것이었다. 궁금해서 포르쉐도 차를 멈추고 물어보았다.

"아니, 왜 오늘은 바람이 안 붐니까

"아니오, 기름이 떨어져서 … "

"그래요? 그럼 내 차 뒤에 끈으로 매달고 따라 오세요."

"그래도 괜찮겠어요

"아니, 나를 뭘로 보고? 나, 포르쉐야! 달리다가 너무 빠르다 싶으면 경적을 울리세요." 포르쉐는 티코를 매달고 유유히 달렸다. 그런데 갑자기 페라리가 추월을 하는 것이었다. 질주 본능이 살아난 포르쉐가 추격하기 시작했다. 속도를 높이자 혼비백산한 티코 운전자가 정신 없이 경적을 울려댔다. 그러나 포르쉐는 아랑곳 하지 않고 페라리와 앞서거니 뒤서거니 속도 경쟁을 늦추지 않았다. 죽을 맛이었던 티코는 그 후 유럽 시장에서 폭발적인 인기를 얻어 대박을 쳤는데, 그 이유는 신문 1면에 크게 난 기사 때문이었다.

기사 내용은 이랬다.

Brain UP & Yasong humor

「어제 아우토반에서 자동차 경주가 있었는데 1등은 포르쉐와 페라리가 공동으로 차지했고 3등은 티코라는 한국의 소형차였다. 포르쉐와 페라리가 차선을 가로막고 달리는 바람에 티코가 경적을 수없이 울렸음에도 길을 비켜주지 않아 3등에 머무를 수밖에 없었다.」

[보너스]
- 어떤 길을 선택해 가더라도 결국 종착역은 하나다.

Brain UP & Yasong humor

〈티코 3〉

여고 동창생 모임에서 영숙이가 자랑을 했다.
"얘들아, 글쎄 우리 남편이 내 생일 선물로 제네시스 새차를 뽑아줬다."
"그래? 좋겠다." 영숙이가 한참 뽐내다가 물었다.
"그런데 저기 저 쪼그만 빨간 차는 누구 차니
"응, 그건 영희 차야."
"그래, 영희야! 저 조그만 차는 값이 얼마나 하니
"그건 왜 물어보니
"응, 우리 애 하나 사줄까 하고. "

"그래? 저건 벤츠를 샀더니 덤으로 하나 주더라!"

[보너스]
Friendship is like wine. It gets better as it grows older.

Brain UP & Yasong humor

한 학생이 랍비에게 물었다.

"선생님, 기도 중에 담배를 피워도 되나요
"형제여, 그건 절대로 안되지.
기도는 하나님과 나누는 엄숙한 대화인데 그럴순 없지!"
이 얘기를 들은 친구가 그건 질문이 잘못되었다며
랍비에게 이렇게 물었다.
""선생님, 담배를 피우는 중에는 기도를 하면 안되나요
"랍비는 얼굴에 온화한 미소를 지으며,
"형제여, 기도는 때와 장소가 필요 없다네.
담배를 피는 중에도 얼마든지 기도는 할 수 있는 것이지."

Brain UP & Yasong humor

女: 맥주 드시나요?

男: 예

女: 하루에 얼마나 드세요?

男: 대체로 석잔 정도.

女: 맥주 한잔에 얼마에요

男: 팁 포함 약 5천원

女: 맥주 드신지 얼마나 됐어요?

男: 약 20년이요.

女: 5천원 짜리 하루 석잔씩 한달이면 45만원, 1년이면 540만원, 맞죠?

男: 맞네요.

女: 이거 아세요? 당신이 술 마시지 않았다면 복리로 20년을 계산하면 당신은 최고급 승용차 페라리를 살수 있을 텐데요.

男: 혹시 맥주 마시세요

女: 아니오.

男: 그럼 당신의 페라리는 어디 있나요

[보너스]

내 일이라고 생각하면 등짝의 쇠도 가볍게 느껴지고, 내 일이 아니라고 생각되면 우산 위의 눈도 무겁게 느껴진다.

Brain UP & Yasong humor

한 여자가 빨간 신호등에도 돌진하다가 한 남자의 차를 들이 받았다.
양쪽 차 모두 대파되었으나 놀랍게도 아무도 다치지 않았다.
간신히 차 밖으로 기어나온 여자가 말하기를,
"아휴, 차가 박살이 났는데도 다행히 다친데가 없네요. 하나님이 도우신 것같네요!"
"아, 예, 동감입니다."
여자가 계속해서,
"여기 기적이 또 있네요. 차가 박살 났는데도 와인 술병은 깨지지 않았네요. 틀림없이 하나님이 우리의 행운을 축하하라고 주셨나봐요."
그리고는 술병을 남자에게 건넸다.
남자는 고개를 끄덕이며 반 병쯤 마시고 여자에게 건넸다.
여자는 술병을 받아들자 뚜껑을 닫고 남자에게 돌려주었다.
남자가 물었다. "안드세요?" 그러자 여자가 대답했다.
"경찰이 다녀간 뒤에 마시려고요."

[보너스-죄와 벌]
미혼 여자가 산부인과에 가는 것은 罪이고
미혼 남자가 비뇨기과에 가는 것은 罰이다.

Brain UP & Yasong humor

고양이에게 쫓기던 쥐가 쥐구멍으로 들어가 안도의 숨을 내쉬고 있었다.

잠시후 "멍멍" 하고 개 짖는 소리가 났다.

"고양이가 갔나?" 쥐가 궁금하여 머리를 내미는 순간 그만 고양이 발톱에 걸려들고 말았다. 의기 양양하게 쥐를 몰고 가며 고양이가 하는 말,

"요즘 먹고 살려면 적어도 2개 국어는 해야지!"

[보너스-人間三樂]
 閉門閱會心書 문을 닫고 마음에 드는 책을 읽는것
 開門迎會心客 문을 열고 마음에 맞는 손님을 맞는것
 出門尋會心境 문을 나서서 마음에 드는곳 찾아 가는것
 此乃人間三樂 이것이 인생의 세가지 즐거움

Brain UP & Yasong humor

인간이 출세하려면 실력이 물론 있어야 하지만 기회와 운도 따라야 한다.

"인간은 누구에게나 때가 있다" 고 말한 사람이 있다.
누굴까? 소크라테스? 플라톤? 공자? 맹자
아니다. 그는 다름아닌 목욕탕의 때밀이 였다.

[보너스]
"나는 제3차 세계대전에서 무슨 무기가 사용될지는 모르지만 제4차 세계대전에
선 몽둥이와 돌로 싸울 것임은 알고있다.
〈Albert Einstein〉

"개인 중에서 미친 사람은 드물지만, 집단, 정당, 국가 그리고 큰 시대적 사건
등에선 常例이다.
〈F. 니체〉

Brain UP & Yasong humor

미국의 루스벨트 대통령과 영국의 처칠 수상 그리고 소련의 스탈린 서기장이 회담 중에 막간을 이용하여 경마를 주제로 한담을 나누었다.
문제는 어떻게 하면 말을 빨리 달릴 수 있게 하느냐 였다.
먼저 스탈린이 가소롭다는 듯이 말했다.

"나에게 튼튼한 채찍만 주시오. 그럼 아무 문제 없을꺼요." 처칠이
받았다.
"아니, 어찌 그런 야만적인
나는 막대기 끝에 당근 하나만 매달면 끝이요."
듣고있던 루스벨트가 점잖게 말했다.

"말을 잘 먹이고 훈련을 시키면 저절로 잘 달릴 것입니다."

[보너스]
o 미친 사람이 이성적인 사람보다 세상을 더 많이 변화 시킨다.

Brain UP & Yasong humor

어느 성당에 신부가 새로 부임해 왔다. 신도들이 고해성사를 하는데 넘어졌다는
내용이 많았다. 실은 먼저번 신부가 불륜을 저질렀을 경우
그냥 '넘어졌다' 고 고백하라고 했는데 미처 후임 신부에게 전하지
못했던 것이다. 그 후로 신도들이 계속 '넘어졌다' 고 하자,
시장을 찾아가 도로를 고쳐달라고 부탁하자 시장은 웃으며 '알았다' 고 했다.
그 후에도 넘어졌다는 고백이 줄지 않자 또 시장을 찾아갔다.
이번에도 웃기만 하는 시장을 향해 화가난 신부가 외쳤다.

"시장님, 사모님도 지난 주에 세 번이나 넘어졌단 말입니다!"

[보너스]
입을 닫고 있음으로써 다른 사람들이 나를 바보라고 생각토로 하는 것이, 입을
열어서 그런 의심을 확인시켜 주는 것보다 낫다.
〈Mark Twain〉

Brain UP & Yasong humor

어느 성당에 신부가 새로 부임해 왔다. 신도들이 고해성사를 하는데 넘어졌다는
내용이 많았다. 실은 먼저번 신부가 불륜을 저질렀을 경우
그냥 '넘어졌다' 고 고백하라고 했는데 미처 후임 신부에게 전하지
못했던 것이다. 그 후로 신도들이 계속 '넘어졌다' 고 하자,
시장을 찾아가 도로를 고쳐달라고 부탁하자 시장은 웃으며 '알았다' 고 했다.
그 후에도 넘어졌다는 고백이 줄지 않자 또 시장을 찾아갔다.
이번에도 웃기만 하는 시장을 향해 화가난 신부가 외쳤다.

"시장님, 사모님도 지난 주에 세 번이나 넘어졌단 말입니다!"

[보너스]
입을 닫고 있음으로써 다른 사람들이 나를 바보라고 생각토로 하는 것이, 입을
열어서 그런 의심을 확인시켜 주는 것보다 낫다.

〈Mark Twain〉

Brain UP & Yasong humor

요즘 같은 각박한 세상에 우울한 소식만 접하다보니 웃음을
잊어버린지 오래군요.
즐거워서 웃는다기 보다 웃어서 즐거움을 찾았으면 좋겠습니다.
즐거운 하루를 위하여 유머 칼럼을 만들어 매일 한가지씩 선물하려 합니다. 웃으
며 삽시다.

1탄: 엄청난 재산을 가진 어떤 부자의 장례식장 한 귀퉁이에서 대성통곡하는 한
젊은이가 있었다. 너무 슬퍼하는 것이 안쓰러워 조객 한 사람이 물었다. "혹시
고인의 직계 되시나요?" "아니요" "그럼 왜?" "내가 고인의 직계가 아니기 때
문에 이렇게 우는 것 아닙니까!"

to be continued 야송

Brain UP & Yasong humor

신사 네분이 기차역 대합실 카페에서 맥주를 마시며
기차를 기다리고 있었다.
한참 대화에 열중하다 보니 타야할 기차를 놓쳤다.
할 수 없이 다음 기차를 기다리는데 이번 기차가 그날의 막차였다.
어찌나 대화에 몰입했던지 역무원의 외치는 소리를 못 듣고
기차가 출발한다는 기적 소리를 듣고서야 일제히 뛰기 시작했다.
기차가 점점 속도를 높이는 가운데 전력 질주하던 세분의 신사는 간신히 기차에
매달려 탈수 있었다. 그런데 기차를 놓친
뚱뚱한 신사 양반이 자지러지게 웃는 것이었다.
역무원이 영문을 몰라 물었다.

"아니, 손님, 막차를 놓쳤는데 웃음이 나오세요?"
그러자 그 신사가 대답했다.
"글쎄, 저 세 친구는 나를 전송하러 나온 친구들이라오!"

Brain UP & Yasong humor

의사와 건축가, 철학자, 정치가 이렇게 네 사람이
서로 자기 직업이 가장 오래 되었다며 입씨름을 하고 있었다.
먼저 의사가 자기 주장을 폈다.

"최초의 인간인 아담의 갈비뼈를 가지고 이브를 만든 일, 그게 바로
의료행위가 아니겠오?"
그러자 건축가가 반박했다.
"하지만 아담이 태어나기 전에 우주를 창조하고
하늘과 땅과 물을 유기적으로 만든 작업이 바로 건축행위가
아니겠습니까?"
이번에는 철학자가 나섰다.
"뭘 오해하고 계신듯 한데, 우주를 창조하기에 앞서 하나님께서는
대혼돈을 앞에 놓고 구체적이고 치밀한 사유를 펼치지 않을 수 없었을 것입니
다."
세 사람의 주장을 듣던 정치가가 빙그레 웃으며 반문했다.

"그렇다면 세 분께서는 도대체 그 혼돈을 누가 만들었다고 생각하십니까

[보너스]
*Many people are lonely because they build walls and not bridges.
*To love others makes us happy; to love ourselves makes us lonely.

Brain UP & Yasong humor

캘빈 클리지가 미국 부통령이었던 시절,
가족과 함께 워싱턴의 뉴월러드 (New Wallard) 호텔에 살았다.
하루는 호텔에서 작은 화재가 발생해 모든 투숙객이 대피했다가
불이 진화되고 나서 클리지가 방으로 되돌아 가는데 무뚝뚝한 소방대원이 길을
막았다.

클리지에게 "당신 누구요?" 하고 퉁명스럽게 묻자,
클리지가 "Vice President 요." 라고 대답하자
소방대원이 "올라가도 좋소." 라고 했다.
잠시후 소방대원이 돌아서서 다시 물었다.
"당신 어디 vice president 요
클리지가 대답했다.
"미국의 vice president 요"
그러자 소방대원이 클리지를 제지하며,

"이리 내려오시오. 나는 당신이 이 호텔의 vice president 인줄 알았소."

[보너스 - 물의 성질]
① 물질을 녹인다. (용매제)
② 적응력이 강하다. (물→수증기→비/눈→얼음
③ 낮은 곳으로 임한다.
④ 변신에 능하다. (담는 그릇에 따라 정한수, 오수)
⑤ 겸손(무색, 무취, 무미)
⑥ 청소부

Brain UP & Yasong humor

금주령이 시행된 후 러시아 에서는 이혼이 급격히 증가했다.
거의 10년 만에 맨 정신으로 아내의 얼굴을 보고 충격받은 남편들이
많아서 라는 우스갯소리가 있었다. 이 때 유행한 말이 있다.

"이 세상에 추녀는 없다. 다만 보드카가 모자랄 뿐이다."

[보너스]
* 인간 관계는 난로처럼 대해야 한다.
너무 가깝지도, 너무 멀지도 않게.
* 일을 잘하는 사람에게 돌아오는 상은 더 많은 일이다.
* '내가 그 일을 잘해야 하는것' 이 아니고,
'그 일이 잘되어야 하는것' 이다.

〈혜민 스님〉

Brain UP & Yasong humor

케네디 대통령이 우주 비행사에게 공로 메달을 수여할 때였다.
그런데 아뿔싸! 실수로 훈장을 떨어뜨리고 말았다.

"쨍" 소리와 동시에 주변은 찬물을 끼얹은 듯 조용해 졌다.
하지만 케네디는 태연하게 훈장을 주워들고 말했다.

"하늘의 용사에게 땅으로 부터 이 영광을 건넵니다."

[보너스-獨笑(혼자 웃다)]
有粟無人食 곡식 가진 이는 먹을 식구가 없는데
多男必患飢 자식 많은 이는 굶주려 걱정이다
官必蠢愚 고관은 영락없이 바보인데
才者無所施 영재는 재능 써먹을 자리가 없다

〈丁若鏞〉

Brain UP & Yasong humor

모짜르트가 어느날 음악 애호가의 집을 방문하였다.
그집의 열두살 난 아들은 피아노를 매우 잘쳤다.
소년은 모짜르트를 보자 얼른 그에게 물었다.

"저는 작곡가가 되고 싶습니다. 무엇부터 시작해야 하는지 가르쳐 주십시오."
그러자 신동이라는 말을 듣기 싫어했던 모짜르트는 이를 거절하며 대답했다.
"너는 너무 어리다. 난 그말 밖에 할말이 없다."
그러자 소년은 매우 불만스럽게 말했다.

"하지만 선생님은 저보다 더 어려서 부터 작곡을 하시지 않았습니까?"
모짜르트는 천연스럽게 대답했다. "
하지만 나는 어떻게 해야 좋을지 묻지 않았지. 난 혼자 했어."

[보너스-獨笑]
家室少完福 두루 복을 갖춘 집은 이렇게 드물고
至道常陵遲 육성하면 대게 쇠락의 길을 밟는다
翁嗇子每蕩 아비가 검소하면 자식이 방탕하고
婦慧郎必癡 아내가 똑똑하면 남편은 어리석다

〈정약용〉

Brain UP & Yasong humor

1998년 외환 위기 때 정부가 금 모으기 운동을 벌였다.
김수환 추기경은 추기경 취임 때 받은 금 십자가를 쾌척했다.
그 귀한 것을 어떻게 그렇게 선선히 내놓을 수 있느냐고
주위에서 아까워하자 이렇게 말했다.

"예수님은 몸도 내주셨는데 이것은 아무것도 아닙니다."

[보너스-獨笑]
月滿頻値雲 달이 차면 구름이 자주 끼고
花開風誤之 꽃이 피면 바람이 망쳐 놓는다
物物盡如此 세상사 모두가 이런것을
獨笑無人知 혼자 웃는 이유를 아무도 모른다

〈丁若鏞(1762-1836)〉

Brain UP & Yasong humor

어느 날 마크 트웨인이 책을 빌리러 이웃집을 찾아가서 어렵게
부탁했다.
"읽고싶은 책이 있는데 며칠만 빌려 주시겠습니까
"그럼요, 빌려드리고 말고요. 얼마든지 보시지요.
그러나 한 가지 기억할 것은 여기서만 봐야한다는 겁니다.
내 책은 서재 밖으로는 절대로 내보내지 않거든요! "
그는 허탕을 치고 집으로 돌아왔다.
며칠 후 이웃집 남자가 마크 트웨인에게 잔디 깎는 기계를 빌리러
왔다.
마크 트웨인은 웃으면서 상냥하게 말했다.

"암요, 빌려드리고 말고요. 얼마든지 쓰십시오. 다만 반드시 여기서 쓰시라는
겁니다.
절대로 집밖으로 내보내지 않거든요!"

[보너스]
幸福한 사람은 자기가 가지고 있는 것을 사랑하는 사람이고,
不幸한 사람은 자기가 가지고 있지 않은 것을 사랑하는 사람이다.

Brain UP & Yasong humor

아일랜드에서 비행기를 탄 젊은 여자가 옆에 앉은 신부님에게 물었다.
"신부님, 뭐하나 부탁드려도 될까요?" "물론이지, 아가씨. 뭘 해줄까요
"제가 어머님 생신을 위해 아주 비싼 여성용 전기 헤어 드라이어를
하나 샀는데
세관원이 압수할것 같아 걱정이예요.
혹시 신부님이 절 위하여 그것을 세관 통과 시켜줄 수 없는지요?
신부님 두루마리가 넓어 속에 넣고 나가면 될듯 싶은데요…"
"아가씨를 돕고 싶지만 난 거짓말은 안할거요."
"정직한 용모의 신부님께 누가 묻겠어요."
세관에 도착하자 세관원이 물었다.
"Father, do you have anything to declare?"
"내 머리 끝부터 허리까지는 아무것도 신고할게 없네."
세관원은 신부님의 대답이 좀 이상하다 싶어 물었다.
"그럼 허리부터 발끝까지는 뭐 신고할 것이 있나요
"있지, 여성 전용의 고귀한 물건이 하나 있는데 아직 써본 적이 없다네."
냅다 웃음을 크게 터뜨리며 세관원이 말했다.

"Go ahead, Father, Next!"

Brain UP & Yasong humor

철수가 초등학교 6학년이 되었다.

철수 엄마가 철수 아빠와 아들의 성교육에 대해 상의했다.

"여보, 이제 철수에게 성교육을 할 때가 된 것 같아요."

"아니, 이제 6학년인데 벌써

"벌써라뇨? 요즘 애들이 얼마나 성숙한데요

그리고 아들 성교육을 내가 할 수 없잖아요."

"알았오. 내가 날 잡아서 하리다."

그래서 하루는 철수를 불러놓고 얘기를 시작했다.

"얘, 철수야! 너하고 긴히 할 얘기가 있다."

"네, 아빠, 뭔데요

"응, 저기 성에관한 얘긴데 …"

어떻게 말을 꺼내야 할지 한참을 망설였다.

"어, 그게 성이란 말야 … 그게 그러니까 …"

그러자 철수가 답답하다는 듯이 아빠를 그윽히 쳐다보며 조용히 하는 말이,

"아빠! 그냥 편하게 말씀하세요. 뭐가 알고 싶으세요."

Brain UP & Yasong humor

〈 방귀 시리즈 1 〉

한 처녀 총각이 호텔 커피숍에서 맞선을 보게 되었다.
양쪽의 소개하는 사람들이 인사말을 마치고 당사자 둘을 남겨놓고 자리를 떴다.
서로 말문을 트고 얘기가 오가는데 긴장해서인지
처녀는 갑자기 방귀가 나오려고 했다.
참을 수 없게 되자 꾀를 냈다.
"저기요, 요즘은 뻐꾸기가 아파트에서도 울어요.
글쎄 어제도 뻐꾸기가 '뻐꾹! 뻐꾹!' 하고 울더라고요."
"아, 그래요?"
"그런데 제 뻐꾸기 소리가 어땠어요? 비슷했나요
하고 처녀가 묻자 남자가 대답했다.

"방귀 소리 때문에 잘 못들었습니다."

Brain UP & Yasong humor

〈 방귀 시리즈 2 〉

한 여학생이 친구들과 만원 버스를 탔다.
한참을 가는데 갑자기 생리 신호가 왔다.
난감한 처지에 고민하던 차 마침 라디오에서
구원의 음악 소리가 흘러나왔다.
그 곡은 베토벤의 운명 교향곡!
음악에 맞춰 발산할 절호의 찬스였다.
"빠빠바빰! 빠빠바빰! … "
시원하게 해결한 뒤 옆의 친구에게 말했다.
"얘, 음악 정말 끝내주지
친구가 말했다.

"귀에 이어폰 빼고 얘기해!"

Brain UP & Yasong humor

〈 고르비 1 〉

모스크바의 식료품 가게 밖에 끝이 안보이도록
줄이 늘어서 있었다.
그 줄은 달팽이가 기어가듯 느릿느릿 나아갔다.
아침부터 줄 서있던 한 남자가 폭발했다.
"이게 다 고르바초프의 잘못이야!
가서 내가 고르바초프를 죽이겠어!" 하고 외쳤다.
그가 떠난 후 몇시 간 뒤에 의기소침해서 돌아왔다.
"그래서 고르바초프를 죽였습니까?"
누군가 물었다.

"아니오, 그 줄은 두배나 더 길더라고요!"

Brain UP & Yasong humor

〈 고르비 2 〉

소련에서는 자동차를 살 때 의무적으로 10년을 기다려야 하고
또 구매자는 대금을 미리 내야 한다는 것이다.
마침내 한 젊은이가 이 어려운 일을 해냈는데
그가 거쳐야할 모든 관청과 기관을 다 통과했고
마지막으로 최종 도장을 찍는 기관에 도착했다.
그가 돈을 내밀자 관리는 말했다.
"다 끝났습니다. 10년 후에 차를 갖고 가십시오."
그가 물었다. "오전입니까, 오후입니까
그러자 관리가 "우리가 지금부터 10년 후를 얘기하는데 그게 중요합니까

젊은이는 "예, 냉장고가 그날 오전에 배달되기로 했거든요." 라고 대답했다.

Brain UP & Yasong humor

〈 미래와 과거 예측 〉

구 소련 시절 라디오 시사 프로그램에 청취자가 전화를 걸어 물었다.
"미래 예측은 가능한가요?" 진행자는 망설임 없이 답했다.
"변증법적 유물론에 따라 인류사회의 과학적 발전 법칙을 꿰뚫고 있는 우리는 미
래가 어떻게 될지 정확히 알고 있습니다."
그러곤 한마디 보탰다.
"문제는 과거입니다. 과거는 끊임없이 변하기 때문에 예측이 불가능합니다."
위대한 지도자가 순식간에 제국주의 스파이로 몰리고
어제의 동지가 오늘의 적으로 뒤바뀌는 걸 지켜본
소련 사람들에게 과거 역사는 예측 불가능한 불가사의였다.

(구 소련 시절에 유행하던 농담이 오늘의 우리에게 현실이 되었군! -야송 생각)

Brain UP & Yasong humor

〈 할머니와 아이스크림 〉

노부부가 잠자리에 들려고 하는데 할머니가,
"아이스크림이 먹고싶은데 집에 없어요."고 하자 할아버지가 사오겠다고 했다.
"초콜렛을 입힌 바닐라에요. 잊지 말아요!" 할머니의 주문을 복창하게 했다.
"체리와 크림도 넣어서요."하자 이번에도 할아버지는 복창했다.
할아버지가 돌아와서 할머니에게 종이 박스를 건넸다.
박스를 열어보니 햄 샌드위치가 들어있었다.
할머니가 실망해서 말했다.

"그러기에 내가 뭐라고 그랬어요. 받아 적으라고 했잖아요.
보세요! 겨자를 빠뜨렸잖아요!"

Brain UP & Yasong humor

〈 홀아비의 프로포즈 〉

한 홀아비와 한 과부는 고교 동창생으로 오래도록 서로 알고 지냈다.

졸업 60주년 기념식 날 저녁에 그들은 즐거운 시간을 가졌다.

홀아비는 과부에게서 시선을 뗄수가 없었고

결국 용기를 내서 그녀에게 청혼을 했다.

"Will you marry me?" 6초 가량 생각한 후 그녀는 대답했다.

"Yes, I will." 긍정적 대답을 듣고 행복한 저녁을 보냈다.

문제는 그 다음날이었다.

홀아비는 그녀가 "yes"라고 했는지 "no"라고 했는지 도무지 생각이 나지 않았다.

그는 두려움에 떨며 그녀에게 전화를 걸었다.

용기를 내서 물었다. "내가 청혼했을 때 yes라고 했소 아니면 no라고 했소

"이런 바보같은 양반 보았나.

내가 분명히 'Yes, I will'이라고 정성을 담아 대답 했잖아요?"

홀아비는 그 말을 듣고 기뻤다.

그러자 그녀는 계속해서 말했다.

"그런데 당신이 전화 주셔서 정말 기뻐요.

사실은 어제 누가 나에게 청혼했는지 도무지 기억이 나지 않았거든요."

Brain UP & Yasong humor

〈 집안끼리 결혼 〉

"머리가 좀 모자라면 어때? 예쁘기만 하면 되지 … "
라고 생각한 남자가 IQ 70 밖에 안되는
예쁘고 몸매 늘씬한 아가씨에게 프로포즈를 했다.
당연히 OK할 것이라고 생각했는데
여자가 한참을 고민하더니 No 라고 말했다.
자존심 상한 남자가 이유를 따져 묻자 여자가 말했다.

"왜냐하면요, 우리집 전통은 집안 가족끼리만 결혼하거든요.
할아버지는 할머니와, 아빠는 엄마와,
외삼촌은 외숙모와 그리고 고모는 고모부와 … !"

Brain UP & Yasong humor

〈 다듬이돌 이고 간 신부 〉

옛날 가마타고 시집가던 충청도 어느 고을 이야기다.
혼수로 갈 다듬이돌을 깜빡 잊고 안 보내서
나중에 신부와 함께 가마 속에 넣어 보내게 되었다.
때는 오뉴월 삼복 더위에 돌덩이까지 집어넣었으니
가마꾼들이 비지땀을 흘리며 고생했다.
가마꾼들이 주막이 보이자 가마를 내려놓고 한마디씩 했다.
"제기랄, 가마 매다 이렇게 무거운 색시는 처음일세!"
안에서 듣고있던 신부가 억울하다는 듯이 참견했다.

"아니, 그래두유, 댁들 생각혀서 다듬이돌은
지가 머리에 이고 왔구먼유 … !"

Brain UP & Yasong humor

〈 부의 기준 1 〉
△ 한국의 중산층 기준
(직장인 대상 설문 결과)

1. 부채없는 아파트 30평 이상 소유
2. 월급여 500만원 이상
3. 자동차는 2,000CC급 중형차 이상 소유
4. 예금액 잔고 1 억원 이상 보유
5. 해외여행 1년에 한차례 이상 다니는 정도

△ 프랑스의 중산층 기준
  (퐁피두 대통령이 Qualite de vie '삶의 질'에서 정한 프랑스 중산층의 기준)

1. 외국어를 하나 정도는 할 수 있어야 하고
2. 직접 즐기는 스포츠가 있어야 하고
3. 다룰 줄 아는 악기가 있어야 하며
4. 남들과는 다른 맛을 낼 수 있는 요리를 만들 수 있어야 하고
5. '공분'에 의연히 참여하고
6. 약자를 도우며 봉사활동을 꾸준히 해야 한다.

Brain UP & Yasong humor

〈 부의 기준 2 〉
△ 영국의 중산층 기준
(옥스포드대에서 제시한 중산층 기준)

1. 페어플레이를 할 것
2. 자신의 주장과 신념을 가질 것
3. 독선적으로 행동하지 말 것
4. 약자를 두둔하고 강자에 대응할 것
5. 불의, 불평, 불법에 의연히 대처할 것

△ 미국의 중산층 기준
(공립학교에서 가르치는 중산층의 기준)

1. 자신의 주장에 떳떳하고
2. 사회적인 약자를 도와야 하며
3. 부정과 불법에 저항하고
4. 그 외, 테이블위에 정기적으로 받아보는 비평지가 놓여있어야 한다.

Brain UP & Yasong humor

〈 공짜 술 낚는 낚시꾼 〉

바에서 술을 마시고 있던 부티나는 신사가 창밖을 내다 보니
초라한 행색의 노인 한 명이 길가 웅덩이에 낚싯대를
담그고 앉아서 낚시를 하고 있는 모습이 보였다.
애처로운 생각이 들어 신사는 노인을 바 안으로 불러 들여 술을 사준다. 술을 같
이 마시며 신사는 노인을 놀릴 생각으로
"그래 오늘은 몇 마리나 낚았나요?" 라고 묻는다.

노인이 대답하기를 "당신이 5번째요."

Brain UP & Yasong humor

〈 크리스천 개 〉

한 노인이 개를 벗 삼아 시골에서 혼자 살고 있었다.
그런데 그 개가 죽었다. 그는 목사를 찾아가서,
"나의 오래된 친구인 개가 죽었어요.
이 가엾은 것을 위해 위로예배를 드려줄 수 없을까요?" 라고 물었다.
그러자 목사는, "우리 교회에서는 짐승을 위해 예배드릴 수 없습니다.
하지만 저쪽으로 내려 가시면 새 교파의 교회가 새로 들어와 있는데
그 교회라면 혹시 들어줄 수 있을지 모르겠네요." 라고 말했다.
"아, 그래요, 그럼 그리로 한번 가봐야 겠군요.
그런데 목사님, 혹시 감사 헌금으로 5천 달러 정도면 충분하다고 할까요
" 그러자 그 목사는 반색을 하며, "아니, 영감님,
어째서 그 개가 크리스천이었다고 진즉 말하지 않으셨어요?"
라고 언성을 높였다.

[보너스]
우리의 오늘은 과거를 물려받은 것이 아니라, 미래를 빌려 쓰는 것이다.

Brain UP & Yasong humor

〈 고장난 승강기 〉

터키의 한 아파트 승강기 옆에 붙어있는 경고문에는 이렇게 적혀
있었다.

"죄송합니다. 이 승강기는 고장입니다.
가장 가까이에 있는 길 건너편 건물의 승강기를 이용해 주십시오."

[보너스]
飮水思源(음수사원) :
물을 마실 때는 그 물이 어디서 나왔는지
그 根源을 생각하며 감사하라.

Brain UP & Yasong humor

〈 나우루 공화국의 교훈 〉

호주에서 500km 떨어진 오세아니아주 미크로네시아에 위치한
인구 8천명의 울릉도 1/3 크기의 작은 섬나라이다.
이 작은 나라가 유명해진 것은 섬 전체가 새똥이 퇴적하여
산호층과 배합된 희귀자원인 인광석으로 덮혀있다는 것이었다.
1980년대 풍부한 인광석으로 막대한 돈을 벌어들여 정부는 파격적 복지를 실시
했다.
세금이 없는 것은 물론, 교육비 무료, 학생이 원하면 외국 유학도 무료,
의료비 무료, 호주로 원정 치료도 무료, 간병인 가족의 숙소도 국가가
부담, 자동차가 고장나면 바로 새차 구입, 가정마다 가정부와 집사 고용, 피자
먹으러 이태리로 와인 마시러 프랑스 여행 등등.
국민소득이 2만 달러이던 이 나라가 20년 후 인광석 채굴이 급감하자 정부는 세
계 검은 돈의 은닉처 및 자금 세탁 제공으로 재원 확보에 혈안이 되었다.
그러나 9·11 사태 이후 테러와의 전쟁을 선포한 미국의 영향으로 모든 수입이 차
단되고
설상가상으로 인광석 채굴로 지표면이 낮아져 온난화가 계속되면 섬 전체가 사라
질 위기에 처함.
지금은 온 국토가 전에 타고 다니던 고급 승용차의 폐차장으로 전락하였다.
결국 무상복지는 근로의욕 상실, 경쟁력 약화를 초래하여 국가 존폐의 기로에 서
게 되었다.

Brain UP & Yasong humor

나이 지긋한 사장님과 부장 그리고 과장이 지방으로 출장을 갔다.

식사를 마치고 셋이 거리 구경을 나갔다가 다방을 보고 옛날 생각이 나서 같이 들어갔다.

한편에 자리를 잡자 레지라고 불리웠던 여종업원이 다가와 주문을 받는다. 사장이 "나는 카푸치노!" 하자, 부장은 "헤이즐넛", 마지막으로 과장이 "아메리카노"를 주문하자 레지는 카운터를 향해 이렇게 외쳤다.

"언니! 4번에 커피 셋!"

[보너스]

Quiz: 손자가 산불 현장을 보고 할아버지에게 한 말은

.

.

.

A: 산타 할아버지!

Brain UP & Yasong humor

〈 남기지마 〉

대학생 선배가 漢字 안배운 세대의 후배에게
한자 실력을 자랑하곤 했다.
한번은 식당에서 밥 먹다가 '塞翁之馬' 라고
써있는 액자를 보고 선배에게 물었다.
"선배님, 액자의 뒷 부분인 '지마'는 알겠는데 앞의 두 글자는 뭐에요
"응, 그것도 몰라! '남기지마' 잖아."

[보너스]
늙는 것은 누구나 할 수 있다. 그러나 성숙해지는 것은 다르다.

Brain UP & Yasong humor

〈 한 눈에 반함 〉

남녀 한쌍이 결혼식을 올린후 신혼여행을 떠났다.

호텔에서 하룻밤을 지낸후 아침 일찍 여자가 화장실을 다녀왔을 때이다.

남자는 계속 자고 있었는데 한쪽 눈을 뜨고있는 것이 아닌가.

자는 얼굴을 들여다 보며 뜨고 있는 한쪽 눈을 여자가 만져 보았다.

그래도 뜬 눈은 감기지 않았다.

그제서야 눈 하나가 가짜인 것을 알게된 여자가 소리쳤다.

남자가 잠에서 깨어나 여자에게 물었다.

"왜 그러는 거요

"당신은 사기꾼이예요!"

"아니, 도대체 그게 무슨 소리요

"눈 하나가 없으면서 속이고 나와 결혼했으니 사기친 것이 아니고 뭐에요

그제서야 남자가 이렇게 말했다.

"응, 그래서 내가 당신을 처음 만났을 때 한 눈에 반했다고 말하지 않았소

[보너스]

* 아무리 집을 호화롭게 잘 지어도 기왓장 하나만 없으면 비가 샌다.

〈톨스토이〉

237

Brain UP & Yasong humor

〈 일목요연 〉

일본의 이누가이 외상은 눈이 하나밖에 없는 애꾸눈이었다.
그러나 정치인으로는 꽤 유능하여 의원들의 질문에
늘 막힘없이 대답을 잘했다.
한 야당 의원이 화가 나기도 하고 골려줄 생각으로 말했다.
"당신은 눈도 하나밖에 없는데 어떻게 그렇게
세상 물정을 다 잘 압니까
이러한 비꼬는 말에 이누가이 외상은 침착하게 대답했다.
"의원님께서는 여태까지 '일목요연(一目瞭然)'
하다는 말씀도 모르고 계셨다는 말씀입니까

[보너스]
나이 든 사람은 했던 것보다 해보지 못한 것에 대해 후회한다.

〈87세에 대학 공부한 로즈 할머니〉

Brain UP & Yasong humor

〈 임종 직전의 헛소리 〉

어떤 사람이 임종 직전에 이렇게 말했다.
"여보, 죽기 전에 말해둘 것이 있오.
양복점 김씨에게 20만원 빌려줬고, 푸줏간 이씨에게 5만원,
이웃집 박씨에게 30만원 빌려줬오."
그러자 아내가 자식들을 보고 말했다.
"보거라, 너희 이버지가 얼마나 놀라운 양반이냐.
죽어가면서 까지 누구에게 얼마를 받아야 하는지 모두 기억할 수 있으니 말이다!"
그는 계속했다.
"그리고 여보, 지주에게 10만원 갚아야 하고 그리고 … "
그 말에 아내가 소리쳤다.

"오! 너희 아버지가 드디어 헛소리를 시작하는구나!"

Brain UP & Yasong humor

〈 그림은 낮에 자식은 밤에 〉

어떤 사람이 한 화가에게 묻기를
"한편으로는 이토록 아름다운 인물을 그려냈는데,
다른 한편으로는 어쩌면 그토록 못생긴 자식을 낳았는가요
화가는 이렇게 대답했다.

"그림은 낮에 만들고, 자식은 밤에 만들었기 때문이라오."

[보너스]
희극은 비극 끝에 오는 산물이며, 기쁨, 승리, 사랑은 슬픔, 패배,
실연을 맛보지 않고는 얻을 수 없다.

〈야송 생각〉

Brain UP & Yasong humor

〈 기차를 타고싶다 〉

중동의 사우디 아라비아 왕자가 독일로 유학을 떠났다.
한달 후 왕자는 아버지 왕께 편지를 보냈다.
"베를린은 참 좋아요. 사람들도 친절해서 여기가 맘에 듭니다.
그런데 매일 제가 금장 벤츠를 타고 등교하는게 조금 부끄럽네요.
여기선 학생들이 모두 기차를 타고 다니거든요."
얼마뒤 왕자는 천만 달러 수표가 동봉된 답장을 받았다.
그 편지에 아버지는 이렇게 썼다.

"얘야, 집안 망신이구나. 너도 기차 한대를 사거라."

Brain UP & Yasong humor

〈 snake kid 〉

A snake kid asks his mother snake.
Kid: "Mom, are we poisonous?"
Mom: "Why do you want to know?"
Kid: "Because I just bit my tongue."

Brain UP & Yasong humor

〈 late to school 〉

Teacher: Hi, Tom! Why are you so late?

Student: Because of a sign board down the road.

Teacher: What does a sign board have to do with your being late?

Student: The sign board says, "School ahead, Go Slow!"

Brain UP & Yasong humor

〈 math book 〉

Q : Why was the mathematics book so sad?

A : Because it had too many problems.

Brain UP & Yasong humor

Dear Friends

Can you answer this question?

"A rich man needs_____. A poor man hâs_____. If you eat _____you die and when you die you can take_____with you! "

One word fits all 4 blank spaces! It is a seven letter word. What is it?

This is a Hong Kong Primary 1 entry test question.

Brain UP & Yasong humor

Brain UP & Yasong humor

Brain UP & Yasong humor

Brain UP & Yasong humor

Fail &Female
A 7 year old daughter was looking at her mother's driving license card. It was written SEX:" F " , she then started laughing until the mother asked why she was laughing. The girl said "I can't believe you are so bad at sex that you even got an" F." Now I understand why Daddy is always with the maid.

Brain UP & Yasong humor

[Murphy's Law]

o Nothing is as easy as it looks.

o Everything takes longer than you expect.

o If anything can go wrong, it will go at the worst
possible moment

Brain UP & Yasong humor

마크 트웨인이 남긴 유머 가운데 하나다. 어느 박물관에
크리스토퍼 콜럼버스의 두개골
두개가 아주 소중하게 진열되어 있었다.
두개의 두개골 앞에 다음과 같은 설명 안내판이 놓여 있었다.

'하나는 그의 어릴적 두개골이고 또 하나는 어른이 된 뒤의 것으로 추정됨.'

부 록

COMPUTER PROGRAMMER 적성 검사 예제

이 장에서는 앞에서 각 테스트를 스스로 연습해 봄으로써 각자가 쌓아 올린 실력을 최종테스트 하여 볼 수 있는 예제들을 실었다. 이 예제들은 세계적으로 널리 사용되고 있는 IBM, UNIVAC, Lowry-Lucier 의 각 테스트를 원문 그대로 수록하였다. 그 이유는

첫째, 지금까지 영문으로 출제되었던 내용은 그 내용을 한글로 번역하여 공부할 수 있도록 한 글로 번역된 내용을 함께 수록하여 주었으므로 그동안 쌓아올린 영어 실력을 함께 테스트해 볼 기 회를 마련하기 위해서이다.

둘째, 구미 각국 및 일본 등지에서는 물론 우리나라에서도 위 3개 회사에서 발행된 적성 검사 문제 를 원문 그대로 테스트하는 경우도 있어 독자 여러분들이 직접 이 문제를 다루어 볼 수 있 도록 함은 물론 앞에서 학습한 문제들이 각자의 적성 개발에 얼마나 도움이 되었는가를 확 인할 수 있도록 하기 위해서이다.

SAMPLE IBM APTITUDE TEST FOR PROGRAMMER PERSONNEL

The actual IBM Aptitude Test for Programmer Personnel is to be completed in 55 minutes. It consists of three parts :

Part I—Letter Series (10 minutes)

Part II—Figure Analogies (15 minutes)

Part III—Arithmetic Reasoning (30 minutes)

The sample test on the following pages was designed to approximate the actual IBM test in content, format, and time allowances.

On the actual IBM Aptitude Test for Programmer Personnel, you will mark your answers on an answer sheet such as the one illustrated below. When taking the sample IBM Pro - grammer Aptitude Test given in this book, mark your answers in the answer columns pro - vided in the margin of each page.

INSTRUCTIONS FOR PART I

In Part I you will be given some problems like those on this page. The letters in each series follow a certain rule. For each series of letters you are to find the correct rule and complete the series. One of the letters at the right side of the page is the correct answer. Look at the example below.

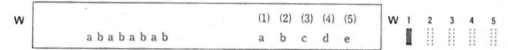

For this problem, the series goes : ab ab ab ab

The next letter in the series is *a*, Choice 1, which has been indicated on the answer sheet as the correct answer.

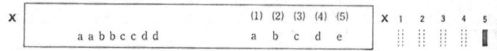

In example X above, the series goes like this : aa bb cc dd

The next letter in the series is *e*, Choice 5, which has been indicated as the correct answer on the answer sheet.

Now do example Y and indicate the correct answer on your answer sheet.

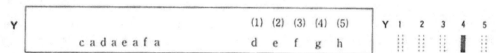

In example Y, the series goes : ca da ea fa

Therefore, the correct answer is g. Choice 4.

Now do example Z and indicate the correct answer on your answer sheet

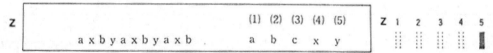

In example Z, the series goes like this: a x b y a x b y a x b

Therefore, the correct answer is *y*, Choice 5.

When you are told to begin, turn the page immediately and begin to work. You will be allowed 10 minutes for this part. Please *do not mark* on this test booklet. Record your answers on the answer sheet.

DO NOT TURN THIS PAGE UNTIL YOU ARE TOLD TO BEGIN

PART I

	(1)	(2)	(3)	(4)	(5)
1. f h j l n	o	p	q	r	t
2. x y z a b c d e	b	d	f	p	z
3. f h d f b	a	b	c	d	f
4. b a d c b e	d	e	f	g	h
5. r u x a d g j m	o	p	q	r	s
6. m n o p q d e	c	d	e	f	r
7. l m k n j o	c	f	i	p	q
8. l k j i m k i	g	h	i	k	n
9. d e f g e f g i f g h	f	g	h	k	m
10. q r s t u r s t u v	p	q	r	s	w
11. t r p n l	i	j	l	m	v
12. y x w k j i f e	c	d	f	g	w
13. q o p j h i c	a	b	c	h	q
14. g f e d c r q	b	h	m	p	s
15. b f j n	p	q	r	s	t
16. t s r q s r q o q p o	j	k	l	o	q
17. a z b y c x d	e	g	p	q	w
18. b r d t f v h	i	j	p	w	x
19. e f g h e g i k e h	f	g	i	j	k
20. a d c b e d c	b	d	f	g	p

	(1)	(2)	(3)	(4)	(5)

21. y v s o l   b   g   i   p   w   21. 1 2 3 4 5

22. p r s r s t   p   r   s   t   u   22. 1 2 3 4 5

23. b c e h l   e   n   p   q   w   23. 1 2 3 4 5

24. d f e h g i h   g   i   j   k   l   24. 1 2 3 4 5

25. r s u y b c e   d   f   g   h   i   25. 1 2 3 4 5

26. l m m m n n o   l   m   p   r   s   26. 1 2 3 4 5

27. r s r r t r r r q r r r   p   r   t   q   v   27. 1 2 3 4 5

28. l a n b q c   c   d   q   u   w   28. 1 2 3 4 5

29. b k t c l u d m v   b   e   n   p   w   29. 1 2 3 4 5

30. d e f f e d d   b   c   e   f   g   30. 1 2 3 4 5

31. d f g f e g h   d   e   f   g   i   31. 1 2 3 4 5

32. c e g e g i   e   f   g   h   k   32. 1 2 3 4 5

33. t q o n k i h   c   d   e   f   g   33. 1 2 3 4 5

34. a b a b b a b b b a b b b   a   b   c   d   e   34. 1 2 3 4 5

35. c e l d c e l d c e   c   d   e   k   l   35. 1 2 3 4 5

36. b c c c d e e f   c   d   e   f   g   36. 1 2 3 4 5

37. c p e r g t i   j   k   p   u   v   37. 1 2 3 4 5

38. g f e c q p o n w   d   q   t   u   v   38. 1 2 3 4 5

39. g e f d e c d   a   b   c   d   e   39. 1 2 3 4 5

40. d g j m x u r   d   n   o   q   s   40. 1 2 3 4 5

INSTRUCTIONS FOR PART II

On the next pages you will be given some problems like those on this page. Each row is a problem in which A is related to B in some way. You are to find the rule by which A is changed to make B. Then use the same rule to find how C should be changed. One of the numbered figures at the right side of the page is the correct answer.

In Example W above, A is a small black square and when it is changed by the rule "make it larger/1 we have B. Now look at C. It is a small black circle and when it is changed by the rule "make it larger," the correct answer is Figure 2, which is indicated on your answer sheet.

In Example X, the rule "turn A upside down to make B." Now look at C. If you change it by the same rule it will look like 4, which has been marked as the correct answer.

In Example Y above, the rule has two parts, "make A smaller and the opposite color." Apply the rule to C and indicate the correct answer on your answer sheet,
Now do Example Z below and indicate your answer on the answer sheet.

When you are told to begin, turn the page immediately and begin to work. When you finish one page, go on to the next. You will be allowed 15 minutes.

DO NOT TURN THIS PAGE UNTIL YOU ARE TOLD TO BEGIN

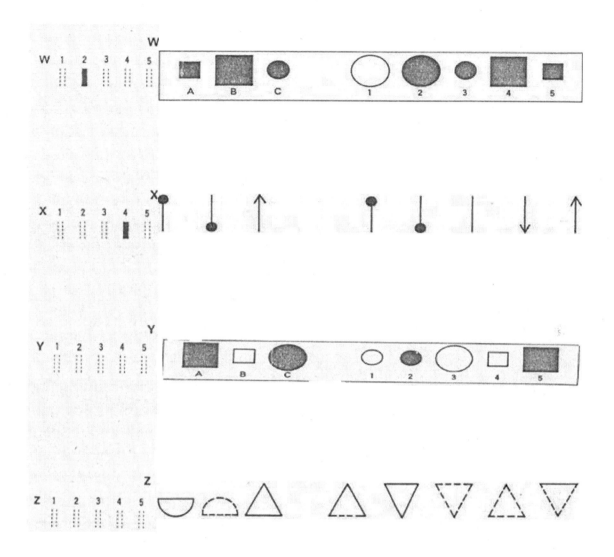

PART II

1.   A   B   C   1   2   3   4   5

1.   1   2   3   4   5

2.   A   B   C   1   2   3   4   5

2.   1   2   3   4   5

3.   A   B   C   1   2   3   4   5

3.   1   2   3   4   5

4.   A   B   C   1   2   3   4   5

4.   1   2   3   4   5

5.   A   B   C   1   2   3   4   5

5.   1   2   3   4   5

6.   A   B   C   1   2   3   4   5

6.   1   2   3   4   5

7.   A   B   C   1   2   3   4   5

7.   1   2   3   4   5

8.   A   B   C   1   2   3   4   5

8.   1   2   3   4   5

9.   A   B   C   1   2   3   4   5

9.   1   2   3   4   5

10.   A   B   C   1   2   3   4   5

10.   1   2   3   4   5

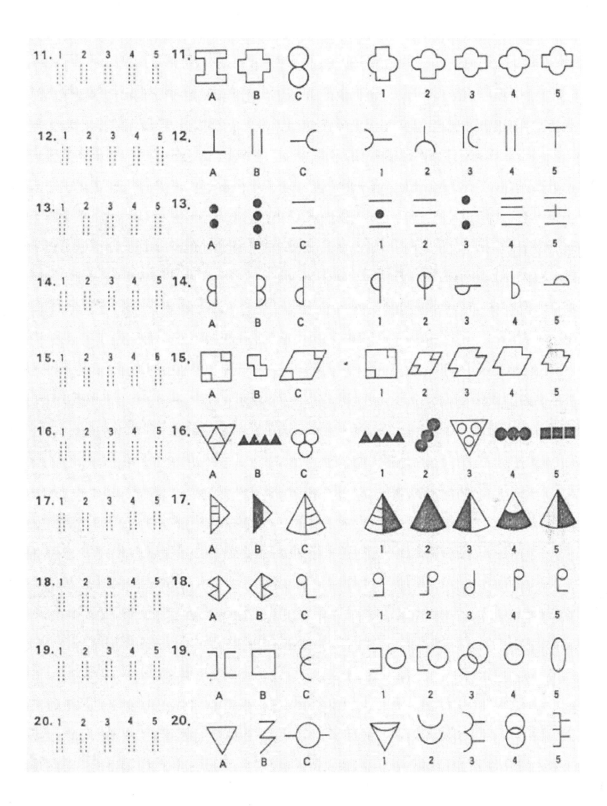

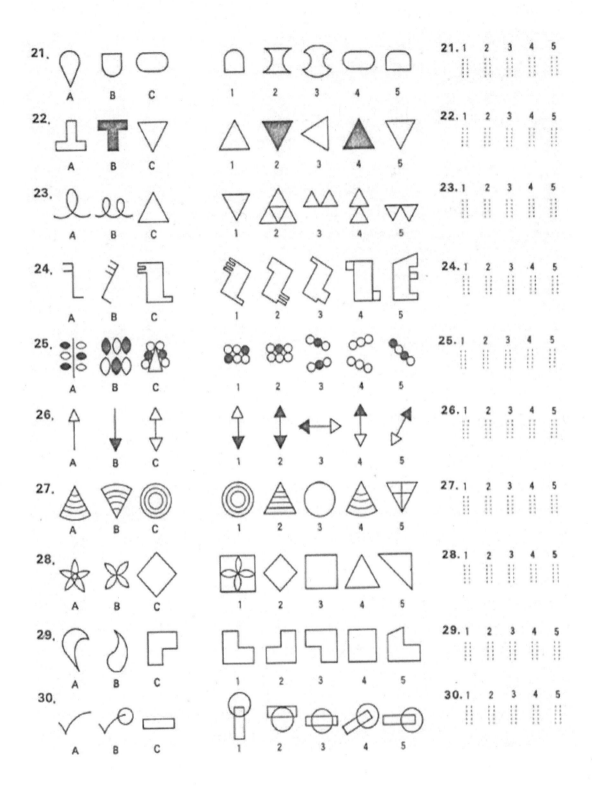

INSTRUCTIONS FOR PART III

In part III you will be given s°]Tie problems in arithmetical reasoning. After each problem there are five answers, but only one of them is the correct answer. You are to solve each problem and indicate the correct answer on the answer sheet. The following problems have been done correctly. Study them carefully.

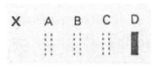

Example X : How many apples can you buy for 80 cents at the rate of 3 for 10 cents?

(a) 6   (b) 12   (c) 18   (d) 24   (e) 30

The correct answer to the problem is 24, which is (d) ; therefore, Choice (d) has been indicated on the answer sheet for Example X.

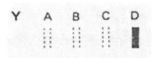

Example Y : In 4 weeks John has saved $2.80. What have his average weekly savings been?

(a) 35 ¢   (b) 40 ¢   (c) 50 ¢   (d) 70 ¢   (e) 80 ¢

The correct answer to the above problem is 70 ¢ accordingly, Choice (d) has been indicated on the answer sheet for Example Y

When you are told to begin, turn the page immediately and begin to work. When you finish one page, go to the next. Make sure that you do not turn two pages at once and skip a page. You will be allowed 30 minutes, but ygu may not be able to finish in the time allowed. Please do not mark on this test booklet. Use scratch paper for solving the problem, and indicate the letter corresponding to your answer on the answer sheet.

DO NOT TURN THIS PAGE UNTIL YOU ARE TOLD TO BEGIN

PART III

1. If the boundaries of a house were 72 feet long and 43 feet wide and we built a sidewalk 6 feet wide inside this perimeter, how many square feet of sidewalk would we have?
   (A) 112 (B) 272 (C) 596 (D) 1,236 (E) 2,063

2. The net price of a $50 swing that has had successive discounts of 20% and 40% is
   (A) $10 (B) $16 (C) $24 (D) $36 (E) $40

3. A fireplace costs $800. If the materials costs were 1/2 the labor costs and the profit was 25% of the total cost, how much were the costs?
   (A) $200 (B) $345 (C) $400 (D) $567.33 (E) none of these

4. On April 15, a man who made $20,200 had deductions of $6,400 His tax was equivalent to 22% on the first $11,000 and 28% on the remainder. How much did he have to pay in taxes?
   (A) $124.65 (B) $1,246 (C) $2,340 (D) $3,204 (E) $4,124

5. Assume that on a graph 1/16th of an inch equals 24 inches. How many inches would a car that is sixteen feet long represent on the graph?
   (A) 1/2 inch (B) 1 inch (C) 3 3/16 inches (D) 8 inches
   (E) 192 inches

6. If three IBM machines processed cards at 200, 400 and 500 cards per minute, how many minutes would it take to process 121,000 cards?
   (A) 40 minutes   (D) 2 hours 40 minutes
   (B) 1 hour 15 minutes   (E) 3 hours 10 minutes
   (C) 1 hour 50 minutes

7. A programmer instructed a computer to multiply by 1,000 when he should have divided by a 100. The answer he got was 168,000. What should the answer have been?
   (A) .68 (B) 1.68 (C) 16.8 (D) 168 (E) none of these

8. If six desks require 48 square feet of space, how many square feet will 16 desks require?
   (A) 64 (B) 128 (C) 148 (D) 256 (E) 296

9. A programmer works 440 hours a month. If he spends twice as much time coding as preparing flow charts and 2/5 of his time debugging, how much of his time is spent preparing flow charts?
   (A) 80 hours (B) 88 hours (C) 12 hours (D) 172 hours
   (E) 264 hours

	A	B	C	D	E
1.					
2.					
3.					
4.					
5.					
6.					
7.					
8.					
9.					

10. A B C D E

10. A 30-story building has 42,000 square feet of space. Company A rents 8 floors of the building. Company B rents 2 1/2 floors, and Company C rents 2 1/4 floors. How many square feet of unrented space is available?

(A) 17,850 (B) 21,230 (C) 24,150 (D) 28,650 (E) 32,350

11. A B C D E

11. A company employed 96 key-punch operators. If released 1/4 of the operators and then reemployed 7 of them. How many key-punch operators were then employed?

(A) 52 (B) 61 (C) 79 (D) 88 (E) 127

12. A B C D E

12. A man bought a 3/8 interest in a company for $125,000. His share of company profits at the end of the year was $7,200. What were the profits of the company?

(A) $2,700 (B) $11,000 (C) $19,200 (D) $24,600 (E) $252,000

13. A B C D E

13. If a machine can print 6,000 lines in 15 minutes, how many lines will it print in a seven-and-one-half-hour day?

(A) 12,000 (B) 18,000 (C) 168,000 (D) 180,000 (E) 244,000

14. A B C D E

14. The cost of seven dozen pencils and six dozen erasers is $24. If erasers cost $.50 a dozen, how much do pencils cost a dozen?

(A) $1.80 (B) $2.40 (C) $3.00 (D) $3.60 (E) none of these

15. A B C D E

15. In a library there are two shelves containing a total of 120 books. In a given day 40 books are in use. What fraction are unused?

(A) 1/4 (B) 3/8 (C) 1/2 (D) 2/3 (E) 7/8

16. A B C D E

16. A man leased a car for $150 a month. He discovered after four years that if he had bought the car and allowed $10 a month for maintenance, he would have saved $1,200. What was the purchase price of the car?

(A) $3,680 (B) $4,875 (C) $5,520 (D) $5,980 (E) $7,150

17. A B C D E

17. Three boys average 6 feet in height. None of the boys is taller than 6 feet 4 inches. What is the shortest possible height one of the boys can be?

(A) 5 ft. 2 in. (B) 5 ft. 4 in. (C) 5 ft. 6 in. (D) 5 ft. 8 in. (E) 5 ft. 10 in.

18. A B C D E

18. If a man ran a distance on Saturday, ran two times that distance on Sunday, three times that distance on Monday, and on Tuesday ran six miles, he would have run a total distance of 24 miles. How many miles did he run on Sunday?

(A) 2 (B) 4 (C) 6 (D) 8 (E) 10

19. A B C D E

19. Five men held up a bank. $84,000 was stolen. The gang leader was to get twice as much as the other members of the gang. How much was each gang member to receive?

(A) $8,400 (B) $12,000 (C) $14,000 (D) $16,800 (E) none of these

20. A B C D E

20. The government gave a man a tax credit of 1/8 of his tax payment, which had been 24% of his gross earnings for the year. The tax credit was $300. What were the gross earnings for the year?

(A) $7,400 (B) $9,600 (C) $10,000 (D) $12,400 (E) $19,600

21. If 2/3 of two dozen balls are bule, 1/4 are green, 1/12 are violet, and the rest are yellow, how many are yellow?
(A) 1   (B) 2   (C) 3   (D) 4   (E) none of these

21. A   B   C   D   E

22. Parking Lot A has a capacity two times larger than Parking Lot B. If Parking Lot B has capacity for 300 cars, how much must it be enlarged to make its capacity 2/3 that of Parking Lot A?
(A) 50   (B) 100   (C) 300   (D) 400   (E) 900

22. A   B   C   D   E

23. Three ladies spent $7.20 on lunch. They tipped 20% of their bill. Two of the women spent the same amount on lunch. The third woman spent $1 for her lunch, excluding tip. How much did each of the first two women spend for lunch, not including tip?
(A) $2.60   (B) $2.85   (C) $3.00   (D) $3.30   (E) none of these

23. A   B   C   D   E

24. If a house cost $16,000 and its taxes amounted to $800 per year, what would the assessed valuation per $100 be?
(A) $2.00   (B) $5.00   (C) $20.00   (D) $200   (E) none of these

24. A   B   C   D   E

25. On a trip to Miami, a family of five spent a total of $1,200. The mother and father each spent 1 1/2 times as much money as each of the children. Since the fare for each person was $125, how much did each of the children spend on all other activities?
(A) $50   (B) $100   (C) $125   (D) $150   (E) $450

25. A   B   C   D   E

CORRECT ANSWERS AND SOLUTIONS
SAMPLE IBM APTITUDE TEST FOR PROGRAMMER PERSONNEL

PART I

1. Answer : (2) p

$$
\begin{array}{ccccc}
 & +2 & +2 & +2 & +2 & +2 \\
f & h & j & l & n & p
\end{array}
$$

2. Answer : (3) f

$$
\begin{array}{cccccccc}
 & +1 & +1 & +1 & +1 & +1 & +1 & +1 & +1 \\
x & y & z & a & b & c & d & e & f
\end{array}
$$

3. Answer : (4) d

$$
\begin{array}{cccc}
 & +2 & -4 & +2 & -4 & +2 \\
f & h & d & f & b & d
\end{array}
$$

4. Answer : (1) d

$$
\begin{array}{cccccc}
 & -1 & +3 & -1 & -1 & +3 & -1 \\
b & a & d & c & b & e & d
\end{array}
$$

5. Answer : (2) p

$$
\begin{array}{cccccccc}
 & +3 & +3 & +3 & +3 & +3 & +3 & +3 & +3 \\
r & u & x & a & d & g & j & m & p
\end{array}
$$

6. Answer : (4) f

$$
\begin{array}{cccccc}
 & +1 & +1 & +1 & +1 & -13 & +1 & +1 \\
m & n & o & p & q & d & e & f
\end{array}
$$

7. Answer : (3) i

$$
\begin{array}{cccccc}
 & +1 & -2 & +3 & -4 & +5 & -6 \\
l & m & k & n & j & o & i
\end{array}
$$

8. Answer : (1) g

$$
\begin{array}{ccccccc}
 & -1 & -1 & -1 & +4 & -2 & -2 & -2 \\
l & k & j & i & m & k & i & g
\end{array}
$$

9. Answer : (4) k

$$
\begin{array}{ccccccccc}
+1 & +1 & +1 & & +1 & +1 & +2 & & +1 & +1 & +3 \\
d & e & f & g & e & f & g & i & f & g & h & k
\end{array}
$$

10. Answer : (4) s

$$
\begin{array}{ccccccccc}
+1 & +1 & +1 & +1 & -3 & +1 & +1 & +1 & +1 & -3 \\
q & r & s & t & u & r & s & t & u & v & s
\end{array}
$$

11. Answer : (2) j

$$
\begin{array}{ccccc}
 & -2 & -2 & -2 & -2 & -2 \\
t & r & p & n & l & j
\end{array}
$$

12. Answer : (2) d

$$
\begin{array}{ccccccc}
 & -1 & -1 & & -1 & -1 & & -1 & -1 \\
y & x & w & k & j & i & f & e & d
\end{array}
$$

13. Answer : (1) a

$$
\begin{array}{ccccccc}
 & -2 & +1 & -6 & -2 & +1 & -6 & -2 \\
q & o & p & j & h & i & c & a
\end{array}
$$

14. Answer : (4) p

$$
\begin{array}{ccccccc}
 & -1 & -1 & -1 & -1 & & -1 & -1 \\
g & f & e & d & c & r & q & p
\end{array}
$$

15. Answer : (3) r

$$
\begin{array}{cccc}
 & +4 & +4 & +4 & +4 \\
b & f & j & n & r
\end{array}
$$

16. Answer : (3) l

$$
\begin{array}{cccccccccccc}
 & -1 & -1 & -1 & +2 & -1 & -1 & +2 & +2 & -1 & -1 & -3 \\
t & s & r & q & s & r & q & o & q & p & o & l
\end{array}
$$

17. Answer : (5) w

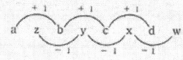

18. Answer : (5) x

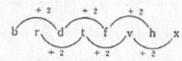

19. Answer : (5) k

$$
\begin{array}{ccccccccc}
+1 & +1 & +1 & & +2 & +2 & +2 & & +3 & +3 \\
e & f & g & h & e & g & i & k & e & h & k
\end{array}
$$

20. Answer : (3) f

$$
\begin{array}{ccccccc}
 & +3 & -1 & -1 & +3 & -1 & -1 & +3 \\
a & d & c & b & e & d & c & f
\end{array}
$$

21. Answer : (3) i

$$
\begin{array}{ccccc}
 & -3 & -3 & -4 & -3 & -3 \\
y & v & s & o & l & i
\end{array}
$$

22. Answer : (3) s

$$
\begin{array}{cccccc}
 & +2 & +1 & -1 & +1 & +1 & -1 \\
p & r & s & r & s & t & s
\end{array}
$$

23. Answer : (4) q

$$
\begin{array}{ccccc}
 & +1 & +2 & +3 & +4 & +5 \\
b & c & e & h & l & q
\end{array}
$$

24. Answer : (4) k

$$
\begin{array}{ccccccc}
 & +2 & -1 & +3 & -1 & +2 & -1 & +3 \\
d & f & e & h & g & i & h & k
\end{array}
$$

25. Answer : (5) i

$$
\begin{array}{ccccccc}
 & +1 & +2 & +4 & & +1 & +2 & +4 \\
r & s & u & y & b & c & e & i
\end{array}
$$

26. Answer : (3) p

$$
\begin{array}{ccccccc}
 & +1 & +0 & +0 & +1 & +0 & +1 & +1 \\
l & m & m & m & n & n & o & p
\end{array}
$$

27. Answer : (2) r

+1 −1 +0 +2 −2 +0 +0 +3 −3 +0 +0 +0
r s r r t r r r q r r r

28. Answer : (4) u

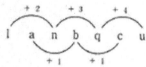

29. Answer : (2) e

all +1

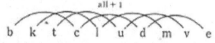
b k t c l u d m v e

30. Answer : (3) e

+1 +1 +0 −1 −1 +0 +1
d e f f e d d e

31. Answer : (4) g

+2 +1 −1 −1 +2 +1 −1
d f g f e g h g

32. Answer : (3) g

+2 +2 −2 +2 +2 −2
c e g e g i g

33. Answer : (3) e

−3 −2 −1 −3 −2 −1 −3
t q o n k i h e

34. Answer : (2) b

1   2   3   4
a b a b b a b b b a b b b b

35. Answer : (5) l

c e l d c e l d c e l

36. Answer : (5) g

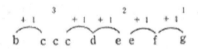
b   c c c   d e e f   g

37. Answer : (5) v

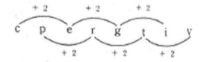

38. Answer : (5) v

−1 −1 −2   −1 −1 −1   −1
g f e c q p o n w v

39. Answer : (2) b

−2 +1 −2 +1 −2 +1 −2
g e f d e c d b

40. Answer : (3) o

+3 +3 +3   −3 −3 −3
d g j m x u r o

PART II

1. (1)	**7.** (1)	**13.** (2)	**19.** (4)	**25.** (3)
2. (5)	**8.** (2)	**14.** (4)	**20.** (3)	**26.** (2)
3. (3)	**9.** (3)	**15.** (5)	**21.** (5)	**27.** (1)
4. (1)	**10.** (1)	**16.** (4)	**22.** (4)	**28.** (4)
5. (5)	**11.** (4)	**17.** (5)	**23.** (3)	**29.** (2)
6. (3)	**12.** (3)	**18.** (2)	**24.** (1)	**30.** (5)

PART III

1. (D) 1,236
2. (C) $24
3. (C) $400
4. (D) $3,204
5. (A) 1/2 inch
6. (C) 1 hour 50 minutes
7. (B) 1.68
8. (B) 128
9. (B) 88 hours
10. (C) 24,150
11. (C) 79
12. (C) $19,200
13. (D) 180,000
14. (C) $3.00
15. (D) 2/3
16. (C) $5,520
17. (B) 5 ft. 4 in.
18. (C) 6
19. (C) $14,000
20. (C) $10,000
21. (E) none of these
22. (B) 100
23. (C) $3.00
24. (B) $5.00
25. (B) $100

SAMPLE UNIAC PROGRAMMER APTITUDE BATTERY

The actual Univac Programmer Aptitude Battery is untimed. The applicant may work until he finishes the test. This examination consists of four parts:

Part 1—Mathematical Symbols
Part 2—Verbal Analogies
Part 3—Mathematical Reasoning
Part 4—Sales Attitudes

Part 4 of the Univac Programmer Aptitude Battery consists of questions designed to determine the candidate's attitudes towards sales,as well as other personality characteristics.This part of the test is not scored numerically and will be judged by comparing the candidate's answers to those of people who have been successful in programming.

Since there is no way of preparing for such a test,a sample of the Sales Attitudes test is not included in this book.You should answer Sales Attitudes questions as honestly as possible: Do not try to anticipate what the desirable answers might be.

The sample test on the following pages was designed to approximate the first three parts of the actual Univac Programmer Aptitude Battery in content and format.

PART I—MATHEMATICAL SYMBOLS

Part I of this examination consists of a test built around common ma‑thematical symbols and designed to measure your ability to think logica‑lly. The symbols used in this test are:

$=$	equal to
$\rangle$	greater than
$\langle$	less than
$\geq$	greater than or equal to
$\leq$	less than or equal to
$\neq$	not equal to

There are thirty problems of varying degrees of difficulty in the test. All the problems are similar to the following example

EXAMPLE

DIRECTIONS : The problem below consists of a mathematical statement or "fact" and a "conclusion" which is supposed to be based on that fact. You must decide whether the conclu‑sion is (A) correct, (B) incorrect, or (C) not determinable.

Then mark the appropriate space in the answer column.

FACT   CONCLUSION
1.   X $\rangle$Y $\rangle$Z   X$\langle$Z

Answer : (B) incorrect. The colclusion is incorrect, and so you would mark space B in the answer column.

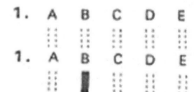

Explanation : We are told in the "fact" that X is greater than Y and that Y is greater than Z; therefore, X must also be gre‑ater than Z.

TURN THE PAGE AND START TO WORK. THERE IS NO TIME LIMIT.

PART I

FACT	CONCLUSION
1. $X = Y > Z$	$X < Z$
2. $X \geqq Y \geqq Z$	$Z \leqq Y$
3. $X \neq Y \geqq Z$	$X \geqq Z$
4. $X \leqq Y = Z$	$Z \leqq X$
5. $X > Y \neq Z$	$Z < Y$
6. $X \geqq Y \geqq Z$	$X \neq Z$
7. $X = Y < Z$	$Z > X$
8. $X \geqq Y \neq Z$	$Z \neq X$
9. $X \leqq Y \geqq Z$	$X \geqq Y$
10. $X \neq Y \neq Z$	$X \neq Z$
11. $X = Y < Z$	$X < Z$
12. $X = Y = Z$	$X \geqq Z$
13. $X = Y \leqq Z$	$X \leqq Z$
14. $X \neq Y \neq Z$	$X \neq Z$
15. $X \geqq Y \geqq Z$	$Z \geqq X$

FACT	CONCLUSION
16. $W = X \leq Y = Z$	$Z \geq W$
17. $W \geq X = Y = Z$	$Z = X$
18. $W \neq X = Y \neq Z$	$Z = W$
19. $W > X > Y > Z$	$Z > W$
20. $W < X < Y < Z$	$Y > W$
21. $W \geq X \geq Y \leq Z$	$Y \leq W$
22. $X = Y = Z$	$Z = X$
23. $W \neq X \geq Y \geq Z$	$Z \neq X$
24. $W \geq X \neq Y \geq Z$	$Z \leq W$
25. $X \neq Y \neq Z$	$Z = X$
26. $X < Y < Z$	$X < Z$
27. $W > X > Y > Z$	$Z \neq W$
28. $X > Y > Z$	$X \neq Z$
29. $W > X < Y > Z$	$Z = W$
30. $W > X < Y < Z$	$Z > W$

PART II—VERBAL ANALOGIES

Part II of this examination consists of a test in verbal analogies. The questions in this test are similar to the example below. There are two words missing in each question,and you must choose from several choices the two missing words.The correct words will complete a verbal analogy, so that the first pair of words in the question will have the same kind of relationship to each other as.the second pair of words

EXAMPLE

DIRECTIONS : In the following question you must choose two words that BEST complete the analogy. Choose the first word from the column of choices lettered A.B.C.and D. Choose the se - cond word from the column of choices lettered W,X.Y,and Z. Then mark the two appropriate spaces in the answer column

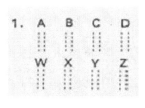

1. _____are to UMBRELLA as RAFTERS are to _____

   A spokes   W frame

   B ribs   X hub

   C garrets   Y roof

   D skeletons.   Z foundation

Answer : (B,Y) ribs,roof. The correct answer is B,Y,and so you would mark space B and space Y in the answer column,

1. _____are to UMBRELLA as RAFTERS are to _____

   A spokes   W frame

   B ribs   X hub

   C garrets   Y roof

   D skeletons   Z foundation

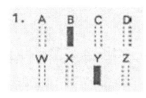

Answer : (B,Y) ribs,roof. The correct answer is B,Y,and so you would mark space B and space Y in the answer column,

Explanation : Ribs are the foundation to build an umbrella in the same way as rafters are the foundation to build a roof. None of the other choices complete the analogy so that the first pair of words has the kind of relationship as the se-cond pair of words. Therefore the answer is B,Y.

TURN THE PAGE AND START TO WORK. THERE IS NO.TIME LIMIT.

PART II

1. _____ is to CUBISM as POEM is to _____

A art	W play
B scenery	X epic
C setting	Y ring
D justice	Z window

1. A B C D
W X Y Z

2. _____ is to SLAVE as OMNIPOTENT is to _____

A policeman	W vassal
B captain	X alien
C master	Y tar
D native	Z prisoner

2. A B C D
W X Y Z

3. _____ is to PRIEST as INAUGURATION is to _____

A student	W candidate
B promulgation	X President
C election	Y list
D ordination	Z matriculation

3. A B C D
W X Y Z

4. _____ is to REAL as DRAGON is to _____

A descended	W dinosaur
B fabulous	X ancestor
C creditable	Y veritable
D amphibian	Z reptile

4. A B C D
W X Y Z

5. _____ is to CALENDAR as BEAT is to _____

A pedometer	W candle power
B sun dial	X anachronism
C chronometer	Y measure
D chronicle	Z hydrometer

5. A B C D
W X Y Z

6. _____ is to EXPLICIT as INNUENDO is to _____

A implicit	W assertion
B state	X insinuation
C allusion	Y devious
D indirect	Z hint

6. A B C D
W X Y Z

7. _____ is to a DOLLAR as a DECADE is to _____

A penny	W much
B time	X number
C little	Y century
D dime	Z dime

7. A B C D
W X Y Z

8. _____ is to OVAL as a SQUARE is to _____

A acre	W sphere
B cube	X rod
C rectangle	Y circle
D hexagon	Z pentagon

8. A B C D
W X Y Z

9.

A	B	C	D
W	X	Y	Z

9. _____ is to FREE as TRANSLATE is to_____

A communicate   W paraphrase
B literal   X extrinsic
C intrinsic   Y metaphor
D simile   Z hearsay

10.

A	B	C	D
W	X	Y	Z

10. _____ is to SYMPHONY as ACT is to_____

A notes   W play
B harmony   X piano
C melody   Y harmony
D movement   Z staff

11.

A	B	C	D
W	X	Y	Z

11. _____ is to GALAXY as MOLECULE is to_____

A shelf   W soldier
B star   X sea
C regiment   Y kennel
D book   Z atom

12.

A	B	C	D
W	X	Y	Z

12. _____ is to CATTLE as an APIARY is to_____

A range   W nest.
B grass   X tree
C corral   Y sound
D legs   Z bees

13.

A	B	C	D
W	X	Y	Z

13. _____ is to EXULTATION as CALAMITY is to_____

A joy   W morbidity
B fear   X defense
C triumph   Y distress
D poetry   Z sensitiveness

14.

A	B	C	D
W	X	Y	Z

14. _____ is to CHAIN as STRAND is to_____

A train   W stand
B fence   X belt
C link   Y rope
D boundary   Z wire

15.

A	B	C	D
W	X	Y	Z

15. _____ is to SPARSE as MANY is to_____

A great   W few
B myriad   X legions
C few   Y armies
D numbers   Z crowds

16.

A	B	C	D
W	X	Y	Z

16. _____ is to PAPACY as a KING is to_____

A church   W leader
B rites   X divine right
C pope   Y justice
D prayer   Z monarchy

17.

A	B	C	D
W	X	Y	Z

17. _____ is to BLADE as PENCIL is to_____

A thin   W write
B sharp   X dull
C razor   Y lead
D strap   Z wood

18. _____ is to WHIMPER as GUFFAW is to _____

A simper	W loud		
B cry	X laugh		
C smile	Y sad		
D wail	Z smirk		

18.

A	B	C	D
W	X	Y	Z

19. _____ is to ORDER as ANARCHY is to _____

A army	W lawlessness
B government	X mobs
C democracy	Y chaos
D count	Z communism

19.

A	B	C	D
W	X	Y	Z

20. _____ is to SPRING as DAWN is to _____

A harbinger	W light
B season	X dew
C flowers	Y day
D water	Z time

20.

A	B	C	D
W	X	Y	Z

21. _____ is to ANTONYM as SAME is to _____

A noun	W adjective
B against	X with
C opposite	Y synonym
D pro	Z homonym

21.

A	B	C	D
W	X	Y	Z

22. _____ is to DAUGHTER as UNCLE is to _____

A mother	W cousin
B father	X niece
C family	Y aunt
D female	Z boy

22.

A	B	C	D
W	X	Y	Z

23. _____ is to TORRID as COOL is to _____

A hot	W relationship
B tepid	X understanding
C freeze	Y temperature
D romance	Z frigid

23.

A	B	C	D
W	X	Y	Z

24. _____ is to DRENCH as SPLASH is to _____

A downpour	W inundate
B wet	X drops
C river	Y rain
D drizzle	Z puddle

24.

A	B	C	D
W	X	Y	Z

25. _____ is to MOP as PENCIL is to _____

A broom	W pen
B dry	X lead
C stringy	Y implement
D bucket	Z book

25.

A	B	C	D
W	X	Y	Z

26. _____ is to PLUMBER as SICKNESS is to _____

A sink	W death
B fixture	X mental
C leak	Y doctor
D water	Z illness

26.

A	B	C	D
W	X	Y	Z

27.
A   B   C   D

W   X   Y   Z

27. _____ is to JOKE as PAIN is to _____

A humor	W hurt
B laugh	X emotion
C story	Y grimace
D smile	Z headache

28.
A   B   C   D

W   X   Y   Z

28. _____ is to RITUAL as SOCIETY is to _____

A protocol	W people
B religion	X nations
C play	Y etiquette
D stringent	Z democracy

29.
A   B   C   D

W   X   Y   Z

29. _____ is to AXLE as a TOP is to _____

A support	W bottom
B grease	X string
C wheel	Y spin
D car	Z rest

30.
A   B   C   D

W   X   Y   Z

30. _____ is to CURE as POSITIVE is to _____

A illness	W negative
B disease	X absolute
C treatment	Y attitude
D health	Z electricity

31.
A   B   C   D

W   X   Y   Z

31. _____ is to DEFER as CATALYZE is to _____

A expedite	W synthesize
B delay	X speed up
C hurry	Y crystalize
D obsequeous	Z protract

32.
A   B   C   D

W   X   Y   Z

32. _____ is to ANGER as VENTURE is to _____

A violence	W ambition
B hate	X adventure
C emotion	Y failure
D love	Z satisfying

PART Ⅲ—MATHEMATICAL REASONING

Part Ⅲ of this examination consists of a test in mathematical reasoning. This test differs from most other kinds of math tests in that you are not required to compute the final answers to the problems. Instead, you are to choose from four given choices the answer that indicates the BEST METHOD for solving each problem.

There are 30 problems in this test, and they are all similar to the following example:

EXAMPLE

DIRECTIONS: In the problem below, you must choose from four given choices the answer that indicates the BEST METHOD for solving the problem. Then mark the appropriate space in the answer column. Note that you do not have to compute the final answer to the problem.

CORRECT ANSWERS APPEAR AT END OF TEST.

1. If p pencils cost c cents, n pencils at the same rate will cost

(A) $\dfrac{pc}{n}$ cents

(C) npc cents

(B) $\dfrac{cn}{p}$ cents

(D) $\dfrac{np}{c}$ cents

1.	A	B	C	D

1. Answer: (B) $\dfrac{cn}{p}$ **cents.** The correct answer is choice (B), and so you would mark space B in the answer column.

1.	A	B	C	D

Explanation: The formula for solving this problem is $\dfrac{\text{Number}}{\text{Cost}}=$

$\dfrac{\text{Number}}{\text{Cost}}$. If x represents the cost of n pencils, then we have,

by substitution, $\dfrac{p}{c}=\dfrac{n}{x}$ or $px-cn$ or $x=\dfrac{cn}{p}$ cents.

TURN THE PAGE AND START TO WORK. THERE IS NO TIME LIMIT.

PART III

1. A B C D

1. A laundry charges X cents for laundering a shirt and Y cents a suit. If my total laundry bill was Z cents and I had T shirts, how many suits did I have?

    (A) $\dfrac{Z-T}{X+Y}$ (B) $\dfrac{Z-T}{X-Y}$ (C) $\dfrac{Z-TX}{Y}$ (D) $Z-\dfrac{TX}{Y}$

2. A B C D

2. Fahrenheit and Centigrade temperatures are related by the formula, C=(5/9) (F−32),where F and C are Fahrenheit and Centigrade temperatures, respectively. If the temperature changes by X degrees Fahrenheit, by how many degrees does the Centigrade temperature change?

    (A) X   (B) 32−X   (C) $\dfrac{5X}{9}$ degrees

    (D) depends on the temperature before and after

3. A B C D

3. An elevator can carry X passengers or Y mail sacks. Suppose that the elevator is empty and is arriving at a floor where a long line of mailmen is waiting to get on the elevator; each of the mailmen is carrying a mail sack.How many mailmen (each with his own mail sack) can get on the elevator?

    (A) $\dfrac{X+Y}{2}$ (B) $\dfrac{XY}{2(Y-X)}$ (C) $\dfrac{XY}{2(X+Y)}$ (D) $\dfrac{XY}{X+Y}$

4. A B C D

4. If my car will go X miles on a tank of gas,and my gas tank holds Y gallons, how far can I go on Z gallons?

    (A) $\dfrac{XY}{Z}$ (B) $\dfrac{XZ}{Y}$ (C) $\dfrac{ZY}{X}$ (D) XYZ

5. A B C D

5. If the average of 5 numbers is negative, the statement that is always true is
    (A) None of the numbers is positive.
    (B) More of the numbers are negative than positive.
    (C) At least one of the numbers is negative.
    (D) None of the above statements is true.

6. A B C D

6. At X cents each, how many dozen oranges could be bought for Y dollars?

    (A) $\dfrac{XY}{1200}$ (B) $\dfrac{100XY}{12}$ (C) $\dfrac{12X}{100Y}$ (D) none of these

7. A B C D

7. The area of a rectangular schoolyard is X square feet.If the length of the yard is Y inches, how many inches wide is the yard?

    (A) $\dfrac{12Y}{X}$ (B) $\dfrac{12X}{Y}$ (C) $\dfrac{X}{Y}$ (D) $\dfrac{144X}{Y}$

8. If $A = X + 6$ and $B = 2X + 3$, as X increases from 0 to 3 (but not including 3),
   (A) A is always greater than B
   (B) there is one value of X for which $A = B$
   (C) there are many values of X for which $A = B$
   (D) None of the above conclusions is true.

8. A   B   C   D

9. A man travels X miles at Y miles an hour. At how many miles per hour should he travel the next 2X miles to average Z miles an hour for the whole trip?
   (A) $\dfrac{3X}{Y+Z}$ (B) $\dfrac{2ZY}{3Y-Z}$ (C) $XY - 2XZ$ (D) $\dfrac{2X}{Z-Y}$

9. A   B   C   D

10. Given that the time is now X minutes after Y o'clock, in how many hours and minutes will it be A minutes after B o'clock? (Assume that Y and B are both less than 12, and assume that A is greater than X).
    (A) $B - Y$ hours and $A - X$ minutes
    (B) $B - Y$ hours and $A - X - 1$ minutes
    (C) $B - Y - 1$ hours and $A - X$ minutes
    (D) $B - Y - 1$ hours and $A - X - 1$ minutes

10. A   B   C   D

11. Last year X percent of a certain lawyer's clients were found guilty. Of the guilty ones, Y percent were imprisoned. If the lawyer had Z clients, how many were imprisoned?
    (A) $\dfrac{X(Y+Z)}{100}$ (B) $\dfrac{XYZ}{10,000}$ (C) $\dfrac{XYZ}{100}$ (D) $\dfrac{YZ}{100}$

11. A   B   C   D

12. Material costs Y cents per foot. The cost for X inches would be
    (A) $\dfrac{XY}{12}$¢   (B) $X \cdot Y \cdot 12$¢   (C) $\dfrac{X+Y}{12}$¢   (D) $\dfrac{X}{12} + Y$¢

12. A   B   C   D

13. If a is 4 more than 20 divided by b, then it is true that
    (A) $a = 4b + 20$ (B) $a = \dfrac{20}{4+b}$ (C) $b = \dfrac{20}{a-b}$ (D) $b = 4a - 20$

13. A   B   C   D

14. If $X = 8Y - \dfrac{Y^2}{2}$ as Y increases from 0 to 10, X
    (A) always increases   (B) always decreases
    (C) is always negative   (D) is both positive and negative

14. A   B   C   D

15. An interviewer found that 60% of the students in a class could type, and 30% of the class could both type and take shorthand. From these figures he concluded correctly
    (A) that more students could type than take shorthand
    (B) that more students could take shorthand than type
    (C) that the same number could type as take shorthand
    (D) none of the above

15. A   B   C   D

16. If X is very large in comparison with Y, then the average of X and Y is
    (A) closer to X than Y   (B) positive
    (C) half their sum   (D) greater than X

16. A   B   C   D

17. A B C D

17. Four fishermen caught A fish. Fisherman K caught three times as many as fisherman J, fisherman L caught 2 fish less than five times as many as J, and fisherman M caught 7 fish more than twice as many as J. Fisherman J caught

(A) $\dfrac{A-5}{10}$ fish (B) $\dfrac{A+5}{10}$ fish (C) $\dfrac{A-5}{11}$ fish (D) $\dfrac{A+9}{11}$ fish

18. A B C D

18. If X is half of Y which is half of A which is half of B, which of the following statements is false?

(A) $\dfrac{X}{Y}=\dfrac{A}{B}$ (B) BY=AX (C) BX=AY (D) $\dfrac{B}{Y}=\dfrac{A}{X}$

19. A B C D

19. A trout fisherman has 3 wet flies and 2 dry flies. If he averages X fish per wet fly and Y fish per dry fly, what is the number of fish he catches?

(A) 2X+3Y (B) 3X+2Y (C) 5(X+Y) (D) 6(X+Y)

20. A B C D

20. John is X years old, and Jack is Y years older than John. Jim is Z years older than the average of John and Jack's ages. How old is Jim?

(A) $Y-X+\dfrac{Z}{2}$ (B) $\dfrac{X+Y+Z}{2}$ (C) $\dfrac{X+Y}{2}+Z$ (D) $X+Y+\dfrac{Z}{2}$

21. A B C D

21. If X is a positive number and Y is a negative number, the average of X and Y is always

(A) greater than zero (B) less than zero (C) equal to zero

(D) $\dfrac{X+Y}{2}$

22. A B C D

22. A locomotive can pull X passenger coaches or Y freight cars. If a trainman plans a load of alternating passenger coaches and freight cars, how many cars would make a full load for the locomotive?

(A) $\dfrac{2}{X+Y}$ (B) $\dfrac{2XY}{X+Y}$ (C) $\dfrac{X+Y}{2}$ (D) $\dfrac{XY}{2(X+Y)}$

23. A B C D

23. If Y=X+7 and X is tripled, then Y

(A) is tripled (B) is cut to a third of its old value

(C) is less than tripled (D) remains the same

24. A B C D

24. A plane traveled at X miles per hour for Y hours and C miles per hour for D hours. The total distance traveled was

(A) XY+CD (B) $\dfrac{X}{Y}+\dfrac{C}{D}$ (C) XC+YD (D) X+Y+C+D

25. A B C D

25. If A=2X−2 and B=3X−5,

(A) A is always greater than B

(B) B is always greater than A

(C) there is only one value of X for which A=B

(D) A and B are alternately the larger of the two (i.e., there are many values of X for which A=B)

26. A B C D

26. Joe is 3 years older than Jack and Sam is 7 years less than twice as old as Joe. If Jack is X years old, how old is Sam?

(A) 2X+10 (B) 2(X+8)−7 (C) 2(X−4) (D) 2X+3

27. Air pressure is approximately 15 pounds per square inch. On a table which is a rectangle X inches long and Y inches wide, the total air pressure is about

(A) $15(2X+2Y)$ (B) $\dfrac{2X+2Y}{15}$ (C) $\dfrac{XY}{15}$ (D) $15XY$

27. A B C D

28. X number of brand A shirts and Y number of brand B shirts together cost T dollars, while X number of brand B shirts and Y number of brand A shirts cost 2T dollars. It is true that

(A) brand A shirts are more expensive than brand B

(B) brand B shirts are more expensive than brand A

(C) brand B shirts are twice as expensive as brand A

(D) it cannot be determined which brand is more expensive

28. A B C D

29. The area of a rectangle is Z square inches. If the length of the rectangle is multiplied by X and the area remains the same, then the width had to have been

(A) divided by X   (B) increased in some way

(C) left the same   (D) multiplied by X

29. A B C D

30. The ratio of a rectangle's length to its width is X/Y. If the length of the rectangle is $2X-5$, the width should be:

(A) $2Y-5$ (B) $(2X-5)\dfrac{Y}{X}$ (C) $2Y-10$ (D) $\dfrac{2X-5}{2Y-5}$

30. A B C D

CORRECT ANSWERS

SAMPLE UNIVAC PROGRAMMER APTITUDE BATTERY

PART I

1. (B)	9. (C)	17. (A)	25. (C)
2. (A)	10. (C)	18. (C)	26. (A)
3. (C)	11. (A)	19. (B)	27. (A)
4. (B)	12. (B)	20. (A)	28. (A)
5. (C)	13. (A)	21. (A)	29. (C)
6. (B)	14. (C)	22. (A)	30. (C)
7. (A)	15. (B)	23. (B)	
8. (C)	16. (A)	24. (C)	

PART II

1. (A, X)	5. (C,Y)	9. (B,W)	13. (C,Y)
2. (C,W)	6. (A,W)	10. (D,W)	14. (C,Y)
3. (D,X)	7. (D,Y)	11. (B,Y)	15. (B,W)
4. (B,W)	8. (C,Y)	12. (C,Z)	16. (C,Z)
17. (C,Y)	21. (C,Y)	25. (A,W)	29. (C,X)
18. (D,X)	22. (B,X)	26. (C,Y)	30. (C,X)
19. (B,Y)	23. (B,Z)	27. (B,Z)	31. (A,Z)
20. (A,Y)	24. (D,W)	28. (B,Y)	32. (A,W)

PART III

1. (C)	9. (B)	17. (C)	25. (C)
2. (C)	10. (C)	18. (B)	26. (B)
3. (D)	11. (B)	19. (B)	27. (D)
4. (B)	12. (A)	20. (C)	28. (D)
5. (C)	13. (C)	21. (D)	29. (A)
6. (D)	14. (D)	22. (B)	30. (B)
7. (D)	15. (A)	23. (C)	
8. (A)	16. (C)	24. (A)	

SAMPLE LOWRY-LUCIER REASONING TEST

The actual Lowry-Lucier Reasoning Test consists of two separate tests; the applicant is allowed a total working time of 35 minutes to complete both tests. The two parts of this examination are:

Test A—Verbal Ordering (15 minutes)

Test B—Spatial Relations (20 minutes)

The two sample tests on the following pages were designed to approximate the two parts of the actual Lowry-Lucier Reasoning Test in content, format, and time allowances.

TEST A

DIRECTIONS : Each answer to the questions in this test is a day of the week. Sunday is always the first day of the week for answers to these problems. For Sunday, write the number 1 in the answer column. For Tuesday, write the number 3 in the answer column. The number corresponding to each day of the week is listed on the top of each sheet.

Examples A, B, C, and D below will be worked with you. Ask any questions you may have about the problems at that time. No questions will be answered while the test is being taken.

EXAMPLES

| 1. Sun. | 2. Mon. | 3. Tues. | 4. Wed. | 5. Thur. | 6. Fri. | 7. Sat. |

A. (................) A. If today were Saturday, what would tomorrow be?

B. (................) B. If today were the first day of the week, what was yesterday?

C. (................) C. If yesterday were Saturday, what day is tomorrow?

D. (................) D. If today were Sunday, what was the day before yesterday?

CORRECT ANSWERS AND EXPLANATIONS

A. (.......1.......) A. Answer : (1) Sunday. The correct answer is Sunday, and so you would write the number 1 in the answer column.

Explanation : Tomorrow is the next day after today. So if today were Saturday, tomorrow, the next day after Saturday, would of course be Sunday.

B. Answer: (7) **Saturday.** The correct answer is Saturday, and so you would write the number 7 in the answer column.

B. (........7........)

Explanation : The first day of the week is Sunday. Thus if today were Sunday, yesterday was Saturday.

C. Answer: (2) **Monday.** The correct answer is Monday, and so you would write the number 2 in the answer column.

C. (........2........)

Explanation : If yesterday were Saturday, then today would be Sunday and tomorrow would be Monday.

D. Answer: (6) **Friday.** The correct answer is Friday, and so you would write the number 6 in the answer column.

D. (........6........)

Explanation: If today were Sunday, then yesterday was Saturday, and the day before yesterday was Friday.

TURN THE PAGE AND START TO WORK.
YOU HAVE 15 MINUTES TO COMPLETE THE TEST.

TEST A

1. Sun. 2. Mon. 3. Tues. 4. Wed. 5. Thur. 6. Fri. 7. Sat.

1. (..................)   **1.** If today were Sunday, what would three days after tomorrow be?
2. (..................)   **2.** If yesterday were Monday, what would tomorrow be?
3. (..................)   **3.** If the day before tomorrow were Tuesday, then what was two days before yesterday?
4. (..................)   **4.** If four days before Saturday became the first day of the week, instead of Sunday, then the third day of the week would be?
5. (..................)   **5.** If the day before yesterday were the first day of the week, and tomorrow is Thursday, then the first day of the week would be?
6. (..................)   **6.** If the days of the week were reversed so that Sunday came before Saturday, Tuesday before Monday, etc., what would two days after Wednesday be?
7. (..................)   **7.** If yesterday and tomorrow were reversed and today is Thursday, what would tomorrow be?
8. (..................)   **8.** If a week from tomorrow is Sunday, what was the day before yesterday?
9. (..................)   **9.** If Wednesday were the second day of the week and the week were reversed, what would the fifth day of the week be?
10. (..................)   **10.** If the days of the week were reversed and today were Tuesday, what would be three days before the day after tomorrow?
11. (..................)   **11.** If Thursday were the second day of the week, what would be two days after the fifth day of the week?
12. (..................)   **12.** If today were tomorrow and yesterday were today and tomorrow were Friday, what was the day before yesterday?
13. (..................)   **13.** If tomorrow were Monday and the third day of the week, what would be the sixth day of the week if the week were reversed?
14. (..................)   **14.** If the days were reversed, and the fourth day of the week were tomorrow, and yesterday were Tuesday, what would be the first day of the week?
15. (..................)   **15.** If three days from today were the fourth day of the week and tomorrow were Monday, what would be the seventh day of the week?
16. (..................)   **16.** If the days were reversed and yesterday were Friday, what would be two days from the day after tomorrow?
17. (..................)   **17.** If the days were reversed and the fifth day became the seventh day and the third day were Sunday, what would the seventh day be?
18. (..................)   **18.** If Sunday and Tuesday were the second and fourth days of the week, what would be the day before the seventh day of the week?
19. (..................)   **19.** If Monday were the third day of the week and the sixth day were the day before yesterday, what would today be?

283

1. Sun. 2. Mon. 3. Tues. 4. Wed. 5. Thur. 6. Fri. 7. Sat.

20. If Tuesday were the third day and Monday were the fourth day of the week, what would the sixth day be?

20. (.................)

21. If tomorrow were the fourth day of the week and yesterday the sixth day of the week and Sunday the first day of the week, what day is today?

21. (.................)

22. If the days were reversed, and today were Sunday and the fourth day of the week, what would be three days before the seventh day of the week?

22. (.................)

23. If the day after tomorrow were Sunday and the fourth day of the week, and yesterday were the seventh day of the week, what would the first day of the week be?

23. (.................)

24. If Monday and Friday were reversed and Tuesday and Saturday were reversed, what would be two days after Wednesday?

24. (.................)

25. If the fourth day of the week were the day before yesterday and tomorrow were Wednesday, what would be the sixth day of the week if the order of the days in the week were reversed?

25. (.................)

TEST B

DIRECTIONS : Each answer to the questions on this test is always a number, or two or three numbers. Examples A, B, and C below will be worked with you. Ask any questions about the problems at that time. No questions will be answered while the test is being taken.

EXAMPLES

A. (............)

B. (............)

C. (............)

A. Imagine that the little squares below are made with matches. How many matches must be removed so that square number 1 will be entirely gone, but the other two squares will remain complete?

| 1 |
| 2 |
| 3 |

B. How many matches must be removed so that square number 2 will be gone leaving the other two complete?

C. By removing two matches, only, which square will be entirely gone, leaving two complete squares and nothing else?

CORRECT ANSWERS AND EXPLANATIONS

A. (....3....)

A.(3)Three matches must be removed. The correct answer is 3, and so you would write the number 3 in the answer column.

Explanation: When the top three matches are removed, square number 1 is entirely gone, but the other two squares remain complete. Therefore the answer is 3.

B. (....2....)

B. (2)Two matches must be removed. The correct answer is 2, and so you would write the number 2 in the answer column.

Explanation : When the two matches which form the left and right sides of square 2 are removed, square 2 is entirely gone, but the other two squares remain complete. Therefore the answer is 2.

C. (....2....)

C. (2) Square number 2 will be entirely gone. The correct answer is square 2, and so you would write the number 2 in the answer column.

Explanation : By removing the same two matches that were removed in example B above, square number 2 will be entirely gone, leaving two complete squares (numbers' 1 and 3) and nothing else. Therefore the answer is 2.

TURN THE PAGE AND START TO WORK.
YOU HAVE 20 MINUTES TO COMPLETE THE TEST.

TEST B

1. How many matches must be removed to completely eliminate square 1?   1. (.................)
2. By removing four matches only, which two squares can be eliminated?   2. (.................)
3. By removing two matches, which is the lowest numbered box you can eliminate?   3. (.................)

4. By removing four matches, what is the largest sum of two squares which can be removed?   4. (.................)
5. How many squares can be eliminated by removing five matches?   5. (.................)
6. What is the largest sum of two squares that can be eliminated by removing three matches?   6. (.................)
7. If two matches were removed, what would be the lowest possible sum of the remaining squares?   7. (.................)
8. By removing six matches from three squares, what is the largest sum of numbers that can be eliminated?   8. (.................)

9. By removing two matches, what is the greatest number of boxes that can be eliminated?   9. (.................)
10. What is the least number of matches that can be removed so as to eliminate boxes totaling the sum of ten?   10. (.................)

11. (..................)

11. What is the lowest sum that can be obtained by removing three matches?

12. (..................)

12. What is the least number of matches that can be removed to total eight?

13. (..................)

13. What is the total number of matches that must be removed to eliminate three boxes adding up to twenty-seven?

14. (..................)

14. What is the lowest sum that can be eliminated by removing four matches?

15. (..................)

15. What is the highest sum that can be eliminated by removing four matches?

16. (..................)

16. What is the greatest number of boxes that can be eliminated by removing six matches?

17. (..................)

17. What is the lowest sum of four boxes that can be eliminated by removing sixteen matches?

18. (..................)

18. How many matches must be removed to eliminate two boxes with the sum of twenty?

19. (..................)

19. What is the greatest number of boxes that add up to a sum of twenty-six?

20. (..................)

20. What is the least number of boxes that will add up to a sum of twenty-five?

21. (..................)

21. By removing two matches, what two boxes adding up to the largest sum can be eliminated?

22. (..................)

22. By removing three lines, what three boxes adding up to the lowest sum can be eliminated?

23. By removing four matches, what two boxes adding up to the largest sum can be eliminated?　　**23.** (....................)

24. What is the highest possible sum of six boxes that can be eliminated by removing six matches?　　**24.** (....................)

25. What is the highest sum that can be eliminated by removing one match?　　**25.** (....................)

CORRECT ANSWERS
SAMPLE LOWRY-LUCIER REASONING. TEST

TEST A (286pg)　　　　　　　　### TEST B (289pg)

TEST A					TEST B				
1. (5)	**6.** (2)	**11.** (3)	**16.** (1)	**21.** (4)	**1.** (3)	**6.** (9)	**11.** (1)	**16.** (4)	**21.** (20, 17)
2. (4)	**7.** (4)	**12.** (4)	**17.** (6)	**22.** (1)	**2.** (2, 3)	**7.** (22)	**12.** (1)	**17.** (10)	**22.** (3, 6, 9)
3. (1)	**8.** (5)	**13.** (6)	**18.** (5)	**23.** (4)	**3.** (2)	**8.** (16)	**13.** (9)	**18.** (5)	**23.** (18, 21)
4. (5)	**9.** (1)	**14.** (4)	**19.** (1)	**24.** (2)	**4.** (11)	**9.** (2)	**14.** (1)	**19.** (6)	**24.** (70)
5. (1)	**10.** (2)	**15.** (7)	**20.** (7)	**25.** (5)	**5.** (3)	**10.** (2)	**15.** (19)	**20.** (3)	**25.** (31)

부 록 : 問題解決의 順序

最近 數年 동안 電子計算機가 눈에 띠게 보급됨으로써 社會的으로 커다란 역할을 하는 것과 함께 그 利用에 대해서 큰 관심을 모으고 있다. 특히 最近에는 직접으로 電子計算機를 사용하는 입장이 아니더라도 Algorithm의 思考方式, 順序圖(flow chart)에 의한 表現方法 등 電子計算機에 관련된 數學 또는 事物에 대한 사고 방법이 소중히 다루어지고 있다.

이 책에서는 이와 같은 事物의 사고 방법과 표현 방법에 대하여 취급하고자 한다. 또한 이 章에서는 電子計算機라든가 program에 대해서는 직접 취급하지 않고, 이것을 전제로 하여 문제를 분석하고, 그 해결을 위한 순서를 찾아내어 順序圖로서 表現하는 방법에 대하여 생각하고자 한다.

1·1 順序의 分析

우리들이 일상 생활에서 부딪치는 문제에는 예를 들면 「x의 값을 주었을 때 함수

$$y = a_0 x^4 + a_1 x^3 + a_2 x^2 + a_3 x + a_4$$

의 값을 구하라」든가

「n개의 수

$$a_1, a_2, a_3, \cdots\cdots, a_n$$

의 평균과 표준 편차를 구하라」와 같은 數學問題로부터, 「각 지점으로부터 모은 販賣傳票를 정리하여 품목별 통계를 구하라」등 여러 가지가 있다. 또 工場에서 제품을 生産한다든지, 일을 일괄하여 處理한다든지, 또는 광범위한 일상 생활에 있어서 목적을 갖고 일을 處理한다든지, 行動한다든지 하는 일도 포함되어 있다.

우리들이 이렇게 문제를 해결할 경우에는 우선 문제를 여러 각도에서 分析하여 論理的으로 조립하는 것에 의하여 處理하고 있다.

예를 들면, 학생들의 하루의 일과에 대하여 생각하여 보자. 하루의 일과를 크게 구분하면,

1. 잠자리에서 일어난다.
2. 등교를 한다.
3. 수업을 한다.
4. 집에 온다.

와 같이 크게 4個의 block으로 나눌 수가 있고, 이 절차를 그림 1·1과 같이 圖示할 수 있다.

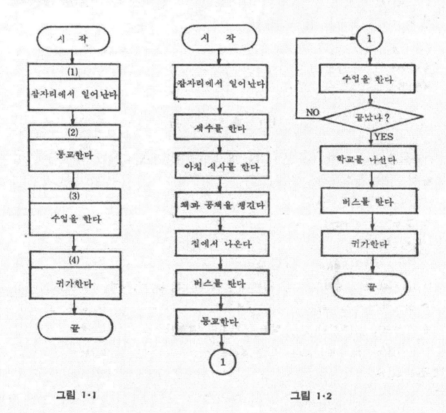

그림 1·1   그림 1·2

그림 1·1의 (1), (2), (3), (4)의 내용은 더욱 상세한 부분의 조합에 의하여 이루어진다.

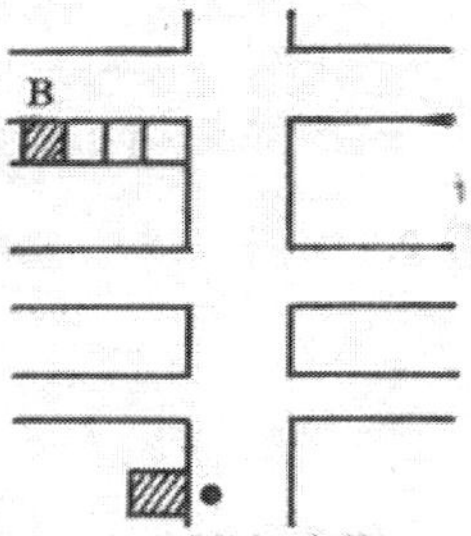

圖 1. 어떤 사람이 A지점에서부터 그림 1·3의 길 모양을 따라 B지점의 친구집을 방문하려고 한다. 그 사람의 행동을 分析하여 그 順序를 그림 1·2 와 같이 圖示하라.

다음의 數學 문제에 대하여 문제를 해결하는 順序 를 생각하여 보자.

[例題 1] 2進數의 1011_2와 111_2을 더하는 順序를 분석하라. 또 그 順序를 기본으로 하여 일반적으 로 2個의 陽의 整數를 합하는 順序를 구하라.

(解) 우선 2개의 數 $1011_2(11_{10})$과 $111_2(7_{10})$을 합하려면 어떻게 하면 좋을까 하는 구 체적인 예를 생각하여 보면 그림 1·4와 같이 된다.

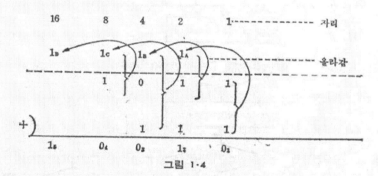

그림 1·4

즉,

1) 最下位의 2수를 합하여 그 결과 1의 자리수를 기입하고(0_1), 올라감이 있으 면 메모하여 둔다.

2) 다음 자리의 2수를 합하여 下位에서 올라옴이 있으면(1_B) 그것에 다시 합하여 결과 1의 자리수를 기입하고(1_2), 올라감이 있으면 메모한다(1_B).

3) 다음 자리의 2수를 더하여 下位에서 올라옴이 있으면(1_B) 또 그 수를 더하여 결과 1의 자리수를 기입하고(0_3), 올라감이 있으면 메모한다(1_C).

4) 다음 자리의 2수를 더하여 下位에서 올라옴이 있으면(1_C) 또 그 수를 더하여

결과 1의 자리수를 기입하고(0₄), 올라감이 있으면 메모한다(1ₐ).

5) 이상으로 더 더할 것이 없으므로 下位에서 올라움이 있으면 그것을 기입한다(1ₐ).

이상과 같은 구체적인 계산의 順序를 보면 2),3),4) 단계는 꼭같은 형의 計算을 實行하고 있는 것을 알 수 있다. 이 順序를 기본으로 하여 그림 1·5와 같은 일반적인 문제에 대하여 順序를 생각할 수 있다.

圖 2. 그림 1·5의 順序에 따라서 $1011_2 + 111_2$의 演算을 하라.

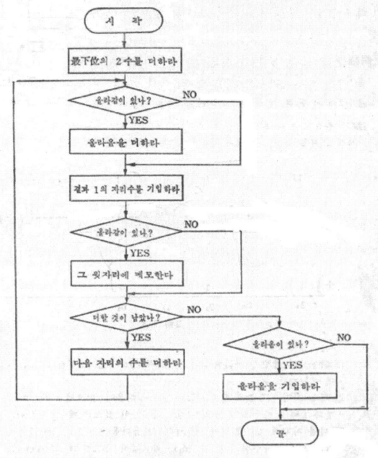

그림 1·5

問 3. 그림 1·5의 順序에 따라 10進數의 8658과 4826을 더하라.

1·2 Algorithm과 記號

1·1節에서는 문제를 分析하고, 몇 개의 基本的인 형을 연결하는 것에 의해서 結論에 도달할 수 있는 順序에 대하여 생각하였다. 이와 같이 몇 개의 기본적인 스텝(step)을 정하여 두고, 이들 기본 스텝을 조합하여 限定된 회수의 操作에 의하여 결론에 도달할 수 있는 順序를 일반적으로 Algorithm이라고 한다.

Algorithm이란 말은 數의 演算에 있어서의 규칙을 생각한 아라비아(Arabia)의 數學者 Arab, al-Khwārizmi라고 하는 사람의 이름을 用語로 한 것이다.

즉, Algorithm은

① 기본 스텝을 조합하여 한정된 回數의 반복에 의해 문제를 결론으로 도달할 수 있게 하는 順序이다.

② 특정한 문제에서 독립하여 일반성을 가지고 있다.

③ Algorithm을 표현하는 記號를 약속하여 두면 누구라도 그 順序를 추적할 수 있다.

내용이 기본적인 원칙이고 조금이라도 이러한 여건을 만족시키지 않으면 안 된다.

Algorithm을 표현하는 하나의 방법으로 그림 1·5와 같이 圖式化하는 방법이 있다. 이렇게 處理의 순서를 圖式化한 것을 順序圖, 또는 flow chart 라고 한다. 또 다음 節에서 말하려고 하는 計算機의 program도 Algorithm을 표현하는 하나의 방법이지만 이 책에서는 順序圖를 이용하도록 한다.

順序圖에서는 여러 가지의 기호를 쓰지만 여기에서는 그 중에서 중요한 것을 최소한으로 줄

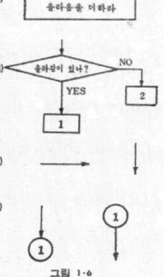

그림 1·6

293

어서 定義하고, 다음 필요에 따라서 점차적으로 새로운 기호를 도입하도록 한다.

그림 1·6의 (1)은 端子記號, 또는 terminal 記號라고 하고, 順序圖의 START 와 END를 나타내는 기호이다. 중간에 START, STOP, BEGIN 또는 END 등 으로 하는 것이 있다.

(2)는 「……하라」고 하는 命令, 演算 또는 實行 등의 처리 방법을 뜻하고 기호 속에는 그 내용을 쓴다. 이 기호를 處理記號, 또는 演算 box 라고 하고, 기호 중에는 演算의 방법을 기초로 쓰는 것도 있다.

(3)은 判斷記號, 또는 判斷(decision) box 라 하고, 비교, 판정 등의 판단을 나타낸다. 조건을 만족시켰을 때 ①의 處理로 진행시키고, 조건을 만족시키 지 않을 때는 ②의 處理로 보내며, 기호 속에는 그 조건을 쓴다.

다음 3章에서 이 기호의 여러 가지 사용법에 대하여 말하겠다.

(4)는 이동하는 선이라 하여 處理順序를 나타낸다. 처리의 흐름을 위에서 밑으로, 왼쪽에서 오른쪽으로 향할 때는 화살표를 생략할 수 있다.

(5)는 結合子라 하여 處理順序의 접속을 표시한다. 기호 중에는 1, 2, …… 등의 숫자 또는 A, B, C, …… 등의 문자를 사용할 때가 있다. 같은 번호 또는 문자가 접속된다.

다음에 Algorithm의 예로서 유클리드(Euclid)의 互除法을 사용하여 2개의 陽의 整數 a, b의 最大公約數를 구하는 순서를 생각해 보자.

[例題 2] 유클리드 호제법을 이용하여 374와 238의 最大公約數를 구하라.

(解) 順序 1. 2수의 대소를 조사한다(374>238).
　　　順序 2. 큰수(374)를 작은수로(238)로 나눈다. 몫 1, 나머지 136을 얻는다.
　　　順序 3. 순서 2의 除數(238)를 나머지(136)로 나눈다. 몫 1, 나머지 34를 얻는다.
　　　順序 4. 순서 3과 같이 제수(136)를 나머지(34)로 나눈다. 몫 3, 나머지 0을 얻는다.
　　　結果　34가 최대 공약수이다.

問 4. [例題 2]의 방법으로 32와 12의 最大公約數를 구하라.

[例題 2]를 일반화하여 유클리드 호제법의 Algorithm을 생각해 보자.

[例題 3] 2개의 陽의 整數 a, b 의 最大公約數를 求하는 순서를 圖示하라.

(解) 順序 1. 2수 a, b 대소를 비교한다(지금은 $a > b$ 로 한다).

順序 2. a 를 b 로 나누어 나머지 R_1 을 얻는다(몫은 직접 필요하지 않으므로 생략한다).

順序 3. b 를 R_1 으로 나누어 나머지 R_2 를 얻는다.

順序 4. R_1 을 R_2 로 나누어 나머지 R_3 를 얻는다.

다음에도 이 순서를 나머지가 0이 되도록 계속한다.

結果로 나머지가 0이 됐을 때, 이 때의 除數가 最大公約數이다.

이 순서를 順序圖로 나타내면 그림 1·7과 같이 된다. 단, 여기서는 몇 개의 순서를 정리하여 block 으로 취급한다(5章 參照).

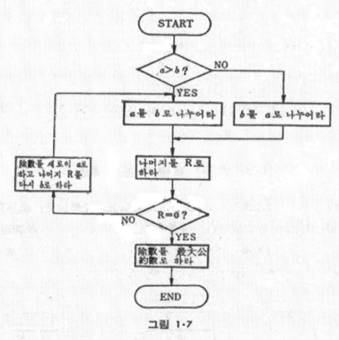

그림 1·7

(註) a 를 b 로 나누었을 때 몫을 Q, 나머지를 R 이라 하면

$$a = bQ + R$$

가 되고, 지금 a 와 b 의 公約數의 하나를 g 로 하면

$$a = g\alpha, \quad b = g\beta$$

로 나타낼 수가 있고,

$$g(\alpha - Q\beta) = R$$

이 되어 R은 g로 나누어진다. 즉, a와 b의 公約數는 b와 R의 公約數이다. 반대로, b와 R의 임의의 公約數를 g'로 하면,

$$b=g'\beta', \quad R=g'R'$$

로 나타낼 수가 있고,

$$a=g'(Q\beta'+R')$$

가 되어 g'는 a의 約數가 된다. 즉, b와 R의 公約數는 a와 b의 公約數가 된다.

따라서 a와 b의 公約數의 集合은 b와 R의 約數의 集合과 일치하고, a와 b의 最大公約數는 b와 R의 最大公約數가 된다.

다음에도 이의 關係를 반복하면, 또

$$b=RQ_2+R_1$$

으로서, b와 R의 最大公約數는 R과 R_1의 最大公約數와 일치한다. 또한

$$R>R_1>\cdots\cdots\geqq0$$

이므로, 이러한 演算을 주어진 回數만큼 반복하면 나머지는 결국 0이 된다. 이 때의 마지막의 除數가 a와 b의 最大公約數가 되는 것이다.

圖 5. 100個의 추가 있다. 天秤을 使用하여 2個씩 그 무게를 比較할 때, 가장 무거운 것을 결정하기 위해서는 몇 회 比較를 반복하게 되는가? 단, 무게는 전부 틀리는 것으로 생각하라.

1·3 電子計算機의 基本構成

電子計算機는 기본적으로는 入力裝置, 出力裝置, 記憶裝置, 演算裝置, 制御裝置의 5개의 裝置로 成立된다. 이것들을 일컬어 흔히 電子計算機의 5要素라고 한다. 즉, 電子計算機는 이러한 장치가 제각기의 機能을 발휘하여 정리되어 이루어지는 한 개의 system이라고 말 할 수 있다.

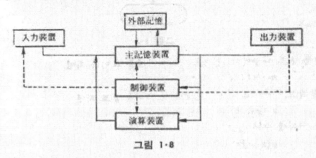

그림 1·8

그림 1·8은 電子計算機의 構成圖에 槪略이지만, 實線은 data(數値라든가 program을 符號化한 것)의 흐름을 나타내고, 點線은 각각의 裝置에 움직임을 制御하는 制御信號의 흐름을 표시한다.

入出力裝置는 흔히 I/O 裝置라고도 부른다. 入力裝置는 計算이나 處理의 순서를 나타내는 program이나 처리하는 data를 記憶裝置의 속에 읽어 집어넣는 裝置로서, 일반적으로 카아드라든가 테이프 등에 정하여진 약속에 따라 符號化하여 구멍 뚫린 data card를 읽어 그 뜻을 이해하는 장치, paper tape 裝置를 거쳐서 2進符號의 모양으로 計算機에 記憶시킨다. 또, console 이든지 制御 type writer에서 data나 명령을 직접 電子計算機에 집어넣을 수가 있다. 入力裝置는 사람으로 말하면 눈이나 귀에 해당하는 部分이다.

出力裝置는 處理된 결과를 記憶裝置에서 받아서, 사람이 직접 읽을 수 있는 모양의 文字든가, 數 또는 圖表에 나타내는 裝置이다. 보통 電動 type writer든지 1分間에 數百行도 적을 수 있는 line printer라고 불리는 裝置를 써서 글을 적든지, 브라운管에 文字나 圖表로 나타내는 display 裝置를 써서 表示하는 方法을 사용한다. 즉, 入出力部는 사람과 電子計算機를 연결하는 역할을 하는 부분이다.

記憶裝置로는 電子計算機의 內部에 있는 主記憶裝置와 外部記憶裝置로 이루어지고, 主記憶裝置는 入力한 data를 記憶하기도 하고(이것은 써 넣는 것이라 한다), 그 data를 꺼내든지(이것은 읽어내는 것이라 한다)하는 機能과 일단 써 넣는 情報를 보관하는 機能을 갖고 있다.

主記憶裝置는 보통 磁氣 core라고 불리는 磁性體로 되어 있고, data를 읽어내기도 하고, 써 넣기도 하는데, 필요한 시간(access time 이라 한다)이 대단히 빠르고, 일반적으로 micro second(1 μs, 10^{-6}秒) 단위로 표시된다. 또, 主記憶裝置에는 각각 番地名이 붙어 있어서 하나의 番地에는 한 개의 data가 記憶되고, 그 data를 읽어내어도 data는 먼저의 番地에 다시 써 넣어져 남지만, 새로운 data를 써 넣었을 때는 먼저의 data가 없어지는 구조로 되어 있다.

演算裝置는 4則演算을 행하는 演算部와 대소의 비교, 判斷을 행하는 論理部

도 구성되고, accumulator 불리는 演算 register, 加算回路, 그 밖의 register 및 回路가 있다.

主記憶裝置에 記憶되고 있는 演算命令을 制御信號에 따라 實行해 가는 부문 이다. 또, 制御裝置는 記憶裝置에 記憶되고 있는 命令을 꺼내어 그것을 制御 信號에 옮겨 각 裝置에 전달하고, 각 裝置를 操作하여 電子計算機의 system 전 부가 원활히 作動하도록 하고, 또 program 으로 편성된 命令의 集團이 그의 順 序대로 바르게 實行되도록 조정하는 裝置이다.

이들의 裝置 중 主記憶裝置, 演算裝置, 制御裝置를 가리켜 電子計算機의 中 央處理裝置(Central Processing Unit; CPU)라고 한다. 또, 入出力部른저 外部 記憶裝置를 가리켜 周邊裝置라 한다.

1·4 電子計算機에 의한 情報處理

電子計算機는 大量의 情報를 대단히 신속하고 정확하게 處理할 수 있다. 그 러나 電子計算機는 金屬物로 만들어진 機械로서 사람이 거기에 에너지(電氣的 에너지)를 供給하고, 處理의 순서나 記憶의 方法을 가르쳐 주지 않으면 움직이 지 않고, 다음과 같은 특징이 있다.

① 電子計算機에 情報를 處理시키는 경우에 處理의 순서를 세밀히(작게) 하 여 그 順序를 電子計算機의 言語를 써서 program 에 나타내고, 미리 記憶 시켜두지 않으면 안 된다.

② program 은 2進數를 쓰는 電子計算機에 punch card 로 變換되어, 電子計 算機의 主記憶裝置에 記憶된다. 이것은 stored program 方式이라 한다.

③ 電子計算機는 미리 記憶되어 있는 program 의 順序에 따라 自動的으로 演算處理를 실행한다.

④ 모든 data 는 2進符號를 써서 나타내고, 2進法에 의해 演算處理된다. 이러한 電子計算機를 digital computer 라 한다.

즉, 電子計算機가 행하는 處理順序는 미리 사람이 생각하여 program 으로써 記憶시켜 두지 않으면 안 된다.

電子計算機는 그 program의 순서에 따라 自動的으로 處理를 실행하는 機械 (automatic computer)라고 말할 수 있다. 또, 電子計算機를 이용하여 處理하려고 할 때에는 외부에서 data를 供給할 필요가 있다.

情報를 處理하려고 하는 것, 그것은 一般化하면 외부로부터 주어진 情報(이것을 入力情報라 한다)를 어떠한 형태로 加工하여(處理하여), 그 結果(이것을 出力情報라 한다)를 出力하는 것이다.

이 順序를 圖式化하여 표현하면 그림 1·9와 같다.

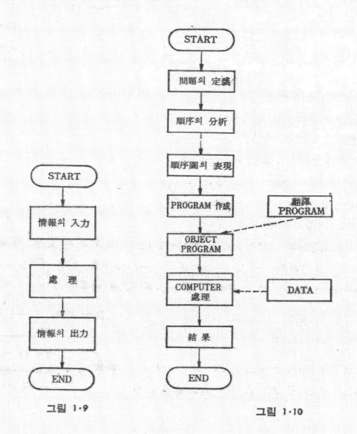

그림 1·9   그림 1·10

따라서 處理의 方法을 생각할 때 우선 전제가 되는 것은

① 入力情報는 어떤 형으로 주어지는 것인가?

    變數와 data의 種類, 演算處理의 方法, 制御의 方法, 入出力의 方法, 言語 등이 중요한 要素가 된다.

② 어떤 機械를 使用할 것인가?

    記憶容量, 外部記憶의 方法, 處理의 速度 등이 적절한가?

③ 出力情報로서 어떤 형이 要求되는가?

등인데, display, 圖表化 등에 대응하여 出力形式을 정한다는 것이고, 이러한 것을 명확히 하여 情報處理 system의 設計에 넣도록 한다. 다음에 處理의 順序를 作成하는 段階에서의 필요한 順序를 정리하면 一般的으로 다음과 같다.

① 問題의 定義를 내린다.

② 順序를 分析(algorithm 解析)한다.

③ 順序圖에 의해 表現한다.

④ 電子計算機의 言語로 program source를 만든다.

⑤ 機械語(object program)를 만든다.

⑥ data를 入力하여 computer 處理를 실행한다.

⑦ 必要한 出力을 얻는다.

이의 각 段階를 block으로서 順序圖로 나타내면 그림 1·10과 같다. 다음 2章에서는 假想電子計算機에 의한 命令과 演算의 實行過程을, 3章 以後에서는 주로 Algorithm의 解析과 그 順序圖에 의한 表現方式에 대해서 말하도록 한다.

圖 6. 2개의 變數 A, B의 값을 入力하여 A+B의 값을 計算, 結果를 出力하는 順序圖를 作成하라.

入出力記號라 하여 一般的으로는 그림 1·11의 記號를 사용, 記號의 속에는 入出力 data 名을 記入한다.

A, B를 入力

그림 1·11

━━━━━━ 演習問題 ━━━━━━

1. 어떤 운전 기사가 가는 길을 남에게 물었을 때, 「이 道路를 곧 바로 북쪽으로 가서 네번째의 信號에서 <u>오른쪽으로</u> 꼬부라져서 <u>왼쪽으로</u> 주유소가 보이면 그 옆이 목적의 집」이라고 가리켜 주었다.

운전 기사의 行動을 順序圖로 그려라.

2. 百日祈禱(절에서 일정한 거리를 백 번 왕복하며 자기 소원을 비는 것)라고 하는 오랜 風習이 있다. 이것은 一種의 反復處理인데, 이의 風習을 조사하여 順序圖로 나타내라.

3. 文字係數의 方程式

$$ax = b$$

를 해결하는 順序를 나타내라.

4. 그림 1·7의 順序圖의 順序에 따라 1512와 156의 最大公約數를 구하라.

부 록 : 順序圖의 基本法則

앞 章에서는 假想計算機를 사용하여서 命令의 實行過程과 基本的인 計算方法을 고찰하였다. 이 計算의 節次는 대단히 번거롭게 생각되지만, 사실 計算機에서는 이와 같은 段階를 좇아서 計算을 實行하는 것이다. 本章에서는 이 計算節次를 기초로 하여 우리들이 日常 행하고 있는 節次를 살펴보고, 演算의 順序를 順序圖로 表現하는 方法을 생각해 보자.

3·1 Data의 移送

電子計算機의 記憶裝置는 數値나 命令(지금부터 특별히 말하지 않는 한 이 것들을 포함해서 data 라 한다)을 2進法數(binary)로 고쳐 記憶시키도록 돼 어 있고, 記憶裝置의 각 單位(記憶의 番地)에는 番地名이 붙어 있다. 한 개의 番地에는 한 개의 data 를 記憶시킬 수 있고, 그 data 를 꺼내어도 다시 써서 집 어 넣어지기 때문에 외관상은 data 가 본래의 番地에 그대로 保存된다.

그러나 새로운 data 를 써 넣을 때에는 본래의 data 가 自動的으로 지워 없어지게 되어 있다. 이러한 電子計算機의 記憶되는 構造에 대해서는 實例를 들어 말해온 그대로이다.

다음에 A番地의 內容을 B番地로 移送 할 때에(轉送이라고도 함) 앞서의 假想計算機에서는 A番地의 內容을 일단 accumulator 로 옮겨 accumulator 의 內容을 B 番地에 記憶시킨다. 즉 그림 3·1 과 같이

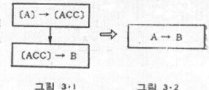

그림 3·1   그림 3·2

2 段階의 處理로 實行한 것이나 이

제부터 順序圖에서는 A——B(그림 3·2)의 1 段階의 處理로 나타내도록 한다. 이 때 A番地의 內容을 나타내므로 다음부터는 특별한 경우를 빼고는 그냥 A 라고 쓰고, 따라서 A는 番地名(場所)을 말하는 경우와 그 內容([A])을 말하는 경우의 2종류가 있으므로 적당히 判斷하여 사용하도록 한다.

A——B의 處理에 의해 A番地의 內容은 그대로 남지만 B番地의 내용은 消去되어 새로이 A番地의 內容이 들어가게 된다.

같은 모양으로 data a를 A番地에 記憶시키는 것을 順序圖로는

$$a \longrightarrow A$$

라 쓴다. 이 때, 특별한 경우를 빼고 記憶의 番地를 나타내는 데는 알파벳 (alphabet)의 大文字를 쓰고, data를 나타내는 데는 小文字를 쓰는 수가 많다. 또, 기억의 번지는 數式의 경우 變數에 相當하는 것에서 記憶의 番地를 가리켜 變數라고 할 때가 있다. 같은 경우로 data는 變數의 값에 해당한다.

예를 들면 지금 A番地에는 data a가, B번지에는 data b가 記憶되고 있을 때 A番地의 內容 a를 B番地에, B번지의 內容 b를 A番地로 옮기는 順序圖를 쓰면 그림 3·3과 같이 된다. 즉 그림 3·2와 같이 A番地의 內容을 그대로 B番地로 移送하면 B番地의 內容이 消去되므로, B番地의 內容을 일단 C

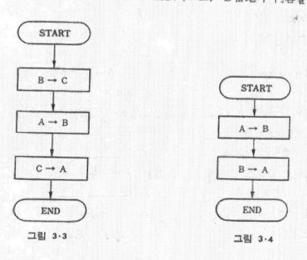

그림 3·3   그림 3·4

番地로 옮긴 다음에 A番地의 内容을 B番地로 옮기고, 最後로 C番地의 内容을 A番地에 옮긴다.

問 1. 그림 3·4와 같이 處理를 하면 A番地 및 B번지의 内容은 각각 어떻게 되는가?

問 2. A, B, C番地에는 각각 data a, b, c 가 들어 있다. 지금 A, B, C 内容을 각각 D, E, F番地로 옮기는 順序圖를 그려라.

問 3. A, B, C番地에는 각각 data a, b, c 가 들어 있다. 지금 이것들을 각각 B, C, A番地로 옮기는 순서도를 그려라.

3·2 4則演算處理

앞서, 加減算을 할 수 있는 address 方式의 假想計算機를 생각했으나, 그 중 加算의 方法을 順序圖로 나타내면 다음과 같다.

[例題 1] A番地와 B番地에 각각 data 가 들어 있다. A番地의 内容과 B番地의 内容을 더하여 C番地에 記憶시키는 順序圖를 그려라.

(解) 다음의 (2), (3), (4)의 順序에 따라 計算하면, 그림 3·5 의 順序圖가 된다(2·4節 參照).

(1) 計算의 開始

(2) A 番地의 内容을 accumulator (ACC)에 집어넣는다.

(3) ACC의 内容에 B番地의 内容을 더한다.

(4) ACC의 内容을 C番地에 記憶시킨다. C番地의 内容이 $a+b$ 가 된다.

(5) 計算의 終了

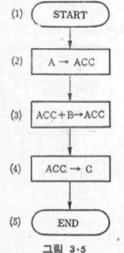

그림 3·5

[例題 1]의 一連의 演算을 順序圖로는

$$A+B \longrightarrow C$$

의 處理記號로 나타내도록 한다.

같은 모양으로, A番地의 内容에서 B番地의 内容을 끌어내어, 그 結果를 C番地

에 記憶시키는 處理는

$$\boxed{A-B \longrightarrow C}$$

A番地의 內容에 B番地의 內容을 곱하여, 그 結果를 C番地에 記憶시키는 處理는

$$\boxed{A \times B \longrightarrow C} \quad \text{또는} \quad \boxed{A * B \longrightarrow C}$$

A番地의 內容을 B番地의 내용으로 나누어, 그 結果를 C番地에 記憶시키는 處理는

$$\boxed{A/B \longrightarrow C}$$

로 나타낸다.

A+B+C와 같이 同時에 두 개 이상의 演算은 할 수 없다. 이 演算은,

$$\underset{\underset{(2)}{\underline{\quad\quad\quad}}}{\underset{(1)}{\underline{A + B}} + C}$$

의 二段階로 나누어 處理하도록 한다. 예를 들면,

$$(A+B+C) \times D$$

에 대해서는

① A+B

② (A+B)+C

③ {(A+B)+C} ×D

의 三段階로 處理하도록 한다. 따라서,

$$A+B+C \longrightarrow D$$

같은 處理는 一段階로 實施할 수 없다.

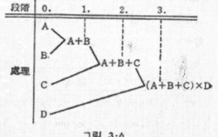

그림 3·6

또, 화살 표시의 左邊에는 計算式 또는 data가, 右邊에는 變數가 오므로,

$$A+B \longrightarrow C+D$$

$$A+B \longrightarrow 100$$

등의 處理는 할 수 없다.

2·2節에서 data a, b, c가 각각 10001番地, 10010番地, 10011番地에 들어가 있을 때

$$a+b-c$$

를 計算하여 일단 10100番地에 써 넣어, 그 結果를 出力하는 計算의 순서를 順

序圖로 나타내면 그림 2·2와 같이 된다. 그림 2·2의 순서도를 本節에서 맡한 4則演算에 관한 定義에 따라 쓰면, 다음 [例題 2]와 같이 된다.

[例題 2] A, B, C 番地에 각각 data a, b, c 가 들어 있다. 이 때

$$a+b-c$$

를 計算하여 D番地에 記憶시키는 順序를 순서도로 나타내어라.

(解) 이 順序圖(그림 3·7)에서,

$$D-C \longrightarrow D$$

의 記號를 쓰지만, 이것은 D番地의 內容에서 C番地의 內容을 빼내어 그 結果를 다시 D番地의 內容으로 하는 것을 뜻한다.

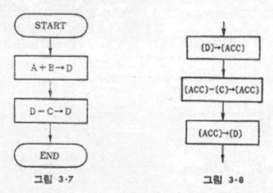

그림 3·7   그림 3·8

一般的으로 順序圖에서는 자주 이러한 處理를 수행하지만, 이것은 2章에서 취급한 假想計算機의 機能을 利用해 나타내면 그림 3·8과 같이 3段階의 處理에 해당한다. 또, 이 處理에 의해서 원래의 D番地의 內容은 깨어지고 새로운 內容이 된다.

問 4. [例題 2]의 順序圖를 그림 2·2의 順序圖와 比較하라.

問 5. A, B, C 番地에 각각 data a, b, c 가 들어 있다. A番地의 內容에 B番地의 內容을 곱하여 C番地의 內容으로 나누어, 그 結果를 D番地에 記憶시키는 順序圖를 그려라.

問 6. A, B, C 番地에 각각 data a, b, c 가 들어 있을 때

$$(A+B-C) \times C$$

의 값을 구하여 D番地에 記憶시키는 順序圖를 그려라.

3·3 順序圖의 基本型 Ⅰ

變數 x에 x_0의 값을 더하여, 식

$$P = x^3 + x^2 + x + 1$$

의 값을 計算한 順序圖를 생각해 보자.

지금 記憶 때문에 A, B, C, D, E 番地를 사용하여, 그 順序를 順序圖에 나타내면 그림 3·9와 같이 된다.

(1) 計算의 開始

(2) x의 값을 x_0라 한다. (이것을 D番地에 割當한다)

(3) x^2의 값을 計算한다. ($D \times D \longrightarrow B$)

(4) x^3의 값을 計算한다. ($B \times D \longrightarrow A$)

(5) $x^3 + x^2$의 값을 計算한다. ($A + B \longrightarrow A$)

(6) $x^3 + x^2 + x$의 값을 計算한다. ($A + D \longrightarrow A$)

(7) $x^3 + x^2 + x + 1$의 값을 計算한다. ($A + E \longrightarrow A$)

(8) A番地의 內容을 P라 한다. P가 구하는 식의 값이 된다. ($A \longrightarrow P$)

(9) 計算의 終了

그림 3·9의 順序圖에서, (2)의 處理는 入力을, (8)의 處理는 出力을 나타낸다. 이것을 다른 處理와 區別하기 위해 記號 ▱ 를 쓰나, 入出力을 나타내는 메에 ▭ 의 記號를 쓰고

(2)

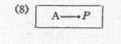

(8)

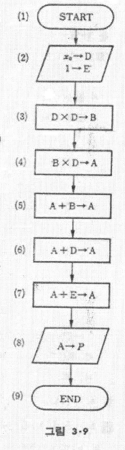

그림 3·9

라 해도 좋다. 實際로 計算機를 쓰는 경우에는 入出力의 종류에 의해 더 구체적인 裝置의 종류를 나타내는 記號를 쓴다. 또 (5), (6), (7)의 處理에서는 A 番地의 內容이 各處理의 段階로 변화한 것에 注意하지 않으면 안 된다.

그림 3·9의 順序圖에서는 處理의 각 段階를 위에서 아래로 차례로 實行하여

演算을 했다. 이와 같이 순서도에 있어서 處理의 각 段階의 實行順序가 單一方向으로 나타내는 순서도를 直線型의 順序圖라 하며 가장 基本的인 것이다. 즉 각 段階의 處理를 $P_1, P_2, P_3 \cdots$ 로 나타낼 때

$$P_1$$
$$P_2$$
$$P_3$$
$$\vdots$$

의 順序로 實行되는 順序圖를 直線型 順序圖라 하며, 우리들은 이 형을 順序圖의 基本型 I이라 부른다(그림 3·10). 이 때 處理의 段階數에는 관계하지 않는다. 따라서 2章의 그림 2·2의 순서도 또는 앞에서 취급한 순서도는 모두 基本型 I에 해당한다.

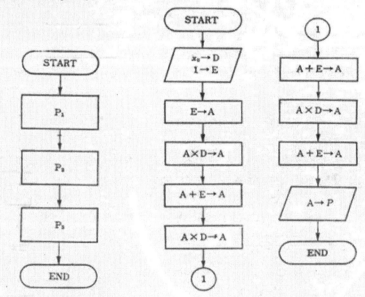

그림 3·10 順序圖의 基本型 I   그림 3·11

[例題 1] 38 page 의 問題에서 $P = x^3 + x^2 + x + 1$ 을

$$P = x \{x(x+1)+1\} + 1$$

로 變形하여, $x = x_0$ 때의 식의 값을 計算하는 順序를 表示하라.

《解》 기억을 위해 A, D, E 番地를 쓰고 그림 3·11의 順序圖로 표시하라. 이 計算의 順序는 前者의 方法에 비교하여 處理의 형이

그림 3·12

의 두 종류의 方法으로 귀착하고 있는 것에 그 特徵이 있다.

이와 같이 處理方法을 되도록 간단히 하여 그것을 反復하는 것은 뒤에서 말한 "反復處理"의 方法을 利用하는 경우이나, 특히 計算機를 利用하여 計算을 하는 경우에 有效하다. 또 處理記號 그림 3·13은 X를 入力하여 α를 實行한 뒤에 出力 Y를 얻는 것이라고 생각할 수 있다. 同時에 X, Y를 入力하여 處理 β를 實行한 뒤에 出力 Z를 얻는 處理는 그림 3·14와 같이 된다.

그림 3·13

그림 3·14

이 때 처리 α, β의 內容은 演算을 나타내는 것으로 □을 處理 process symbol 또는 演算 process symbol 이라 한다.

예를 들면 그림 3·9의 (3)의 처리는 D를 入力하여 出力 B를 얻게 되고 D를 X에, B를 Y에 對應시킴으로써

$$Y = X^2$$

의 값이 구해지게 된다(그림 3·15). 동시에 그림 3·11의 경우에는

D+E——A

의 처리는 D와 E 값을 入力하여 A를 出力한다. 즉 D를 X, E를 Y, A를 Z에 對應시킴으로써

$$Z = X + Y$$

의 값이 구해지게 된다. 또 그림 3·9와 그림 3·11의 순서도에 있어서는 x에 대입한 數値 x_0는 순서도에서 data x_0로 하여 D番地에 入力한다. 따라서 data가 바뀌면 D番地의 內容도

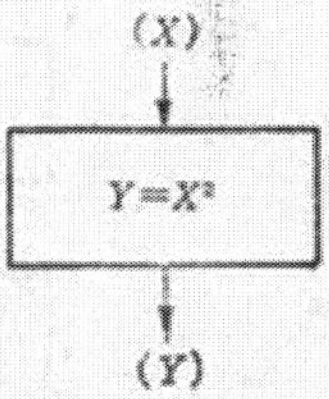

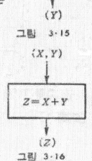

그림 3·15

그림 3·16

바뀐다. 그러나 E番地에 入力한 整數 1은 data가 바뀌어도 變化하지 않는 값이다. 이와 같은 順序圖 중에서 항상 一定하게 變化하지 않는 값을 整數라 한다.

基本型 I의 順序圖는 이와 같은 處理를 順序的으로 겹쳐 싸놓은 것이다. 다음에 몇 개의 處理를 定理하여 한 개의 處理로 나타낼 수 있다. 즉 몇 段階의 處理를 定理하여 block으로서 취급하여 몇 개의 block으로 묶어서 基本型 I의 順序圖를 만들 수 있다. 이와 같은 方法을 順序圖의 block이라 한다.

[例題 2] 三角形의 세 변의 길이 a, b, c가 주어질 때 헤론(Heron)의 공식

$$S = \sqrt{s(s-a)(s-b)(s-c)} \qquad s = \frac{a+b+c}{2}$$

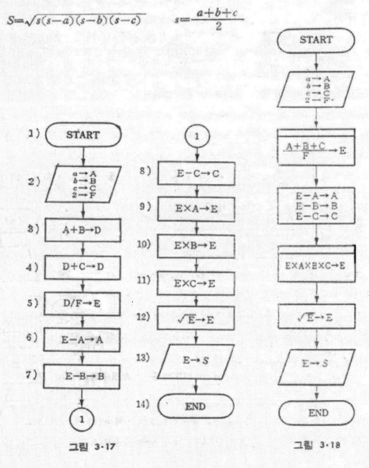

그림 3·17   그림 3·18

을 써서 三角形의 面積을 구하는 順序를 나타내라.

(解) a, b, c 는 三角形의 세 변을 만드는 것으로서 각각 A, B, C 번지에 記憶시켜 work area 로서 D, E, F 를 써서 다음과 같은 順序圖를 만들 수 있다(그림 3·17). 또 앞서 定義한 4則演算 외에 연속되는 演算을 導入했다. 이후부터 順序圖로 演算하는 데에 使用할 수 있다.

그림 3·17의 順序圖에 있어서 3), 4), 5)의 各 段階의 處理를 $\frac{a+b+c}{2}$ 를 구하는 일종의 處理로서 定理하여 같은 모양으로 9), 10), 11)의 各段階의 處理를 $s(s-a)(s-b)$ $(s-b)$ 를 구하는 處理로서 정리하여 block 化하면 그림 3·18과 같이 된다.

또, 여기에서

$$E-A \longrightarrow A, \quad E-B \longrightarrow B, \quad E-C \longrightarrow C$$

의 各 處理는 處理의 順序를 교체해도 順序의 全體에는 영향이 없다. 이와 같은 處理를 같은 순서의 처리 또는 같은 레벨(level)의 處理라 한다. 이러한 順位의 처리를 같은 process symbol 내에 整理하여 記憶시킨다.

이후로는 이미 분명한 處理順序이든지 따로 취급할 수 있는 일련의 演算은 整理하여 block 으로 나타낼 때가 있다. block 으로 나타내는 데에 process symbol 을 위 아래로 나누어 위에는 block 의 名稱을, 아래에는 block 의 處理의 槪要를 쓰는 方法이 자주 利用되고 있으나 block 의 名稱을 引用하는 등의 필요가 없을 때에는 꼭 쓰지 않아도 된다.

名　　稱
處 理 槪 要

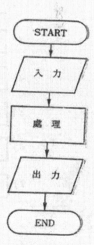

그림 3·18과 같은 順序圖를 block diagram 또는 개괄적 順序圖(general flow chart)라고 한다. 예를 들면 그림 3·19와 같이 入力, 處理, 出力의 順序로 處理의 槪要를 나타낸 것도 있다. 이 경우에는 각 block 의 內容을 더욱 작게 나누어 그 順序를 표시할 필요가 있다.

處理의 順序를 細密히 分析한 順序圖를 詳細順序圖(detail flow chart)라 한다.

이와 같이 복잡한 問題를 몇 개의 block 으로 나누어 변화하고, 다음에 block 을 詳細順序圖로 하는 것은 자주 이용되고 있는

그림 3·19

것이다. 오히려 실제로는 問題를 分析하여 그 解決方法을 개괄적인 順序로서 개괄적 순서도로 나타내고, 다음에 그것을 몇 개의 block 으로 나누어 자세하게 표시해 가는 것은 一般的으로 쓰여지고 있는 方法이다. block 의 구체적인 問題에 대해서는 5章에서 더욱 자세하게 말하기로 한다.

圖 7. 반지름 r의 값을 주었을 때 원둘레 및 面積을 구하는 順序圖를 나타내라.

圖 8. $x = x_0$ 일 때

$$P = (x^2 + x + 1) \div (x + 1)$$

의 값을 구하는 順序를 나타내어라.

3·4 順序圖의 基本型 Ⅱ

2·4절의 [例題 1]에서 두 개의 data a, b를 써 넣어

$a > b$ 이면 $a - b$

$a \leq$ 이면 $2a$

를 각각 計算하는 program 을 생각했으며, 이 program 의 實行過程을 표시한 것이 그림 2·3 이다.

이 問題에서는 [ACC] < 0 인지 아닌지를 判斷하여 만약 [ACC] < 0 의 條件을 만족시키지 않는다면 즉 [ACC] ≥ 0 이라 하면 4番地의 命令을 skip 하여 건너뛰어 다음 5番地의 命令으로부터 계속 實行하고, [ACC] < 0 의 條件을 만족시킬 때에는 5番地, 6番地의 命令을 뛰어 넘어 7番地의 命令부터 實行했다. 즉 [ACC] < 0 의 條件을 만족시키지 않는지에 따라서 프로그램의 實行過程이 달라진다. 이 判斷의 部分을 順序圖에서는 그림 3·20 과 같은 記號로 나타낸다.

그림 3·20

[ACC] < 0 인지 아닌지의 條件에 의해 順序圖는 달라진다. 이와 같이 判斷 記號 안의 判定은 基準에 의한 條件을 써서 條件에 일치되면, YES의 화살표 방향으로 進行하고 일치되지 않으면 NO의 화살표 방향으로 進行된다. 이 順序圖의 부분을 分岐라 하며, 이와 같은 判斷記號를 條件 symbol 이라

한다.

順序圖의 基本法則을 써서 그림 2·3의 順序圖를 쓰면 그림 3·21과 같이 된다. 단, 여기서는 간단히 하기 위하여 data a, b는 각각 A番地 및 B番地에 記憶되어 있는 것으로 하여 그 結果를 P라 한다. 또 work area의 D番地를 使用한다.

"A는 B보다 큰가?"하는 條件을 나타내는 方法에는 여러 가지가 있으나 다음의 方法도 자주 使用되고 있다.

[例題 1] 두 개의 變數 A, B의 값(A番地, B番地의 內容이라 생각해도 좋다)과 比較하여 큰 쪽을 M으로 하는 順序圖를 나타내라.

《解》

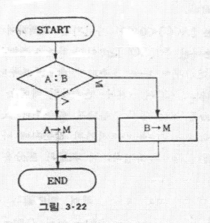

그림 3·22

여기서 A : B라 하는 記號는 A와 B의 값을 比較하는 것을 나타내고 그 結果를 不等號로 나타낸다. 一般的으로 A番地의 內容이 B番地의 內容과 같은지 같지 않은지에 따라 두 方向으로 분리시키는 記號는 그림 3·23과 같이 나타낸다.

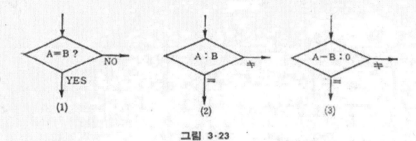

그림 3·23

또 A番地의 內容이 B番地의 內容보다 크냐 작으냐에 따라 나눌 때는 그림 3·24의
記號로 표시된다.

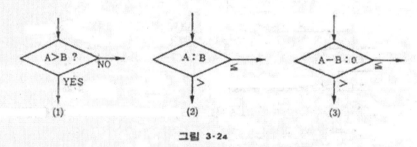

그림 3·24

이들의 記號 중 (1)을 質問型, (2)와 (3)은 比較型의 記號라고 한다.

問 9. 〔例題 1〕의 順序圖를 質問型〔그림 3·24의 (1)〕의 判斷記號로 나타내어
라.

問 10. A番地의 內容이 B番地의 內容보다 큰지 같은지 작은지에 따라 세 방
향으로 분리시키려면 어떻게 하면 좋을지를 생각해 보다.

그림 3·21 및 그림 3·22의 이런 順序圖를 分岐型 順序圖라 한다. 이러한 형
의 順序圖를 基本型 II라고 한다. 즉 각 단계의 處理를 P_1, P_2, P_3로 나타내고
判定의 條件을 α라 했을 때 그림 3·25와 같은 順序圖로 나타낸다. 또 같은
그림에서는 그림 3·26과 같은 判斷記號를 쓴다. 이것은 α를 論理的인 問題
로 생각하여 그것이 成立할 때를 眞(true), 成立하지 않을 때를 僞(false)라 하
여 각각의 大文字를 써서 分岐하는 방향을 나타내는 것이다.

判定條件을 나타내는 方法은 앞에서 나타낸 것과 같이 여러 가지가 있고

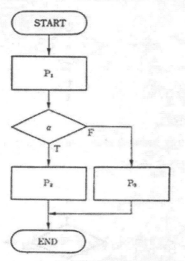

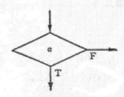

그림 3·25 順序圖의 基本型 Ⅱ   그림 3·26

分岐의 方法에도 여러 가지가 있지만, 어느 것도 順序圖의 基本型을 基礎로 하여 생각할 수 있다.

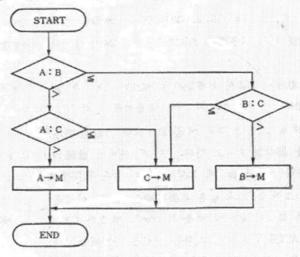

그림 3·27

[例題 2] 세 개의 變數 A, B, C의 값 중 最大의 것을 구하여 M으로 하는 順序圖를 나타내라.

(解) A, B, C의 값을 比較하기 위해서는 最初 A와 B를 比較하여, 그 結果에 따라서 A와 C 또는 B와 C를 比較하는 方法으로 그림 3·27과 같은 順序圖의 順序에 따라 구할 수가 있다.

(別解) A, B, C의 最大値를 구하는 데에는 最初에 A의 값을 M으로 하고 다음 B와 M을 比較하여 B>M이면 B를 다시 M이라 한다. 또 C와 M을 比較하여 C>M 이면 C를 다시 M으로 하는 方法으로 最大値 M을 구할 수가 있다(그림 3·28).

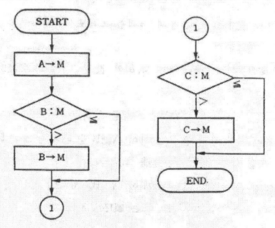

그림 3·28

비교하는 變數의 個數가 많아지면 복잡하게 되며, 그림 3·27의 순서에 따라 順序圖로 나타내는 것은 곤란하게 된다. 이 때에는 그림 3·28의 順序를 利用하여 구하는 것이 편리하다.

圖 11. 네 개의 變數 A, B, C, D의 값을 比較하여 最大値를 구하여 M으로 하는 順序를 [例題 2]의 (解)의 方法으로 順序圖로 나타내어라.

圖 12. 問題 11에 대해 [例題 2]의 別解의 方法으로 最大値를 구하여라.

演習問題

1. 세 개의 data 144, 35, 11을 이 順序 A, B, C 番地에 記憶시켜 $(A+B-C)$ $(A+B) \times C - A$ 를 구하고, 각각 D, E 番地에 記憶시키는 順序를 나타내라. 또, 이 때 D, E 番地의 內容은 어떻게 되는가?

2. 반지름 r의 값을 주어서 공(球)의 표면적 및 부피를 동시에 구하는 順序 圖를 그려라. 단, $S = 4\pi r^2$, $V = \frac{4}{3}\pi r^3$ 으로 한다.

3. 直角三角形의 直角을 낀 2변의 길이를 a, b로 하여 빗변의 길이 z를 구하는 順序를 나타내라.

4. 3 문제의 順序圖에 맞추어 2변 (a, b)의 값을 $(3, 4)$, $(5, 12)$, $(12, 5)$로 했을 때의 빗변의 값 z를 구하라.

5. 2점 $A(x_1, y_2)$, $B(x_2, y_2)$ 사이의 거리를 구하는 順序를 나타내라.

6. 두 개의 變數 A, B의 값을 비교하여 $A \geq B$일 때에는 그대로 두고 $A < B$일 때는 A와 B를 交替하는 順序圖를 그려라.

7. 두 개의 變數 A, B의 값을 비교하여 $A > B$, $A = B$, $A < B$일 때 각각 $A - B$, A^2, $B - A$의 값을 구하여 C로 넣는 順序圖를 그려라.

問題 및 演習問題 解答

第 1 章 ▪▪▪▪▪▪▪▪▪▪▪▪▪▪▪▪▪▪▪▪▪▪▪

問 1. 그림 1

問 2. 생략

問 3.
```
      1    1⎫        1……올림
      8⎫   6  5    8
   +) 4⎭   8⎭  2    6
   ─────────────────
      1    3  4  8  4
```

問 4. 4

問 5. 99 回

問 6. 그림 2

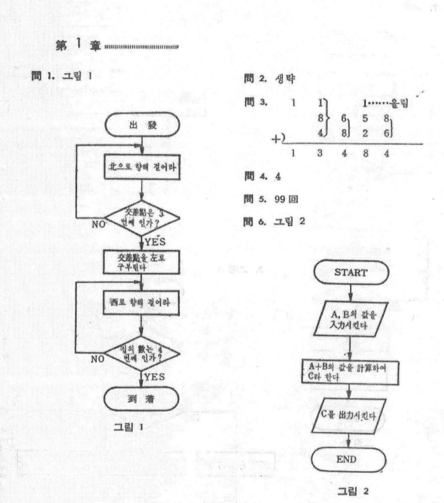

그림 1

그림 2

[演習問題]

1. 그림 3

2. 그림 4

3. 그림 5

4. 12

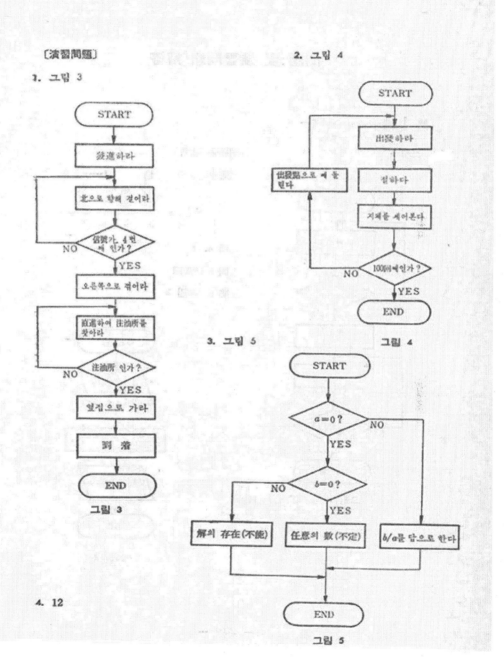

그림 3

그림 4

그림 5

第 3 章 ||||||||||||||||||||||||||||||||

問 1. A番地의 내용이 B番地로 옮기면 A番地의 내용은 변하지 않는다. 그리고 B番地의 내용은 消去된다.

問 2. 생략　　　　　　　　　　　　　　　　問 4. 생략

問 3. 그림 6　　　　　　　問 5. 그림 7　　　　　　　問 6. 그림 8

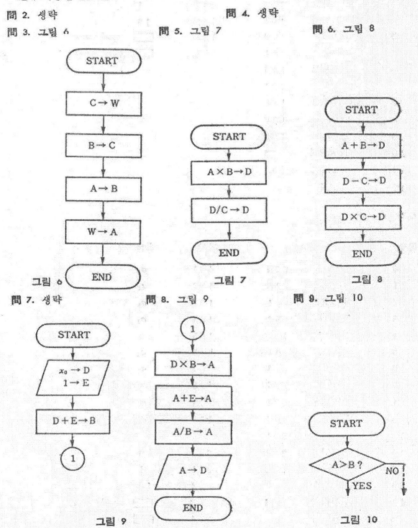

그림 6　　　　　　　그림 7　　　　　　　그림 8

問 7. 생략　　　　　　　問 8. 그림 9　　　　　　　問 9. 그림 10

그림 9　　　　　　　그림 10

問 10. 그림 11. (a), (b)로 나타낸다.

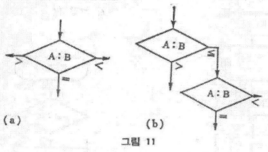

(a)   (b)

그림 11

問 11. 그림 12

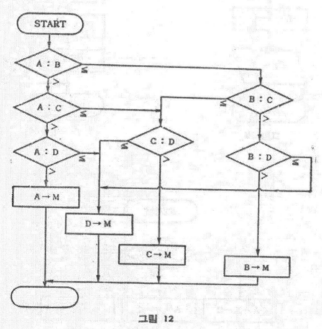

그림 12

問 12. 생략

[演習問題]

1. 생략 [D]=168 [E]=2045   2. 생략
3. 그림 13   4. 5, 13, 13

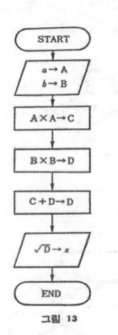

그림 13

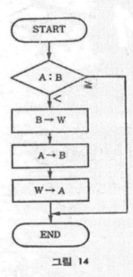

5. 생략
6. 그림 14

그림 14

7. 그림 15

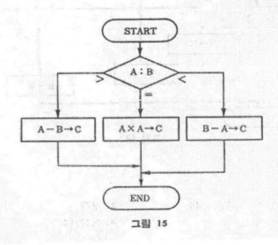

그림 15

"Health with knowledge is not only
enriching myself but also
Power to meet goal
Eventually benefits my home members."

"지식이 곁든 건강은 나뿐 아니라 우리 가족 모두에게
이익을 안겨준다."

현대 고사성어

三思一言

(석 삼/생각 사/한 일/말씀 언)

:세 번 생각하여 한 번 말함

事必歸넷

(일 사/반드시 필/돌아갈 귀/네트워크 넷)

: 모든 일은 네트워크로 이루어진다

先手必勝

(먼저 선/손 수/반드실 필/이길 승)

: 남보다 앞서면 반드시 승리한다

勿要過食 過食傷身

(밀 물/중요할 요/지날 과/먹을 식/지날 과/먹을 식/상처 상 /몸 신)

: 과하게 먹으려고 하지마라 과식은 몸을 해친다

幸與夢成 打倂現事

(다닐 행/줄 여/꿈 몽/이룰 성/칠 타/아우를 병/나타날 현 일 사)

: 꿈과 행복을 이르고자 한다면 지금 주어 진일에 최선을 다하라

子女之敬 一生元事

(아들 자/딸 녀/어조사 지/공경할 경/한 일 /날 생 /으뜸 원/일 사)

: 자식으로부터 공경을 받는 것은 일생의 으뜸이 되는 일이다

堂堂言行

(집 당/집 당/말씀 언/다닐 행)

 : 당당하게 말하고 행동해야 한다

不假許眞

(아니 불/거짓 가/들추어낼 알/참 진)
: 거짓을 말하지 않고 진실만을 말한다

灝心之者 受之隨敬

(넓을 호/마음 심/어조사 지/놈 자/받을 수/어조사 지/따를 수 /공경 경)
: 넓은 마음을 갖은 사람은 주변 사람들의 공경을 받는다

讓路他人

(사양할 양/길 노/다를 타/사람 인)
: 다른 사람에게 길을 양보하라

勿遲時約

(말 물/늦을 지/대 시/맺을 약)
: 약속 시간에 늦지 말라

參宴愼言

(참여할 참/잔치 연/삼갈 신/말씀 언)
: 잔치에 참여해서는 말을 신중하게 하자

書必扱重

(글 서/반드시 필/미칠 급/무거울 중)
: 서류는 반드시 소중하게 다루어라

好時不來好時自探

(좋을 호/제사터 지/아닐 불/올 내/좋을 호/제사터 지/스스로 자/찾을 탐)
: 좋은 기회는 저절로 찾아오지 않으니 좋은 기회는 자신이 찾아야 한다

團生散死

(둥글 단/날 생/흩어질 산/죽을 사)
: 뭉치면 살고 흩어지면 죽는다

書必扱重

(글 서/반드시 필/미칠 급/무거울 중)
: 서류는 반드시 소중하게 다루어라

團生散死

(둥글 단/날 생/흩어질 산/죽을 사)
: 뭉치면 살고 흩어지면 죽는다

儉約備習 大事成功

(검소할 검/맺을 약/갖출 비/익힐 습/클 대/일 사/이룰 성/공 공)
: 성공하기 위해 검소하고 절약해야 한다

讀良溫書 對話偉人

(읽을 독/좋을 량/따뜻할 온/글 서/대할 대/말할 화/클 위/사람 인)
: 좋은 책을 읽는 것은 훌륭한 사람들과 이야기를 나누는 것과 같다

自然安心

(스스로 자/그럴 연/편안 안/마음 심)
: 자연에서 마음을 편안하게 한다

席登舞臺

(자리 석/오를 등/춤출 무/대 대)
: 관람석에 올라 무대에서 춤을 추라

捨慾從菱

(버릴 사/욕심 욕/좇을 종/마름릉 능)
: 욕심을 버리고 꿈을 좇아라

爲國創業

(할 위 /나라 국/비롯할 창/업 업)
: 나라를 위하는 마음으로 창업을 해라

今寢甘夢 今課的成

(이제 금/잘 침/달 감/꿈 몽/이제 금/공부할 과/과녁 적/이룰 성)
: 지금자면 달콤한 꿈을 꿀 수는 있어도 지금 공부하면 꿈(목표)를 이룰 수 있다

忍待之人 必得所願

(참을 인/기다릴 대/어조사 지/사람 인/반드시 필/얻을 득/바 소/원할 원)
: 참고 기다릴 줄 아는 사람은 반드시 원하는 것을 얻을 수 있다

遊遊勤勤

(놀 유 /놀 유/부지런할 근/부지런할 근)
: 놀 때 열심히 놀고 일할 때 부지런히 일해라

見眷有解

(볼 견/돌볼 권/있을 유/풀 해)
: 책을 보면 답이 있다

夜勤無盒

(밤 야/부지런할 근/없을 무/합 합)
: 밤늦도록 일하는 것은 무익하다

萬勿抛棄 勞于成巧

(일만 만/말 물/던질 포/버릴 기/일할 노/어조사 우/이룰 성/공교할 교)
: 절대 포기하지 말고 성공을 할 때까지 노력 하자

諸同容隊

(모두 제/한가지 동/생각 염/무리 대)
: 모두 같은 얼굴의 사람들 모두 같은 생각의 사람들

雨後用傘

(비 우/뒤 후/쓸 용/우산 산)
: 비 그친 뒤에 우산을 쓴다

人生必學

(사람 인/날 생/반드시 필/배울 학)
: 사람으로 태어나면 반드시 배워야 한다

笑笑福來

(웃음 소/웃음 소/복 복 /올 래)
: 웃으면 복이 온다

朝飲冷水 如飲補藥

(아침 조/마실 음/차가울 냉/물 수/같을 여/마실 음/더할 보/약 약)
: 아침에 일어나서 먹는 냉수는 보약을 먹는 것 과 같다

讀書得道

(읽을 독/책 서/얻을 득/뜻 도)
: 책을 읽으면 도를 깨닫는다

父母之愛

(아비 부/어미 모/갈 지/사랑 애)
: 부모님의 사랑

上呼即答

(윗 상 / 부를 호 / 곧 즉 / 대답 답)
: 상사가 부르면 즉시 대답해야 한다

我手物重 他手物輕

(나 아/손 수 /물건 물/무거울 중/다를 타/손 수/물건 물/가벼울 경)
: 내 손에 짐은 무겁고 남의 손에 짐은 가볍다

研能大博

(갈 연/능할 능/큰 대/넓을 박)
: 재능을 갈고 닦으면 크게 이루어진다

少苦自爲

(적을 소/쓸 고/스스로 자/하 위)
: 젊어서 고생은 사서 한다

多視知人

(많을 다/볼 시/알 지/사람 인)
: 사람은 많이 봐야 알 수 있다

膽大心小

(쓸개 담/클 대/마음 심/작을 소)
: 담력은 크고, 마음은 섬세하게

不狂不及

(아닐 부/미칠 광/아닐 부/미칠 급)
: 그것에 미쳐야 그것을 이룬다

友分喜怒

(벗 우/나눌 분/기쁠 희/성낼 노)
: 참벗은 기쁨과 슬픔을 함께 나눈다

勿延卽行

(말 물/늘일 연/곧 즉/다닐 행)
: 할 일을 미루지 말고 즉시 행하라

兒戰父

(아이 아/싸움 전/아비 부/싸움 전)
: 애들 싸움이 어른 싸움 된다

先呼名好

(먼저 선/부를 호/이름 명/좋을 호)
: 이름을 먼저 불러주는게 좋다

認誤默功

(알 인/그르칠 오/잠잠할 묵/공 공)
 : 잘못은 인정하고, 잘한 일은 침묵한다

過時無悔

(지날 과/때 시/없을 무/뉘우칠 희)
 : 지나간 시간은 후회해도 소용 없다

新知聞我

(새 신/알 지/윤달 윤/나 아)
 : 새로운 지식이 나를 발전시킨다

專力成功

(오로지 전/힘 력/이룰 성/공 공)
 : 온 힘을 다하면 성공 할 수 있다

名之有責

(이름 명/갈 지/있을 유/꾸짖을 책)
 : 이름에는 그에 따른 책임이 따른다

成功不終

(이룰 성/공 공/아닐 부/마칠 종)
 : 성공은 끝이 아니다

名之有責

(닫을 폐/책 책/같을 약/돌 석)
 : 덮혀있는 책은 돌과 같다

淸廉大成

(맑을 청/청렴할 청/클 대/이룰 성)
 : 청렴해야 크게 성공한다

讓路他人

(사양할 양/길 노/다를 타/사람 인)
 : 다른 사람에게 길을 양보하라

自然安心

(스스로 자/그럴 연/편안 안/마음 심)
 : 자연에서 마음을 편안하게 한다

虎視牛行

(범 호/볼 시/소 우/다닐 행)

 : 예리한 눈을 간직한 채 행동은 소처럼 착실하고 끈기 있게 나아간다

江深水靜

(강 강/깊을 심/물 수/고요할 정)
 : 강이 깊으면 물이 고요하다

可高可下

(옳을 가/높을 고/옳을 가/아래 하)
 : 높낮이를 가리지 않는다는 뜻으로, 인자(仁者)는 높은 지위에 있어도 교만하지 아니하고, 낮
   은 지위에 있어도 두려워하지 아니하다

見利思義

(볼 견/이로울 리/생각 사/옳을 의)
 : 눈앞에 이익을 보거든 먼저 그것을 취함이 의리에 합당한 지를 생각하라

甘棠遺愛

(달 감/아가위 당/끼칠 유/사랑 애)
 : 청렴결백 하거나 선정을 베푼 사람을 그리워하는 마음을 이르는 말

見月忘指

(볼 견/달 월/잊을 망/가리킬 지)

: 달을 보기 위해서는 달을 가리키는 손가락 끝을 보지 말고, 손가락 끝이 가리키는 달을 보라

堅忍不敗

(굳을 견/참을 인/아닐 불/패할 패)
: 굳게 참고 견디어 지지 아니함

敬事而信

(공경 경/일 사/이을 이/믿을 신)
: 일을 공경하여 믿음 있게 한다

敬天愛人

(공경 경/하늘 천/사랑 애/사람 인)
: 하늘을 공경하고 사람을 사랑함

苦盡甘來

(쓸 고/다할 진/달 감/올 래)
: 쓴 것이 다하면 단 것이 온다'는 뜻으로, 고생 끝에 낙이 온다는 말.

過猶不及

(지날 과/오히려 유/아닐 불/미칠 급)
: 지나침은 모자람과 같다

寬仁厚德

(너그러울 관/어질 인/두터울 후/큰 덕)
: 너그럽고 어질며 온후하고 덕스럽게

教學相長

(가르칠 교/배울 학/서로 상/길 장)
: 가르치고 배우면서 서로 성장함

破邪顯正

(주머니 낭/가운데 중/어조사 지/송곳 추)

: 능력과 재주가 뛰어난 사람은 스스로 두각을 나타내게 된다는 뜻

口傳心授

(입 구/전할 전/마음 심/줄 수)
: 말로 전하고 마음으로 가르침

君子不器

(임금 군/아들 자/아닐 불/그릇 기)
: 군자는 그릇이 아니다. 군자는 그릇처럼 국한되지 않는다는 뜻

克己常進

(이길 극/몸 기/떳떳할 상/나아갈 진)
: 자기를 이기고 항상 나아간다

根深枝茂

(뿌리 근/깊을 심/가지 지/무성할 무)
: 뿌리가 깊으면 가지가 무성하다

勤者必成

(부지런할 근/놈 자/반드시 필/이룰 성
: 부지런한 사람은 반드시 성공한다)

駑馬十駕

(둔한말 노/말 마/열 십/멍에 가)
: 둔한 말이 열흘 동안 수레를 끌고 다님.재주 없는 사람도
  노력하면 훌륭한 사람에 미칠 수 있음을 비유하여 이르는 말

訥言敏行

(말 더듬거릴 눌/말씀 언/민첩할 민/다닐 행)
: 말은 어눌하게, 행동은 민첩하게

能忍自安

(능할 능/참을 인/스스로 자/편안 안)
: 능히 참았을 때 스스로 편안하다

多情佛心

(많은 다/뜻 정/부처 불/마음 심)
: 정이 많은, 자비스러운 마음

大器晚成

(클 대/그릇 기/늦을 만/이룰 성)
: 큰 그릇은 늦게 됨. 크게 될 이는 오랜 공적을 쌓아/늦게 된다는 말

無汗不得

(없을 무/땀 한/아닐 부/얻을 득)
: 땀을 흘리지 않으면 얻을 수 없다

敏事愼言

(민첩할 민/일 사/삼갈 신/말씀 언)
: 일은 민첩하게, 말은 신중하게

事必歸失

(일 사/반드시 필/돌아갈 귀/)
: 모든 일은 반드시 이웃의 평가와 친소관계에서 이루어진다

나인 빛

조 성 갑

첫 번째 빛은 상관산 930m 암반사우나로 빛이 나는 얼굴이오

두 번 째 빛은 선유도 바다물에 그려놓은 우리들 모습이오

세 번 째 빛은 삼경이 지난 가을 달빛 아래서 三杯酒 大通 빛이요

네 번째 빛은 옥정호 붕어섬에서 반주 없는 노래로 우리를 홀린 빛이요

다섯 번째 빛은 모악산 795.3m정상에서 마이산 내장산 소백산까지 바라본 우리들 눈빛이요

여섯 번째 빛은 가을 산 바다 풍경에 젖어 발길 옮기지 않고 목석이 돼버린 윤재문 김동억님 커플의 인자하고 너그러운 사랑 빛이요

일곱 번째 빛은 나바위 성당 치유의 방에서 기도하는 성도님들의 기도하는 마음의 빛이요

여덟 번 째 빛은 구절초 흐드러지게 피어 있는 동산에서 꽃향기에 젖어 가타 리스트의 음악에 빠져 갈 길잊고 어쩔 줄 모르는 눈빛이요

아홉 번째 빛은 서로를 위로하며 헤어지기 아쉬워서 손잡고 눈시울을 붉히며 다음의 희망을 말하는 그리움의 눈빛이었습니다

참고문헌

김계영, 프로그래머, 대은출판사, 1982.8 08

앞으로 100년 인천, 인천정보산업진흥원 2012

이세훈·하태성, Coding 미해갸소--, 북스홀릭퍼브리싱, 2017

클라우스슈밥, 제4차산업혁명, 새로운현재 2016.4

한윤경, 문제해결 순서, 진한출판사, 2006

Computer Algorithm & Brain up

1판 1쇄 인쇄 2018년 12월 20일
1판 1쇄 발행 2018년 12월 28일
저   자 조성갑
발 행 인 이범만
발 행 처 **21세기사** (제406-00015호)
　　　　경기도 파주시 산남로 72-16 (10882)
　　　　Tel. 031-942-7861   Fax. 031-942-7864
　　　　E-mail : 21cbook@naver.com
　　　　Home-page : www.21cbook.co.kr
　　　　ISBN 978-89-8468-822-3

정가 22,000원